U0366646

休闲研究专著系列

长三角41个城市休闲化发展研究报告（2021）

The Annual Report on Urban Recreationalization Development
in Yangtze River Delta（2021）

楼嘉军　毛润泽　陈享尔　邹雅婧　等　著

上海交通大学出版社
SHANGHAI JIAO TONG UNIVERSITY PRESS

内容提要

  本书为上海师范大学休闲与旅游研究中心和华东师范大学工商管理学院休闲研究中心组成的"长三角城市休闲化指数"课题组共同编制而成,每年发布一次。本次是继2019年后的第三次发布,旨在为推动长三角地区城市休闲化高质量发展提供决策与实践参考。本书由三部分组成。第一部分是总报告,包括绪论、指标体系与评价方法,以及城市休闲化评价结果等内容。第二部分是休闲化指标分析,包括长三角41城市休闲化指标分析,以及各城市的休闲化指标评价与分析等内容。第三部分是专题研究。

  本书可用于高等院校旅游、休闲、会展、文化以及社会学等专业师生的参考教材,也适合作为旅游管理、文化产业管理和城市公共服务管理部门的参考用书。

图书在版编目(CIP)数据

  长三角 41 个城市休闲化发展研究报告. 2021 / 楼嘉军等著. —上海: 上海交通大学出版社, 2022.11
  ISBN 978 - 7 - 313 - 27479 - 3

  Ⅰ. ①长… Ⅱ. ①楼… Ⅲ. ①长江三角洲-城市-闲暇社会学-研究报告- 2021 Ⅳ. ①D669.3

  中国版本图书馆 CIP 数据核字(2022)第 171399 号

长三角 41 个城市休闲化发展研究报告(2021)
CHANGSANJIAO 41GE CHENGSHI XIUXIANHUA FAZHAN YANJIU BAOGAO (2021)

著　　者: 楼嘉军　毛润泽　陈享尔　邹雅婧 等			
出版发行: 上海交通大学出版社	地　　址: 上海市番禺路 951 号
邮政编码: 200030	电　　话: 021 - 64071208
印　　制: 苏州市古得堡数码印刷有限公司	经　　销: 全国新华书店
开　　本: 710 mm×1000 mm　1/16	印　　张: 19.5
字　　数: 239 千字	
版　　次: 2022 年 11 月第 1 版	印　　次: 2022 年 11 月第 1 次印刷
书　　号: ISBN 978 - 7 - 313 - 27479 - 3	
定　　价: 78.00 元	

版权所有　侵权必究
告读者: 如发现本书有印装质量问题请与印刷厂质量科联系
联系电话: 0512 - 65896959

序

　　一般认为，有关休闲理论的阐述或研究在古希腊时代就已经出现，至今已逾数千年。然而，作为一门相对独立的学科，休闲学科的发展历史并不很长，至今也就百余年的时间。由于休闲现象的复杂性，致使百余年来研究休闲的理论和方法总是处于不断的探索与完善之中，但从其演变的基本轨迹可以看出，休闲学科的发展勾勒了如下的发展和演变轨迹：由依附到独立，由单一学科到多学科，乃至由多学科到跨学科的发展过程。

　　休闲学科作为一个以跨学科为基础和特色的学科体系，一方面，在它发展的过程中，不间断地对相关的学科进行整合，并聚集于休闲学科的周围；另一方面，在休闲学科的发展过程中，在休闲学科与其他相关学科之间形成了围绕休闲学科的多个分支学科，诸如休闲社会学、休闲心理学、休闲经济学、休闲体育学、休闲教育学和游憩地理学等。从我国发展实际看，进入新世纪以来，由于休闲活动的常态性和广泛性，导致以休闲为研究对象的休闲学科除了以其他学科为依托之外，还与社会经济领域的相关产业,如与交通、商业、餐饮、娱乐、旅游、会展和节庆等行业也都发生紧密联系,进而成为推动休闲学科发展的外部产业支撑因素。此外,还需指出的是,随着5G技术的广泛应用,以及网络虚拟休闲空间的不断拓展和虚拟活动形式的不断丰富,近年来有关网络休闲行为、休闲方式和休闲影响的研究也正在逐步兴起。现实休闲与虚拟休闲的长期并存,将成为一种常态,且必将成为休闲学科需要直面的一个新的时代挑战与研究课题。

根据国际经验,一个国家或地区在人均GDP处于3 000~5 000美元发展水平之间,就将步入这样一个时期,即在居民生活方式、城市功能、产业结构和生态环境等方面相继形成休闲化特点的一个发展时期,或谓之休闲时代。正是基于这样的大背景,自2008年我国步入人均GDP 3 000美元发展阶段以来,社会经济持续健康发展,人们生活水平不断提高,极大地促进了居民休闲活动的蓬勃发展,有力地推动了休闲服务产业的兴旺发达,直接驱动了休闲学科理论研究的不断深入。与此相适应,国内不少研究机构、高等院校和出版社适时推出了多种形式的休闲研究丛书。这些丛书的出版已经产生广泛的学术影响,并将在推动我国休闲学科研究理论深化和休闲实践发展方面持续发挥比较重要的作用。

"他山之石,可以攻玉。"于是,在上海交通大学出版社的协助下,由华东师范大学和上海师范大学相关老师联合组成的研究团队结合自身特点,经过与出版社的沟通,拟定了"休闲研究系列"的出版计划。整个"休闲研究系列"包括休闲学教材系列、休闲研究著作系列与休闲研究报告(年度)系列等三部分内容。根据研究计划与出版计划,研究系列的相关内容自2012年起陆续编辑出版。至今,整个休闲研究系列已经出版著作30余部。

从2019年起,我国已跨入人均GDP 10 000美元的新阶段,标志着我国休闲社的发展将由前期的速度型向质量型转变。与此同时,我们已经全面进入后小康时代的发展时期,居民对美好生活需要的追求已经成为大众休闲的核心内容。尤其是由国家发展改革委、文化和旅游部联合印发《国民旅游休闲发展纲要(2022—2030年)》,将进一步优化我国城市休闲化发展环境,完善城市休闲化服务体系,促进休闲及休闲相关产业的发展与融合,从而推动城市休闲化质量的内涵式提升。

对我们而言,休闲学科的发展面临着新的发展机遇与新的现实挑战,需要不断推动休闲学科的完善与发展。希望"休闲研究系列"的出版能够为我国休闲时代建设与休闲学科体系的完善尽微薄之力。

楼嘉军

前　言

　　《长三角41个城市休闲化指数报告(2021)》由上海师范大学休闲与旅游研究中心和华东师范大学工商管理学院休闲研究中心联合组成的"长三角城市休闲化指数报告"课题组共同编制完成。这是课题组自2019年以来,推出的第三份立足于长三角区域层面的城市休闲化指数报告。

　　本报告研究范围,包括上海市、江苏省13个城市、浙江省11个城市、安徽省16个城市,共计41个城市。纳入监测的41个城市,区域面积为35.8万平方千米,约占全国3.7%;地区生产总值约为23.7万亿元,约占全国的23.9%;人口总量22 620.34万,约占全国的16%。本报告以长三角41个城市为研究对象,测度和分析了长三角地区城市休闲化发展水平,以期全面了解长三角地区城市休闲化发展现状,剖析区域协调发展中的制约因素,为城市休闲化内涵式高质量发展提供实践指导,更好地服务于长三角区域经济一体化发展战略。

本报告的指标体系包括经济产业发展、休闲服务与接待、休闲生活与消费、休闲空间与环境、交通设施与规模在内的 5 个一级指标,10 个二级指标,共计 31 个三级指标。本报告得出以下几个结论。

从综合发展水平看,评价结果如下。

上海、杭州、南京、苏州和宁波排名前 5 位。这一分布态势也与上述城市在长三角地区社会经济发展的现状相符合,体现了经济水平与休闲化水平互动和谐发展的特征。温州、无锡、合肥、常州、金华进入城市休闲化指数评价前十强,表明这些城市休闲化发展的和谐性、均衡性也比较显著。位列综合排名后 5 位的城市,在城市休闲化发展的整体性方面存在比较明显的不足。

从五个维度分类指标看,评价结果如下。

第一,经济与产业发展指标,主要反映城市休闲化发展的综合能力,是城市休闲化发展的先决条件。上海、杭州、南京、苏州和宁波排名前 5 位,表明上述城市经济发展实力雄厚,为城市休闲化发展奠定了扎实的基础。位列后 5 位的城市,因经济发展规模的相对薄弱制约了上述城市休闲化发展的水平。

第二,休闲服务与接待指标,主要包括城市的休闲文化、娱乐、旅游等休闲服务设施与接待规模等内容,是城市休闲吸引力的重要表现。上海、杭州、苏州、南京、宁波进入前 5 位,表明 5 个城市休闲娱乐和文旅融合发展结构相对成熟,休闲文化产业发展的整体性优势比较明显。位居后 5 位的城市,虽然在某些指标方面具有优势,但是在整体性发展方面存在诸多薄弱环节,影响了该维度指数的排名。

第三,休闲生活与消费指标,主要包括城市居民的消费结构、家庭休闲设备等内容,是反映城市休闲化质量的关键指标。上海、杭州、苏州、金华、无锡排名前5位,反映了上述城市休闲娱乐和文旅市场繁荣,居民用于与休闲相关的综合性消费能力比较强,游客消费支出比较旺。位居后5位的城市,在休闲娱乐,文化旅游综合消费能力方面稍显不足。需要指出的是,在五个维度的分类指标中,各城市在这一类别的得分较为接近,差距最小,发展相对均衡。

第四,休闲空间与环境指标,主要包括空气质量、城市绿化覆盖率等内容,代表了一个城市自然环境建设和发展的水平,是衡量居民和游客从事户外游憩活动载体环境质量的重要指数。上海、南京、杭州、苏州和宁波名列前5位。排名后5位的城市,在城市户外游憩环境总体水平上还存在不尽如人意的地方,成为城市休闲化发展的短板。

第五,交通设施与规模指标,主要反映城市内外交通的便捷程度,是城市休闲化发展的基础条件。上海、苏州、杭州、南京和温州排名前5位。交通条件完善,交通枢纽功能强大,使得上述城市居民在本地日常的休闲活动与外来游客在当地的旅游观光活动能够互动协调发展。位居后5位的城市,在上述评价指数方面相对较弱,对本地居民从事日常的休闲娱乐活动以及外来游客开展观光度假活动都会产生相应的抑制作用。

长三角41个城市休闲化水平呈现如下特征。

第一,从综合发展水平看,长三角41个城市的休闲化水平总体上呈持续稳步增长态势。

第二,从五个维度分类指标看,城市之间的差距表现出两面性。一是,凡是涉及绝对性指标,各城市之间的差距就比较明显,即城市规模越大,指标评价数值就越高;城市规模越小,则相对较低。如经济与产业发展维度指标,首末位城市之间的差距有 20.04 倍;休闲服务与接待维度指标,首末位城市之间的差距有 23.42 倍;休闲空间与环境维度指标,首末位城市之间的差距有 24.88 倍;交通设施与规模维度指标,首末位城市之间的差距更是高达 40.82 倍。二是,凡是涉及相对性指标,各城市之间的差距就比较微弱。如休闲生活与消费维度指标,首末位城市之间的差距仅有 2.57 倍。这在一定程度上揭示出一个不争的事实,长三角地区城市不论大小,居民在休闲消费支出、美好生活需要追求和幸福满意度期待方面,彼此之间的价值诉求很接近,很相似,差距相对较小,这是长三角城市休闲化发展的本质特征。

第三,从单个城市之间的比较看,长三角城市休闲化发展水平差距依然非常显著。例如,城市休闲化综合评价数值排名第一的城市与位列末位的城市之间,两者相差 12 倍之多。显然,即使在长三角这样比较发达的区域内部,要完全实现城市之间休闲化发展的和谐性与均衡性目标,也依然任重道远。

第四,从三省一市区域比较看,城市休闲化发展水平评价数值高低与各省市社会经济发展总体水平之间表现出较高的一致性。也就是说,在三省一市中,社会经济发展水平较高的沪苏浙,城市休闲化评价数值相对较高;社会经济发展水平相对滞后的安徽省,城市休闲化水平评价数值相对较低。这一现象在一定程度上揭示了一个规律,社会经济发展水平是决定城市休闲化发展程度的重要基础条件,社会经济水平越高,城市休闲化程度也越高;反之,亦然。

第五,从空间分布格局看,长三角地区 41 个城市休闲化水平在空间上也呈比较明显的不均衡性特征。总体上看,以上海为核心,沿沪宁线和沿沪杭甬线分布的长三角地区的超大和特大城市与位于长三角地区西部和北部地区的Ⅰ型和Ⅱ型大城市之间的休闲化发展水平存在明显差距。具体而言,江苏省以南京、苏州为代表的苏南地区和浙江省以杭州、宁波为代表的杭州湾沿岸地区城市休闲化发展程度相对较好,而江苏省的苏北地区和浙江省的西南地区则相对较弱。与此同时,安徽省的皖南地区相比于皖北地区的发展要略胜一筹。

第六,从城市规模看,位于综合排名前10位的城市,无一不是长三角地区的超大或特大型城市,排在后五位的城市中4个是中等城市、1个是小城市。也就是说,在现阶段城市规模与城市休闲化发展水平密切相关,城市规模越大,城市休闲化水平相对越高;反之,则相对较低。显然在今后相当长时期内,城市规模和能级可能是影响城市休闲化发展水平的重要条件,或许将成为长三角地区城市休闲化发展过程中的一种常态。

本报告由以下三部分组成。第一部分是:总报告,包括绪论、研究对象与评价方法,以及城市休闲化报告等内容。第二部分是:城市休闲化指标分析。第三部分是:专题研究。

本报告撰写分工如下。第一部分,由楼嘉军、毛润泽、陈享尔等负责完成。第二部分,由毛润泽、陈享尔、楼嘉军、邹雅婧等负责完成。第三部分,由陈嘉玲、王莹莹、孙晓东、郭薇、毛润泽、庞雪、马剑瑜等完成。此外,参加本报告沙龙讨论与材料收集还有李丽梅、施蓓琦、朱立新、关旭、向微、李淼、沈莉、郭薇、张馨瑞、赵才、赵玲玲、李慧等。

本报告得以顺利完成,与课题组全体成员近一年来的辛勤工作,以及以上各位老师和研究生同学的尽力配合密不可分。作为课题组负责人,在此我谨向他们表示诚挚的敬意与真诚的感谢。

本报告是2021年度上海师范大学智库培育项目,感谢上海师范大学康年副校长对该项目给予的无微不至的关怀;感谢旅游研究院张宏梅院长、宋波副院长对该项目的支持与帮助,在此深表谢意。同时,还要感谢上海交通大学出版社的倪华老师和张勇老师对本报告的出版与审校工作付出的心血。由于本报告有关长三角41个城市休闲化发展水平的评价工作所涉及的研究数据采集量比较大,来源又多元化,加上我们认识的局限性,在理论阐述、数据处理、材料分析等方面难免会存在不足,敬请学者与读者批评指正。

目　录

第一部分　总报告

第二部分　41 个城市休闲化指标分析

第三部分　专题研究

第一部分

总报告

第一章　绪　论

放眼中国经济版图,长三角地区以 4％的国土面积,创造了全国约1/4的经济总量。该区域具有人才富集、科技水平高、制造业发达、产业链、供应链相对完备和市场潜力大等诸多优势。长三角已成为我国经济发展最活跃、开放程度最高、创新能力最强的区域之一。该区域在推动人才、技术、资本、信息等要素资源跨区域自由流动,建设统一开放大市场,走在全国前列。在加快形成以国内大循环为主体、国内国际双循环相互促进的新发展格局中,长三角地区有条件有责任先行探路、率先突破,积极探索形成新发展格局的路径。立足于国家发展大局,扭住扩大内需战略基点,着力畅通区域"小循环",努力成为国内大循环的中心节点、国内国际双循环的战略链接,为全国构建新发展格局注入强劲活跃的新动能。长三角地区拥有坚实的城市休闲化发展基础,是"一带一路"和长江经济带的重要交汇点,在国家现代化建设大局和全方位开放格局中具有举足轻重的战略地位[1]。

习近平总书记强调,要深刻认识长三角区域在国家经济社会发展中的地位和作用,结合长三角一体化发展面临的新形势新要求,坚持目标导向、问题导向相统一,紧扣一体化和高质量两个关键词抓好重点工作,真抓实干、埋头苦干,推动长三角一体化发展不断取得成效。2019 年 12 月 1 日,中共中央、国务院印发了《长江三角洲区域一体化发展规划纲要》(以下简称《纲要》)指出:到 2025 年,长三角一体化发展将取得实质性进展,在科创产业、基础设施、生态环境、公共服务等领域基本实现一体化发展。自党中央作出长三角一体化发展重大战略部署以来,从基础设施联通到公共服务基本均等化,从产业集群发展到创新要素集聚发力,从深入改革到扩大对外开放,规划政策体系"四梁八柱"稳步构建,长三角一体化高质量发展迈出稳健步伐。"长三角区域要发挥人才富集、科技水平高、制造业发达、产业链供应链相对完备和市场潜力大等诸多优势,积极探索形成新发展格局的路径。"习近平总书记铿锵有力的话语,为长三角在全国发展大局中找准了定位、指明了方向。在"人民城市人民建,人民城市为人民"重要理念的指引下,长三角一体化进程中将更加关注城市居民的幸福感、获得感和安全感,城市休闲功能配置将得到优化,长三角城市休闲化发展的均衡性与充分性将得到进一步体现。长三角城市生活已呈现品质化、休闲化的特点。居民休闲生活是美好生活需要的重要组成部分,也是长三角城市群一体化进程中的重要环节[2]。

本章将基于城市休闲化系统视角,从长三角居民消费方式、产业结构、城市功能、公共基础设施和生态环境五个方面阐述长三角城市的休闲化发展。

一、长三角居民消费方式休闲化

随着国际国内经济形势日益复杂,我国经济发展由高速发展进入新常态发展阶段,经济发展转向高质量发展。2020 年我国提出"深化供给侧结构性改革,充分发挥我国超大规模市场优势和内需潜力,构建国内国际双循环相互促进的新发展格局",消费作为拉动经济发展的三驾马车之一,对经济发展的驱动作用愈加明显。生产与消费是内生循环系统,消费高质量发展是经济高质量发展不可分割的重要内容。消费规模特别是居民消费规模是大国经济持续稳定增长的必要条件[3]。因此,促进国际国内双循环,形成新的发展格局,对促进居民消费升级具有重要意义。产业集聚具有正的外部性,能够带动周边地区经济发展,一般认为产业集聚通过知识溢出、劳动力共享及竞争等效应促进地区经济发展。产业集聚具有规模经济,集聚区内的企业成本降低、集聚的知识溢出效应增加企业创新能力,降低企业学习成本,大量生产要素的集聚,降低了要素价格,企业利润增加,居民收入增加,从而促进居民消费。探讨产业集聚与居民消费升级的关系,对于合理制定产业发展政策及寻找促进消费升级的新路径具有重要意义[4]。长三角城市群是中国城镇集聚程度最高、经济最发达的城市化地区,该区域整体处于后工业化阶段,其消费格局能较好地反映未来区域经济竞争格局,并能为城市群发展和区域一体化提供理论及实践支撑[5]。面对新冠肺炎疫情带来的严峻考验及复杂多变的国内外环境,长三角地区坚持疫情防控和经济发展两手抓、两促进,区域"双循环"新发展格局正在加速构建,新兴动能扎实稳步推进,高质量一体化发展动能持续增强,经济运行质量不断改善。

2021年全国社会消费品零售总额达44万亿元,长三角地区三省一市的总数约为11万亿,占全国份额将近25%。江苏社会消费品零售总额为42 702.6亿元,增长15.1%;浙江全社会消费品零售总额为29 211亿元,比上年增长9.7%;安徽全年社会消费品零售总额达到2.1万亿元,增长17.1%;上海则为18 079.25亿元,比上年增长13.5%。随着我国对外开放程度的不断提升,我国居民消费受到了很大影响,这种影响不仅表现在物质产品全球化流动,即通过投资、贸易等方式对居民的收入、就业产生影响,进而导致居民消费行为发生变化;而且还表现在精神产品全球化流动,即通过国际间文化、体育、旅游和互联网等交流影响居民消费偏好,进而使居民消费行为发生改变[6]。总的来看,相比于物质产品全球化流动,精神产品全球化流动对长三角地区居民消费影响程度更明显,尤其是对电力、燃气、水的生产和供应部门消费以及交通运输及仓储业、文化、体育和娱乐业、金融保险业、旅游业、邮政业、其他社会服务业等。

伴随长三角地区人均可支配收入的增长,文旅产业实现稳步复苏。总体上来看,长三角地区 2021 年人均可支配收入达到了 53 917 元,比全国 35 128 元的人均可支配收入水平高出接近 20 000 元。上海市居民人均可支配收入为 78 027 元,实现正增长,扣除价格因素,实际增长 6.7%,两年平均实际增长 4.5%。浙江人均可支配收入达到了 57 541 元,位列全国第三,仅次于北京、上海。江苏人均可支配收入为 47 498 元,同比增长 9.5%。安徽人均可支配收入达到 32 603 元,同比增长 10.9%。长三角地区 2021 年消费市场规模持续增长,总体呈现出稳步回升态势。以上海为例,其全年社会消费品零售总额同比增长 13.5%,两年平均增长 6.8%,成为经济增长一大动力。

长三角区域数字娱乐、康体休闲、夜间旅游、周边乡村度假等休闲消费市场将加速升温,城市居民休闲生活呈现出多样化、品质化、个性化特点。长三角城市居民的文化、旅游、体育等休闲消费潜力将得到进一步释放。为持续深化长三角地区放心消费环境建设合作,确保《长三角地区共同开展"满意消费长三角"行动方案》落实到位,共同打响"满意消费长三角"品牌,为区域经济社会发展营造良好环境。坚持以人民为中心的理念,以推动高质量发展、创造高品质生活为主线,进一步健全完善促进消费的区域协同发展机制,合力营造消费需求持续增长、产品服务品质放心、消费权益有效保障的长三角满意消费环境,不断释放人民群众日益增长的品质消费需求,满足人民群众对美好生活的向往,增强消费对经济发展的基础性作用,让广大消费者有更多的获得感。预计到 2022 年底前,放心消费示范单位达 20 万家以上,全面覆盖长三角地区消费较为集中的主要行业、新兴领域和经营场所,消费领域守信激励和失信惩戒机制进一步健全,消费纠纷处理率达到 100％,消费安全重大事件以及区域性系统性消费风险大幅降低,消费对经济的贡献明显提升。

二、长三角产业结构休闲化

面对国内外风险挑战上升的复杂局面,长三角地区全面落实长三角一体化发展国家战略,坚持稳中求进工作总基调,落实高质量发展要求,经济增长保持韧性,深入实施创新驱动发展战略,新旧动能加快转换,经济结构持续优化。长三角区域集中全国 1/4 的双一流高校、国家重点实验室、国家工程研究中心,全国 1/3 的研发经费支出和有效发明专利,集成电路和软件信息服务产业分别占全国的 1/2 和 1/3。数据显示,长三角地区人均地区生产总值超过中等收入国家水平。其内部发展水平不均衡,上海明显高于浙江和江苏,已向发达国家水平迈进。从产业增加值构成看,与国际标准相比,长三角地区第二产业比重继续下降,但占比仍然较高,第一产业偏低,第三产业贡献比重上升。如果与一些发达国家大都市同等发展水平时期的产业结构比,上海第三产业比重较高,与国际标准比就业人员数量偏高,说明上海服务业的经济效率略低。

在我国对外开放格局中,长三角区域具有举足轻重的战略地位。当下国际产业结构正朝着技术、知识、数字、服务密集的方向发展。长三角产业在全国具有较大的领先性,但其产业发展水平仍需进一步提升。长三角地区实体经济基础良好、产业链条相对完善、参与国际化程度相对较高。在新一轮高质量发展过程中,在贸易摩擦加剧、全球制造业投资、贸易规则重构的大背景下,率先参与到国际规则的制定及完善过程中,尤其是通过深化自贸区试点改革,加快对标国际最高标准,打造科创高地。长三角产业结构调整方向为高端化、集约化、数字化、服务化。上海金融业、汽车制造业和装备制造业首屈一指;杭州互联网、电子信息和数字经济产业优势突出;苏州拥有电子、装备、冶金等支柱产业;南京以电子、石化、钢铁、汽车为支柱产业;合肥的电子产业、家电产业优势明显。《长江三角洲区域一体化发展规划纲要》提出:推动长三角中心区重化工业和工程机械、轻工食品、纺织服装等传统产业,向具备承接能力的中心区以外城市和部分沿海地区升级转移时,要建立与产业转移承接地间利益分享机制,加大对产业转移重大项目的各项政策支持力度。新一轮科技革命和产业变革加速演变,更加凸显了加快提高我国科技创新能力的紧迫性。长三角区域不仅要提供优质产品,更要提供高水平科技供给,支撑全国高质量发展[7]。

长三角地区产业体系较为完善,但长三角地区的产业结构具有较高的相似性。长三角有 36 个城市将金融业作为优先发展的产业,26 个城市将汽车产业作为优势产业或重点发展产业。长三角城市之间竞争大于分工,各自优势发挥不足。以产业布局一体化破解同质化竞争,推动科技创新水平,提高城市产业能级的任务就显得尤为紧迫[8]。长三角不同区域应加紧构建具有自身特色的发展布局:上海全力推进"五个中心"建设,打响"四大品牌",为长三角高质量发展和参与国际竞争提供服务;江苏定位全球有影响力的科技产业创新中心和先进制造业中心;浙江打造全国数字经济创新高地与提升聚集发展平台;安徽打造有重要影响力的科技创新策源地与新兴产业聚集地。此外,由三省一市联合编制的"长三角产业和创新资源标识图"进展迅速,将成为后续产业布局的有力支撑。G60 科创走廊作为产业协同发展示范区,将"一廊一核九城"组建成为全国首个跨省实体化运作的一体化发展集群。

长三角地区生产总值增长走势与全国基本保持一致,经济呈现出上升的趋势,经济增速总体快于全国水平。长三角区域的 GDP 总量和整体增速在全国居于前列,2021 年三省一市 GDP 总量为 27.61 万亿,约占全国 24%。沪苏浙皖经济均持续回升向好,上海处于逐步回暖阶段,苏浙皖三省都出现了 GDP 高速增长,使得长三角整体经济总量进一步提升。2021 年沪苏浙皖 GDP 增速均不低于 8%,分别为 8.1%、8.6%、8.5% 和 8%。第七次人口普查数据显示,长三角地区常住人口数量共计 2.35 亿,占全国人口总量的比重为 16.64%,根据这一人口统计数据,2021 年长三角地区人均 GDP 约为 11.7 万元。

长三角三省一市在党中央坚强领导下,坚持以习近平新时代中国特色社会主义思想为指导,立足全国一盘棋,紧扣一体化和高质量两个关键词,聚焦"一极三区一高地"战略定位。2021 年度长三角地区主要领导座谈会以"服务新发展格局、走在现代化前列"为主题,全面分析了长三角一体化发展面临的新形势新任务,总结交流了 2020 年度长三角地区主要领导座谈会以来三省一市推进一体化发展的工作成效,审议了《长三角地区一体化发展三年行动计划(2021—2023 年)》等文件,重点围绕探索形成新发展格局的路径、夯实长三角地区绿色发展基础、增强区域协同高质量发展动能等方面进行了深入讨论,形成了广泛共识。长三角地区的传统行业如医药、化工、机械、机床、汽车等,在地区经济生产总值之中依然占有重要地位。物质性生产行业依然在长三角地区经济与社会发展中具有举足轻重的作用。推动长三角地区传统产业与数字化产业相互结合,对于长三角地区产业技术水平提高和产业结构优化具有重要意义。基于当前国内外经济形势,长三角地区产业发展应立足于区域内与国内需求,响应区域消费需求升级要求,积极促进生产与服务相互融合,进一步发展满足区域消费需求,加快运用数字技术改造升级传统产业,促进区域产业结构优化升级。

三、长三角城市功能休闲化

《长三角地区一体化发展三年行动计划(2021—2023)》指出,长三角一体化建设主要目标包括:服务国家现代化建设大局的能力进一步增强,对全国经济的贡献度进一步提高,全球资源配置功能和核心竞争力进一步提升,世界级城市群能级和影响力持续扩大。世界级城市群是当今世界经济活力和竞争的核心区。国际公认的五大世界级城市群包括美国东北部大西洋城市群、北美五大湖城市群、英国伦敦城市群、欧洲西北部城市群和日本太平洋城市群,目前均已形成产业互补、金融集聚、产业链齐全的城市群体系。从全球范围城市群的实践经验来看,城市群一体化发展的着力点在于政府规划引导、顶层设计推进、产业定位精准,上下游协同发展、金融资源集聚及创新优化配置。

长三角城市群从全球维度来看,其发展质量及国际竞争力仍有待提升。产业层面,长三角城市群高技术和服务经济发展相对滞后,城市间分工协作不够,低水平同质化竞争严重;金融层面,尽管上海已基本形成多层次、类型健全的金融市场体系,上交所、上期所等市场的交易规模都已位居全球前列,但各类金融市场发育程度存在较大差距,数量优于质量,上海金融市场的定价影响力和全球资源配置能力都相对较弱,并且与周边地区的金融联系和辐射能力有待进一步增强[9]。

长三角城市群在上海、江苏、浙江、安徽范围内,以上海为核心、联系紧密的多个城市组成,主要分布于国家"两横三纵"城市化格局的优化开发和重点开发区域[10]。推动上海大都市圈及南京、杭州、合肥、苏锡常、宁波、徐州都市圈建设。建设宁杭生态经济带、淮河生态经济带、大运河文化带、打造环太湖世界级生态湖区和创新湖区、环淀山湖绿色发展协同区等一批跨省特色合作区,促进都市圈协同联动。依托长三角城市经济协调会推进长三角 41 个地级以上城市的重点领域交流合作,提升长三角城市发展质量。促进长三角主要城市中心城区高质量发展,打造中央商务区跨区域合作新平台新载体。

长三角城市群从公路时代走向大桥时代、高铁时代,城市群域的"同城效应"日益显著。原先的合肥、南京、上海、杭州、宁波等核心城市形成的"Z"型发展格局正在发生新变化。像"四带"所代表的沪宁合杭甬发展带,依托沪汉蓉、沪杭甬通道,发挥上海、南京、杭州、合肥、宁波等中心城市要素集聚和综合服务优势。

上海的城市首位度占全国 GDP 不到 5%,与发达国家相比差距较大,如纽约占 24%,东京占 26%,伦敦占 22%,首尔占 26%。目前落户上海的世界 500 强企业总部仅为纽约 10%,外国人口占常住人口比重仅 0.9%。一般性加工制造和服务业比重过高,国际经济、金融、贸易和航运中心功能建设滞后。上海"大城市病"也较为突出。从长三角城市群规划来看,上海未来的目标定位是提升全球城市功能,引领长三角城市群一体化发展,提升服务长江经济带和"一带一路"等国家战略的能力。2017 年 12 月 15 日,《上海市城市总体规划(2017—2035 年)》(简称"上海 2035")获得国务院批复原则同意。"上海 2035"以习近平新时代中国特色社会主义思想为指导,全面贯彻党的"十九大"精神,全面对接"两个阶段"战略安排,全面落实创新、协调、绿色、开放、共享的新发展理念,明确了上海至 2035 年并远景展望至 2050 年的总体目标、发展模式、空间格局、发展任务和主要举措,为上海未来发展描绘了美好蓝图。

未来,上海的核心任务是加快提升上海核心竞争力和综合服务功能,加快建设具有全球影响力的科技创新中心,发挥浦东新区引领作用,推动非核心功能疏解,推进与苏州、无锡、南通、宁波、嘉兴、舟山等周边城市协同发展等。不同于上海,南京的定位是中心城市,打造与镇江、扬州抱团式发展的都市圈,加快建设南京江北新区,辐射带动淮安等市发展,促进与合肥都市圈融合发展。按照规划,杭州的目标定位是加快建设杭州国家自主创新示范区和跨境电子商务综合试验区、湖州国家生态文明先行示范区,建设全国经济转型升级和改革创新的先行区,与嘉兴、湖州、绍兴形成一个都市圈[11]。而被划入并融入长三角格局的合肥,在推进长江经济带国家战略中发挥承东启西的区位优势和创新资源富集优势,打造区域增长新引擎。

休闲产业的发展离不开城市功能的配套与完善,长三角城市的功能正在经历三个转型:第一,城市的规划,从建筑布局向城市空间规划转型。第二,城市的建设,从建造房子向建设城市转型。第三,城市的管理,从依法管理向城市生活品牌打造转型。

四、长三角公共基础设施休闲化

《长江三角洲区域一体化发展规划纲要》(以下简称《纲要》)中指出,当前长三角地区重大基础设施基本联通。交通干线密度较高,省际高速公路基本贯通,区域机场群体系基本建立。区域一体化的本质是实现资源要素的无障碍自由流动和地区间的全方位开放合作[12]。通过有效一体化,使长三角三省一市形成合力,其最终实现高质量发展。而各地区之间的公共服务和基础设施的不均等化,正是阻碍区域内各生产要素自由流动的重要原因之一。作为我国经济最具活力、开放程度最高、创新能力最强、吸纳外来人口最多的区域之一,长三角地区"底子厚",在此基础上实施基础服务和公共设施均等化的探索,其社会风险及政治风险是最小的。

但与此同时,区域内仍存在发展不平衡不充分、跨区域共建共享共保共治机制尚不健全等短板,基础设施、生态环境、公共服务一体化发展水平有待提高。为此,《纲要》明确提出"基础设施互联互通基本实现"的发展目标,具体包括:轨道上的长三角基本建成,省际公路通达能力进一步提升,世界级机场群体系基本形成,港口群联动协作成效显著。能源安全供应和互济互保能力明显提高,新一代信息设施率先布局成网,安全可控的水网工程体系基本建成,重要江河骨干堤防全面达标。在提升基础设施互联互通水平的部分,《纲要》把协同建设一体化综合交通体系放在了第一节。在协同建设一体化综合交通体系中,《纲要》提到共建轨道上的长三角、提升省际公路通达能力、合力打造世界级机场群、协同推进港口航道建设四方面。在共建轨道上的长三角方面,指出要加快建设集高速铁路、普速铁路、城际铁路、市域(郊)铁路、城市轨道交通于一体的现代轨道交通运输体系,构建高品质快速轨道交通网。在合力打造世界级机场群方面,《纲要》提出要规划建设南通新机场,成为上海国际航空枢纽的重要组成部分。

当前长三角基础设施互联互通水平已得到显著提升,目前长三角高速铁路总里程突破 6 000 千米,覆盖区域内 90% 以上的地级市。"轨道上的长三角"内涵更加丰富,除了干线铁路,城际铁路、市域(郊)铁路、城市轨道也进入了密集建设期。但仍存在枢纽分工协作水平不高和国际竞争力不强等问题。而就长三角内部基础设施网络看,"东强西弱""南密北疏"不均衡问题亟待解决。根据 2020 年 4 月 2 日印发的《长江三角洲地区交通运输更高质量一体化发展规划》,到 2025 年要以长三角一体化为重点构建长三角地区现代化综合交通运输体系,加强基础设施建设水平和互联互通,铁路密度达 507 千米/万平方千米,高速公路密度达 500 千米/万平方千米,中心城市之间享受 1~1.5 小时客户服务,世界级机场群和港口群全球竞争能力显著增强;大幅提升智能绿色安全发展水平,大城市中心城区绿色出行分担率超过 65% 等。生态优先、绿色发展,基本建成"轨道上的长三角"。

长三角地区要共同打造数字长三角,其中重点提到要协同建设新一代信息基础设施,包括加快推进 5G 网络建设、深入推进 IPv6 规模部署、加快量子通信产业发展等内容。高标准布局新型数字基础设施。协同推动 5G 网络建设,整合边界地区站址资源,推进网络与频率资源共享,联合推动 5G 在各行业各领域深度应用创新。推动数字赋能经济社会发展,加速"长三角工业互联网一体化发展示范区"建设,实施"数字+"行动,率先开展区域性数字孪生城市建设,加快公共设施数字化改造。提升区域数字治理能力,编制长三角公共数据资源目录,确立长三角公共数据资源共享标准和开放机制。建立数据产权交易制度,加快培育长三角一体化数据要素市场。

长三角实施基础服务和公共设施均等化是长三角城市休闲化的重要保障,只有保证了公共基础设施的供应,长三角城市才能实现休闲化发展。

五、长三角生态环境休闲化

长三角区域一体化发展上升为国家战略,大力推进生态文明建设,打好污染防治攻坚战的大背景下,深化长三角区域生态环境保护协作,构建生态环境保护共同体,实现生态环境保护工作一体化,是亟待加强的一项重点工作。长三角区域时空一体、山水相连,生态环境休戚相关。同时,长三角区域内城市频繁举办具有国际性影响的大型活动,合力开展大气环境保障的任务十分繁重。这些都要求长三角地区要构建区域生态环境保护共同体,协调一致开展污染防治和生态环境保护。

2018 年,长三角区域生态环境协同保护进入了新阶段,包括分阶段提前实施了船舶排放控制区措施,提前落实了国六油品升级,制定方案深化了重污染天气区域应急联动,联合制定实施了首个区域秋冬季大气污染综合治理攻坚行动方案,印发实施了太浦河水质预警联动方案等。同年6 月,三省一市信用办及环保部门于长三角地区主要领导座谈会期间签署了《长三角地区环境保护领域实施信用联合奖惩合作备忘录》,发布首个区域严重失信行为认定标准、联合惩戒措施。在安徽合肥召开的长三角区域大气污染防治协作小组办公室厅局长例会提出,将以长三角一体化发展上升为国家战略为契机,深度开展长江生态治理与保护等区域生态环境联合研究,共同破解共性环境问题;同时探索推进区域标准统一,在目前实践基础上尽可能向高标准看齐;加强区域流动源联合监管,改善区域交通结构。2019 年,三省一市政府分管副省(市)长联合签署《加强长三角临界地区省级以下生态环境协作机制建设工作备忘录》;上海市青浦区、江苏省苏州市吴江区、浙江省嘉兴市嘉善县政府主要负责同志联合签署《关于一体化生态环境综合治理工作合作框架协议》;太湖流域管理局,上海市、江苏省、浙江省水利(水务)和生态环境部门主要负责同志联合签署《太湖流域水生态环境综合治理信息共享备忘录》。

长三角区域在区域大气污染联防联控、水污染综合防治、跨界污染应急处置、区域危废环境管理等方面做了大量积极探索,摸索建立了一套良好的生态环境保护协商机制,为区域环境共治共建共享打下了坚实基础[13]。生态环境共保联治持续深化。长三角生态环保信息互认、标准相通、治理协同等工作机制加快完善。2020 年上半年,空气质量优良天数比例达 84.1%,同比提高 10.5 个百分点,PM 2.5 平均浓度下降 21.3%,333 个地表水国考断面水质优Ⅲ类及以上比例达 85.9%,区域大气和水环境质量持续改善。

长三角生态绿色一体化发展示范区正式公布 2021 年"作战图",2021 年示范区建设重点安排 65 个重大项目,其中,互联互通类项目 12 个,生态环保类项目 10 个,创新发展类项目 17 个,公共服务类项目 26 个。包括推进华为研发中心建设、加快推进"中国·江村"乡村振兴示范区建设、举办世界赛艇锦标赛(淀山湖)等。示范区将继续紧扣制度创新度、项目显示度、民生感受度,做好"高质量""一体化"发展的大文章。

长三角地区持续加强生态环境共治,打造践行"绿水青山就是金山银山"理念的长三角样板。坚决抓好长江十年禁渔的贯彻落实,做好退捕渔民安置保障工作。狠抓生态环境突出问题整改,大力推进沿江城镇污水垃圾、化工园区污染、农业面源污染、船舶污染和上中游尾矿库污染等生态环境污染治理的"4+1"工程。率先完成新一轮长江入河排污口排查并开展整治行动。建设环太湖城乡有机废弃物处理利用示范区,探索形成垃圾焚烧发电市场化运作模式。制定一体化示范区重点跨界水体联保方案,加快推进饮用水水源地保护提升、污水处理厂扩容、河湖生态环境综合整治。

长三角区域三省一市相互毗邻,生态环境问题休戚相关。放眼整个长三角,除了共同治水,聚焦生态环保产业发展外,三省一市还在其他生态领域不断寻求合作,深耕项目培育,致力于为长三角居民提供"绿色"的休闲空间。

参考文献

[1]刘瑾. 长江三角洲主要城市休闲体育发展现状及对策研究[J]. 杭州师范大学学报(社会科学版),2009,31(2):103-107.

[2]施蓓琦,李丽梅,楼嘉军,张晨. 长三角城市居民休闲生活满意度影响机理分析——以杭州、南京、苏州、宁波和合肥为例[J]. 城市问题,2021(5):84-93.

[3]欧阳峣,傅元海,王松. 居民消费的规模效应及其演变机制[J]. 经济研究,2016,51(2):56-68.

[4]常尚新. 不同类型产业集聚对居民消费升级的影响分析[J]. 消费市场,2021(20):54-57.

[5]毛中根,武优勘,谢迟. 长三角城市群消费水平空间格局及其影响机制[J]. 经济地理,2020,40(12):56-62.

［6］王心蕊,孙九霞.城市居民休闲与主观幸福感研究:以广州市为例[J].地理研究,2019,38(7):1566-1580.

［7］陈勇鸣.推动长三角产业转型升级的路径探讨[J].上海企业,2022(3):23-26.

［8］宋歌.我国区域经济新格局的驱动因素及趋势展望[J].未来与发展,2019(8):1-32.

［9］鹿媛媛.构建长三角一体化协同创新机制探讨[J].未来与发展,2020(11):104-107.

［10］冯凌宇.公园城市视角下的城市公共休闲空间建设——以成都为例[J].中共成都市委党校学报,2019(5):92-96.

［11］王炳兴.全域提升打造城市休闲后花园[N].绍兴日报,2019-09-30(027).

［12］李洪.城市休闲文化旅游发展策略探析——以重庆市为例[J].现代经济信息,2019(14):347+350.

［13］生延超,吴昕阳.城市休闲化水平区域差异动态研究[J].湖南工业大学学报(社会科学版),2018,23(3):18-26.

第二章 指标体系与评价方法

第一节 指标体系

为保证数据的持续性和可比性，2020 年长三角城市休闲化指数继续沿用以往的指标体系，共包括经济与产业发展、休闲服务与接待、休闲生活与消费、休闲空间与环境、交通设施与规模在内的 5 个一级指标、10 个二级指标，共计 31 个三级指标(见表 2-1)。评价方法沿用了《中国城市休闲化发展研究报告》的算法框架，使得城市间的数据可以进行横向和纵向对比。

表 2-1 长三角 41 个城市休闲化评价指标体系

一级指标	二级指标	三级指标	单位	变量	属性
经济与产业发展	经济水平	地区生产总值	亿元	X1	正向
		人均地区生产总值	元	X2	正向
	城市化水平	城市化率	%	X3	正向
	产业发展	第三产业占地区生产总值比重	%	X4	正向
		第三产业就业人数占全部就业人数的比重	%	X5	正向
		社会消费品零售总额	亿元	X6	正向

续　表

一级指标	二级指标	三　级　指　标	单位	变量	属性
经济与产业发展	产业发展	住宿和餐饮业零售总额	亿元	X7	正向
		批发、零售、住宿和餐饮业从业人数	万人	X8	正向
		限额以上批发、零售、住宿和餐饮业企业个数	个	X9	正向
休闲服务与接待	文化设施	每百人公共图书馆藏书	册/件	X10	正向
		剧场、影剧院个数	个	X11	正向
		国家重点文物保护单位数量	个	X12	正向
	休闲旅游接待	星级饭店数量	个	X13	正向
		国家4A级及以上景区数量	个	X14	正向
		公园个数	个	X15	正向
	游客接待规模	国内旅游人数	万人次	X16	正向
		入境旅游人数	万人次	X17	正向
休闲生活与消费	居民消费	城镇居民家庭恩格尔系数	%	X18	负向
		城市居民人均可支配收入	元	X19	正向
		城市居民消费价格指数（以上一年为100)	%	X20	正向
		城市居民家庭人均消费性支出	元	X21	正向
		城市居民人均家庭设备用品及服务消费支出	元	X22	正向
		城市居民人均医疗保健消费支出	元	X23	正向
		城市居民人均交通通信消费支出	元	X24	正向
		城市居民人均教育文化娱乐服务消费支出	元	X25	正向

续　表

一级指标	二级指标	三　级　指　标	单位	变量	属性
休闲空间与环境	城市绿化	城市(建成区)绿化覆盖率	％	X26	正向
		城市绿地面积	公顷	X27	正向
		公园绿地面积	公顷	X28	正向
	环境荣誉	国家荣誉称号数	个	X29	正向
交通设施与规模	城市交通	公共汽车、电车客运量	万人次	X30	正向
		公路运输客运量	万人次	X31	正向

第一类,经济与产业发展。主要反映地区城市居民进行休闲消费的宏观经济产业环境,包括地区生产总值,人均地区生产总值,城市化率,第三产业占地区生产总值比重,第三产业就业人数占全部就业人数的比重,社会消费品零售总额,住宿和餐饮业零售总额,批发、零售、住宿和餐饮业从业人数,限额以上批发、零售、住宿和餐饮业企业个数在内的9个指标。经济与产业发展指标是影响城市休闲化发展的先决条件。

第二类,休闲服务与接待。主要反映城市为满足本地居民的休闲需求和外来游客的旅游需求而提供的休闲服务设施规模以及城市的休闲接待能力,包括每百人公共图书馆藏书,剧场、影剧院个数,国家重点文物保护单位数量,星级饭店数量,国家4A级及以上景区数量,公园个数,国内旅游人数,入境旅游人数在内的8个指标。休闲服务与接待指标是表征一座城市休闲功能水平的重要指标,也是城市休闲化发展的内在驱动力。

第三类,休闲生活与消费。主要反映城市居民的休闲生活质量和休闲消费结构,包括城镇居民家庭恩格尔系数,城市居民人均可支配收入,城市居民消费价格指数(以上一年为100),城市居民家庭人均消费性支出,城市居民人均家庭设备用品及服务消费支出,城市居民人均医疗保健消费支出,城市居民人均交通通信消费支出,城市居民人均教育文化娱乐服务消费支出在内的 8 个指标。休闲生活与消费指标是城市居民休闲生活质量的体现,也是城市休闲化发展的核心内容。

第四类,休闲空间与环境。主要反映地区城市居民的居住条件、城市荣誉以及城市绿化环境等,包括城市(建成区)绿化覆盖率,城市绿地面积,公园绿地面积,国家荣誉称号数在内的 4 个指标。休闲空间与环境指标是构成本地居民与外来游客从事户外游憩活动的基本条件,也是促进城市休闲化发展的重要载体。

第五类,交通设施与规模。主要反映城市内外交通的通畅程度,包括公共汽车、电车客运量,公路运输客运量在内的 2 个指标。交通设施与规模指标是城市本地居民和外来游客开展休闲活动的前提,也是城市休闲化发展的基础条件。

第二节　研究对象与评价方法

一、研究对象

本报告选取长三角地区沪苏浙皖三省一市地级及以上城市为研究对象,其中包括上海市、江苏省 13 个城市、浙江省 11 个城市和安徽省 16 个城市,共计 41 个。见表 2－2。

本报告中的数据均来自《中国统计年鉴》《中国城市统计年鉴》《上海市统计年鉴》《江苏省统计年鉴》《浙江省统计年鉴》《安徽省统计年鉴》,以及苏浙皖三省各地级市统计年鉴或国民经济和社会发展统计公报等国家、省级及地区有关管理部门公开出版或发布的统计数据。

表 2-2　长三角 41 个城市分布

省　份	地级及以上城市	数量
上海市	上海	1
江苏省	南京、无锡、徐州、常州、苏州、南通、连云港、淮安、盐城、扬州、镇江、泰州、宿迁	13
浙江省	杭州、宁波、温州、嘉兴、湖州、绍兴、金华、衢州、舟山、台州、丽水	11
安徽省	合肥、淮北、亳州、宿州、阜阳、蚌埠、淮南、滁州、六安、芜湖、马鞍山、铜陵、安庆、池州、宣城、黄山	16

二、评价方法

（一）数据处理

本研究所有指标口径概念均与国家统计局制定的城市基本情况统计制度保持一致,以保证评价结果的客观公正性。按照评价指导思想与评价原则要求,所有指标分为两类,一是正向指标,即指标数据越大,评价结果越好;二是负向指标,即这类指标的数值与评价结果成反向影响关系,即指标数值越大,评价结果就越差。本报告中"城镇居民家庭恩格尔系数"就属于负向指标。本研究对负向指标进行一致化处理,转换成正向指标,具体采用如下公式。

$$X' = \frac{1}{x}(x > 1)$$

对所有负向指标的 X 数据进行变化,统一为正向指标。

（二）指标赋权方法

在以往相关研究文献中,计算权重通常采用主观判断法和客观分析法。前者通过对专家评分结果进行数学分析实现定性到定量的转化,后者则通过提取统计数据本身的客观信息来确定权重。主观判断法对先验理论有很强的依赖性，受调查者往往以某种先验理论或对某种行为的既定认识来确定指标权重，所以使用主观判断法会造成指标选取和权重确定上的主观性和随意性，从而降低综合评价分析的科学性。客观分析法是通过对评价指标数据本身的客观信息进行提取分析，从而确定权重大小，其特点是客观性强，但其忽略了专家经验在确定权重中应用的重要性，赋权结果有时说服力不强。

在本指标体系中由于指标较多，数据信息量较大，为避免数据处理的失真，本文主要按照客观分析法，依靠可得性客观数据，并运用基于客观数据分析的"差异驱动"原理，对长三角41个城市的休闲相关变量进行赋权，目的在于消除人为因素的影响，提高评价的科学性。本研究将指标变量数列的变异系数记为

$$V_j = S_j / \overline{X}_j \text{ ,其中 } \overline{X}_j = \frac{1}{41} \sum_{i=1}^{41} X_{ij}$$

$$S_j = \sqrt{\frac{1}{41} \sum_{i=1}^{41} (X_{ij} - \overline{X}_j)^2} \quad (i=1,2,3,\cdots,41; j=1,2,3,\cdots,31)$$

由此，变量的权重为

$$\lambda_j = V_j / \sum_{j=1}^{31} V_j \tag{1}$$

（三）综合评价模型

变量集聚是简化城市休闲化评价指标体系（Urban Recreationalization Index，简称 URI）的有效手段，即指数大小不仅取决于独立变量的作用，也取决于各变量之间形成的集聚效应。非线性机制整体效应的存在，客观上要求经济与产业发展（EI）、休闲服务与接待（SH）、休闲生活与消费（LC）、休闲空间与环境（SE）、交通设施与规模（TS）全面协调发展，产生协

同作用。

本评价指标根据柯布道格拉斯函数式构建如下评价模型。

$$\mathrm{URI} = \mathrm{EI}_j^a + \mathrm{SH}_j^b + \mathrm{LC}_j^c + \mathrm{SE}_j^d + \mathrm{TS}_j^e \tag{2}$$

式中,a、b、c、d、e 分别表示经济与产业发展、休闲服务与接待、休闲生活与消费、休闲空间与环境、交通设施与规模的偏弹性系数。从式(2)中可以看出,该函数体现的是城市休闲化各变量指标之间的非线性集聚机制,强调了城市休闲化各指标协调发展的重要性。

在指标数据处理上,由于评价指标含义不同,各指标量纲处理差异比较大,所以不能直接使用各指标数值进行评价。为了使数据具有可比性,采用最大元素基准法对指标数据进行无量纲处理,将实际能力指标值转化为相对指标,即

$$Y_{ij} = X_{ij} / \max_{1 \leqslant i \leqslant 41}^{1 \leqslant j \leqslant 31} [X_{ij}]$$

经过处理后的城市休闲化评价模型为

$$\mathrm{URI} = \sum_{j=1}^{9} Y_{ij}^a + \sum_{j=10}^{17} Y_{ij}^b + \sum_{j=18}^{25} Y_{ij}^c \\ + \sum_{j=25}^{29} Y_{ij}^d + \sum_{j=30}^{31} Y_{ij}^e \tag{3}$$

总的来说,城市休闲化评价指标的非线性组合评价法具有以下特点。

一是强调了城市休闲化评价指标变量间的相关性及交互作用。

二是着眼于系统性观点,突出了评价变量中较弱变量的约束作用,充分体现了城市休闲化水平的"短板效应",即城市休闲化水平就像 31 块长短不同的木板组成的木桶,木桶的盛水量取决于长度最短的那块木板。

三是因为采用了指数形式,导致变量权重的作用不如线性评价法明显,但对于变量的变动却比线性评价法更为敏感。

第三章 城市休闲化评价结果

第一节 综合评价

根据对经济与产业发展、休闲服务与接待、休闲生活与消费、休闲空间与环境、交通设施与规模五个方面,共计 31 个指标相关数据的统计与分析,得出了长三角 41 个城市 2021 年城市休闲化发展指数的综合结果。其中,上海、杭州、苏州、南京和宁波排名前 5 位,表明其城市休闲化程度位居长三角前列。这一排名也与上述城市在长三角的社会经济发展排名相符合,体现了经济与休闲互动发展的和谐特征。无锡、温州、合肥、金华、嘉兴进入城市休闲化指数评价前十强,表明这些城市休闲化发展的和谐性、均衡性也比较显著,所以能够成为长三角城市休闲化发展的领先城市。而亳州、六安、池州、宿州和淮北则位列综合排名的后 5 位,反映了 5 个城市在城市休闲化发展的整体性方面还有很大发展潜力。见图 3-1。

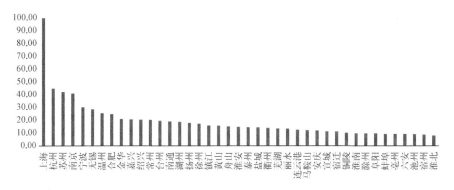

图3-1　长三角41个城市休闲化综合水平排名

第二节　分类评价

一、分类指标权重

从城市休闲化指数评价的五个一级指标的权重看，经济与产业发展的指标权重最高（40.32%），其次依次是休闲服务与接待（30.41%）、休闲空间与环境（12.83%）、交通设施与安全（9.02%）、休闲生活与消费（7.42%）。显然，在目前城市休闲化过程中，经济与产业发展对城市休闲化的影响最大，这也从一个侧面证明，经济的发展在城市休闲化中正在发挥越来越重要的促进作用（见图3-2）。与此同时，休闲生活与消费指标对城市休闲化的影响作用相对较小。

二、分类指标分析

（一）经济与产业发展

经济与产业发展是促进城市休闲化进程的前提条件。从经济与产业分类指数看，上海、杭州、无锡、南京苏州排名前5位，表明上述城市经济

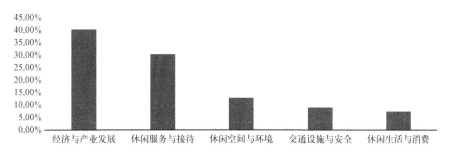

图 3-2　长三角 41 个城市休闲化评价五大指标权重

发展实力雄厚,为城市休闲化发展奠定了扎实的基础。而铜陵、六安、淮北、宿州和池州则位列后 5 位,表明经济与产业发展的相对薄弱制约了上述城市休闲化发展的水平。见图 3-3。

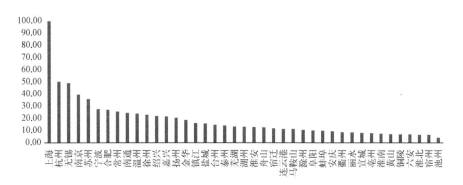

图 3-3　长三角 41 个城市经济与产业发展水平排名

（二）休闲服务与接待

城市的休闲文化、娱乐、旅游等设施是重要的休闲消费场所,接待规模是城市休闲吸引力的重要表现。在城市休闲服务与接待分类指数排名中,上海、杭州、苏州、南京、宁波进入前 5 位,表明 5 个城市休闲娱乐和文旅融合发展结构相对成熟,休闲文化产业发展的整体性优势比较明显。而宿迁、滁州、亳州、阜阳和淮北位居后 5 位,虽然以上城市在文化、旅游的某些具体方面有优势,但是在整体性发展方面存在诸多薄弱环节,影响了休闲服务与接待类别指数的排名。见图3-4。

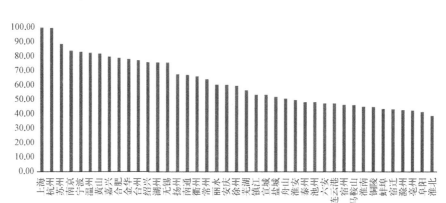

图3-4　长三角41个城市休闲服务与接待水平排名

（三）休闲生活与消费

城市居民的消费支出结构、家庭恩格尔系数、人均可支配收入、消费价格指数、家庭人均消费性支出是反映城市休闲化质量的关键指标。在5个一级指标中,各城市在城市休闲生活与消费上的差距最为平缓,由此可知,长三角41个城市在该指标上的得分较为均衡。从休闲生活与消费分类指数排名看,上海、杭州、苏州、金华、无锡排名前5位,反映了上述城市休闲娱乐和文旅市场繁荣,居民用于休闲相关的综合性消费能力比较强,游客消费支出比较旺。而阜阳、蚌埠、宿迁、安庆和宿州排名最后5位,表明休闲娱乐、文化旅游综合消费能力不足,是城市休闲化发展过程中的一个突出瓶颈因素。见图3-5。

（四）休闲空间与环境

城市(建成区)绿化覆盖率、城市绿地面积、公园绿地面积、国家荣誉称号数等指标代表一个城市自然环境建设和发展的水平,成为衡量居民与游客从事户外游憩活动载体环境质量的重要指数。从休闲空间与环境分类指数排名看,上海、南京、杭州、苏州和宁波名列前5位。而淮北、滁州、宿州、

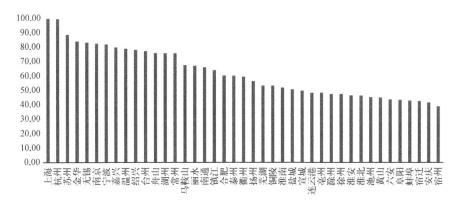

图 3-5 长三角 41 个城市休闲生活与消费水平排名

池州和六安则处于排名的最后 5 位,一定程度上表明以上 5 个城市户外游憩环境总体质量不尽如人意,成为城市休闲化发展的短板。见图 3-6。

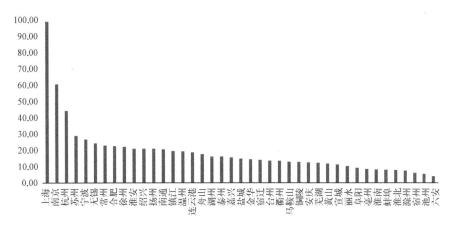

图 3-6 长三角 41 个城市休闲空间与环境水平排名

(五)交通设施与规模

交通设施与规模是城市休闲化发展的基础条件。从交通设施与规模分类指数看,上海、苏州、杭州、南京和温州排名前 5 位。交通条件完善,交通枢纽功能强大,使得上述城市居民在本地日常的休闲活动与外来游客在当地的旅游观光活动能够互动协调发展。而蚌埠、马鞍山、淮北、铜陵和池州位居最后 5 位。上述城市交通设施与规模评价指数相对较弱,对本地居民从事日常的休闲娱乐活动以及外来游客开展观光度假活动都会产生相应的抑制作用,见图 3-7。

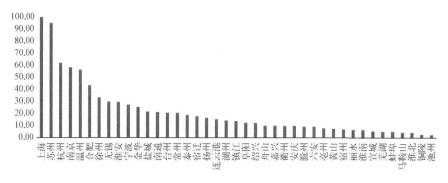

图 3-7　长三角 41 个城市交通设施与规模水平排名

第三节　分项评价

一、经济与产业发展

(一)经济水平

1. 地区生产总值

地区生产总值是反映一座城市经济综合发展能力的重要指标,也是影响城市休闲化发展指数高低的重要因素。根据对长三角 41 个城市地区生产总值的统计,上海、苏州、杭州、南京和宁波排名前五。其中,上海地区生产总值最高,超过 3 万亿元。

从具体排列看,大致可以分成以下几个层次。第一层次是 1.5 万亿元以上,有上海、苏州、杭州 3 个城市。第二层次是 1 万亿~1.5 万亿元,有南京、宁波、无锡 3 个城市。第三层次是 0.5 万亿~1 万亿元,有合肥、南通、常州等 11 个城市。第四层次是 0.1 万亿～0.5 万亿元，有金华、镇江、淮安等 21 座城市。第五层次是 0.1 万亿元以下，有铜陵、池州和黄山 3 座城市。各城市在地区生产总值的数量之间形成非常大的反差，如城市地区生产总值最高的上海与最低的黄山之间相差将近 50 倍。见图 3-8。

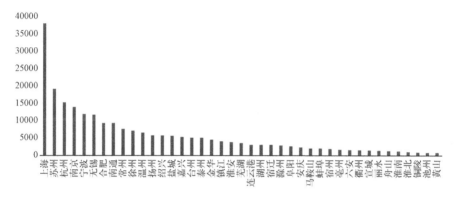

图 3-8　长三角 41 个城市地区生产总值排名　单位：亿元

2. 人均地区生产总值

人均地区生产总值是观察城市发展重要的经济指标之一，也是衡量居民生活水平的一个重要标准，还可用作测度居民休闲消费能力的一个客观指标。根据长三角 41 个城市人均地区生产总值的实际状况进行排序，可以看清楚我国长三角地级以上城市人均地区生产总值分布的一个基本格局。无锡、苏州、南京、上海、常州列前 5 名，其中，居于前 3 位的均为江苏省的城市，江苏省省会城市南京位列第 3 名，而浙江省省会城市杭州位列第 6 名。值得注意的是地区生产总值居于第一的上海，在人均地区生产总值的排名中位列第 5 名，这一排名的变化从一个侧面揭示，上海在居民休闲生活质量提升方面还存在一定的发展空间。另外，各城市在人均地区生产总值指标上也存在一定的差异，如位居第一的无锡与位居末位的阜阳之间的差距约为 6 倍，远小于各城市在地区生产总值方面的差距。见图 3-9。

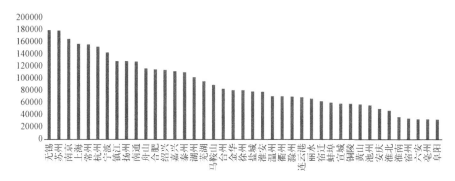

图 3-9　长三角 41 个城市人均地区生产总值排名　单位:元

(二)城市化水平

城市化率是城市化水平在一定意义上所反映出城市规模不断扩大的过程,涵盖了经济规模、人口规模、用地规模三个方面。自改革开放以来,我国城市化水平的发展已取得长足进步。在 2020 年,上海和南京的城市化水平突破 80%,而达到 70% 以上的城市有 10 座城市。总体来看,长三角 41 个地级以上城市的城市化水平较高,均值为 64.55%。见图 3-10。

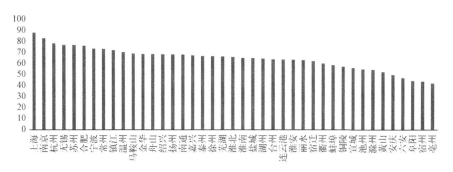

图 3-10　长三角 41 个城市的城市化水平　单位:%

(三)产业发展

1. 第三产业占地区生产总值比重

一般来说,如果一个城市的服务业产出占到地区生产总值总量达50%。就意味着这个城市的产业结构开始以服务经济为主;如果比重达到 60%,就可以认为基本形成了以服务经济为主的产业结构。第三产业包含了旅游娱乐、文化、艺术教育和科学等以提供非物质性产品为主的部门。在现阶段,居民各种形式的休闲活动几乎涉及所有的第三产业门类。一方面,第三产业的发展为居民休闲活动的发展创造了条件;另一方面,居民休闲活动的深入也促进了第三产业的优化发展。根据统计材料,在各城市第三产业占地区生产总值的比重分布中可以发现,上海、杭州、南京、合肥和黄山位居前 5 名。见图 3-11。

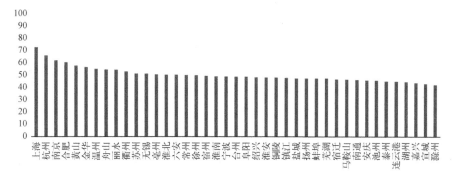

图 3-11　长三角 41 个城市第三产业占地区生产总值比重　单位:%

据统计,2020 年我国长三角地区已有 17 座城市第三产业占地区生产总值比重达 50% 以上,约占总数的 42%,其中上海、杭州、南京、合肥已达到 60%。41 座城市占比均高于 40%。总体上看,近年来以服务经济为主的第三产业的快速发展,也为长三角各地级以上城市休闲产业的深入发展和居民休闲活动的转型升级奠定了扎实的基础。

2. 第三产业就业人数占全部就业人数的比重

第三产业就业人数占全部就业人数的比重,通常反映了第三产业结构调整的进程和服务经济质量的高低。目前我国第三产业发展相对落后,第三产业就业较低且地区发展不均衡。由于第三产业主要以服务业为主,就业人数在一定程度上反映了城市休闲产业发展的状况。我国长三角地区各地级以上城市第三产业就业人数占全部就业人数的比重统计见图3-12。其中,上海、南京、芜湖、杭州、镇江排名前5位。

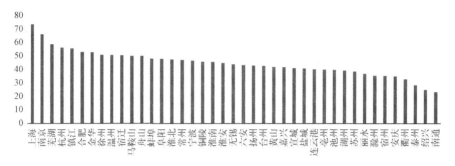

图 3-12　长三角 41 个城市第三产业就业人数占全部就业人数的比重　单位:%

上海、南京第三产业的就业人数占全部就业人数的比重已经超过60%,紧随其后的是芜湖、杭州、镇江。上海是国内服务业最发达的城市,这与上海休闲产业发展的综合实力名列前茅相吻合。尤其值得一提的是,芜湖则从原来的中等水平跃升至现在的前五,说明芜湖市在包括休闲产业在内的第三产业的就业人数方面具有一定的优势,也凸显出近年来芜湖市在休闲与旅游产业方面所取得的发展成效。另外苏州、无锡等经济较发达的地区排名却靠后,这说明在业态服务化和经济休闲化方面需要加快步伐。

3. 社会消费品零售总额

城市社会消费品零售额反映了一定时期内城市居民休闲物质文化生活水平的变化情况,也反映一座城市社会商品购买力的实现程度,以及零售市场规模和业态规模等状况,在国际上通常是作为衡量城市商业服务经济景气度的重要指标。从统计数据看,上海、苏州、杭州、南京、合肥居于前五位,其中上海社会消费品零售总额远超长三角其他城市,优势地位明显,见图3-13。

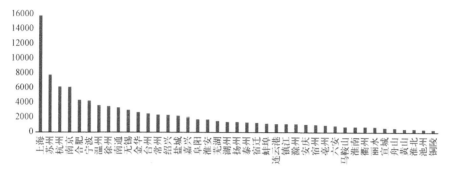

图 3-13　长三角 41 个城市社会消费品零售总额　单位：亿元

从图 3-13 可以看出，上海市在居民生活水平、商品购买力和市场规模等方面在国内城市中具有无可比拟的综合优势。上海市社会消费品零售总额是第二名苏州的零售总额两倍多，这说明除上海外长三角地级市社会消费品零售业发展较弱。从省份来看，江苏、浙江省整体排名靠前，而安徽省整体排名靠后，区域发展不平衡性显著。

4. 住宿和餐饮业零售总额

城市住宿和餐饮业零售总额是社会消费品零售总额进行分类的一个统计指标。从居民日常休闲活动与游客各种形式的旅游活动看，或多或少都与住宿和餐饮服务业产生直接关系，所以从住宿和餐饮业零售总额入手，有助于进一步了解居民和游客在住宿与餐饮方面消费的状况。从各城市统计数据排名看，上海、杭州、南京、苏州、合肥名列前 5 名。见图 3-14。

从统计数据可以看出，住宿和餐饮业零售总额在 100 亿元以上的有 7 座城市，其中江苏省的地级市占比较大，这说明江苏省本地居民的日常休闲消费与外来游客的旅游消费水平都比较高。10 亿元以下的城市有 8 个，且全部位于安徽省，表明该省区域内部的发展差距较为明显。

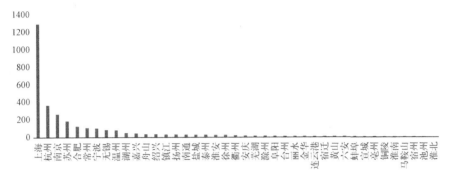

图 3-14　长三角 41 个城市住宿和餐饮业零售总额　单位:亿元

5. 批发、零售、住宿和餐饮业从业人数

批发、零售、住宿和餐饮业从业人员人数是第三产业的重要组成部分,也是劳动力聚集的行业。近年来各大城市的批发、零售、住宿和餐饮行业随着经济的发展日益繁荣,行业结构日益优化,吸纳了大量劳动力就业,是提高城市就业率的重要渠道,也是城市居民休闲生活方式丰富、休闲消费能力提高的必然结果。各城市统计结果见图 3-15。其中,上海、无锡、杭州、南京、苏州名列前五名。

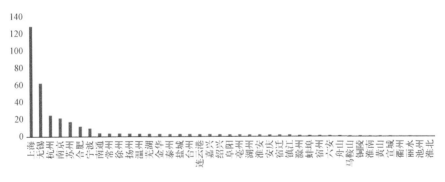

图 3-15　长三角 41 个城市批发、零售、住宿和餐饮业从业人数　单位:万人

从数据分析看,各地级市发展极不平衡。首先,上海在批发、零售、住宿和餐饮业的从业人数最多,这与上海休闲产业发达相符。其次,从层次上看,上海就业人数在 100 万以上,属于第一层次,占总数的 32%。无锡

就业人数在 50 万以上,为第二层次,占总数的 17%。杭州、南京、苏州、合肥在 10 万～50 万之间,是第三层次,占总数的 26%。第四层次为宁波、南通、常州、徐州等 35 座城市就业人数在 10 万以下,约占总数的 25%。最后,从差异上看,排名首位的上海约为 128.89 万人,而末位的淮北约为 0.45 万人,两者相差 286 倍,表明了个同规模的城市之间差距悬殊。但是整体上来看,相较去年批发、零售、住宿和餐饮业从业人数下降。

6. 限额以上批发、零售、住宿和餐饮业企业个数

限额以上批发、零售、住宿和餐饮业企业个数反映了城市商业服务经济发展的市场环境和产业态势,与城市本地居民与外来游客的休闲消费活动密切相关。限额以上的标准主要由批发业、零售业、住宿业和餐饮业等内容构成。见表 3－1。

表 3－1　限额以上批发、零售、住宿和餐饮业的划分标准

行业类别	统计指标名称	计量单位	限额以上企业
批发业	年主营业务收入	万元	2 000 及以上
	年末从业人员	人	20 及以上
零售业	年主营业务收入	万元	500 及以上
	年末从业人员	人	60 及以上
餐饮业	年主营业务收入	万元	200 及以上
	年末从业人员	人	40 及以上
住宿业	是否已评定星级	—	一星级及以上
	或是否为旅游饭店	—	或为旅游饭店

各城市限额以上批发、零售、住宿和餐饮业企业个数统计见图 3－16。其中,上海、杭州、宁波、苏州、南京名列前五名。

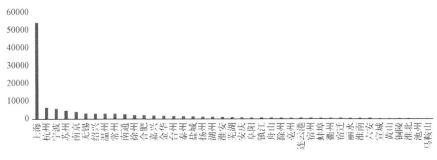

图 3-16　长三角 41 个城市限额以上批发、零售、
住宿和餐饮业企业个数　单位:个

从图 3-16 来看,上海在该项指标水平上遥遥领先,随后是杭州、宁波和苏州。宁波和苏州并非省会城市,但是在商业服务业方面发展突出,尤其宁波在休闲之都发展战略的引导下,居民休闲活动与游客度假活动发展迅速,推动了休闲化发展。从企业数量上看,可以分成 5 个层次,上海、杭州、宁波企业个数超过 5 000 个,属于第一层次,占总数的56.87%;苏州、南京、无锡在第二个层次,占总数的 10.22%;绍兴、温州、常州、南通、徐州和合肥在第三层次,占总数的 13.53%;嘉兴、金华、台州等 8 个城市属于第四层次,占总数的 10.01%;芜湖、安庆、阜阳等 21 个城市企业数量在 1 000 个以下,属于第五层次,占总数的9.37%。

二、休闲服务与接待

(一)文化设施

1. 每百人公共图书馆藏书

图书馆蕴藏着丰富的文化遗产,是人类社会教育、科学文化事业的重要组成部分,同时也是城市休闲文化产业服务体系的重要组成部分。图书馆担负着保存人类文化果实、开展社会教育、传递科技信息、开发资源的重要任务。长三角各地级市每百人公共图书馆藏书数量统计,见图 3-17。上海、苏州、南京、杭州、嘉兴位居前五位,而六安、蚌埠、宿州、亳州、淮南、阜阳每百人公共图书馆藏书数量不到 30 册件。

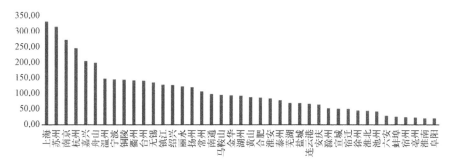

图 3-17　长三角 41 个城市每百人公共图书馆藏书　单位:个

值得注意的是,江苏省省会城市南京较去年位次上升明显,体现出了相关部门对南京市文化设施建设的高度重视。

2. 剧场、影剧院个数

剧院、影院是城市居民和外来游客休闲娱乐的重要场所,还是多元文化沟通的载体和桥梁,在一定程度上代表了城市文化娱乐设施发展的水平。具体数据见图 3-18。其中,上海、杭州、苏州、南京、无锡位列前五名;而淮南、亳州、淮北、铜陵、池州位于后五名。

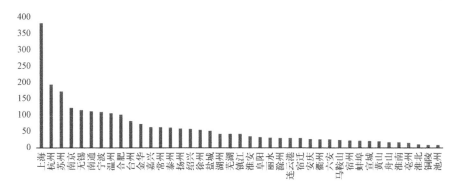

图 3-18　长三角 41 个城市剧场、影剧院个数　单位:个

从统计数据可以看,剧场、影院个数可以分成四个层次。上海、杭州、苏州、南京、无锡、南通、宁波、温州、合肥在 100 个以上,为第一层次,占总数的 55.19%;台州、金华等 9 个城市在 50～100 个,属于第二层次,占总数的 22.05%;湖州、芜湖、镇江等 21 个城市在 10～50 个,属于第三层次,占总数的 22.05%;铜陵、池州的剧场、影剧院个数在 10 个以下,属于第四层次,占总数的 0.7%。

3. 国家重点文物保护单位数量

我国历史悠久,拥有丰富的文化遗产,文物作为文化遗产的重要组成部分,对于社会主义精神文明建设具有深远的意义。根据 2002 年 10 月 28 日第九届全国人民代表大会常务委员会第三十次会议通过的《中华人民共和国文物保护法》第十三条的规定,中国国务院所属的文物行政部门(国家文物局)在省(直辖市)级、地级市、县级文物保护单位中,选择具有重大历史、艺术、科学价值者确定为全国重点文物保护单位,或者直接确定,并报国务院核定公布。因此,国家重点文物保护单位是具有重大历史、艺术、科学等价值的不可移动的文物,不仅是文化有形实体的体现,同时也传递了一座城市无形的历史文化,具有较高的价值内涵。一个城市国家重点文物保护单位的拥有量从一个方面客观地反映了该地区的历史文化资源的丰富度,也从侧面体现了该地区的精神文化建设水平,这是城市休闲文化资源建设的重要基础。具体数据见图 3 - 19。苏州、南京、黄山、杭州、上海名列前 5 名;宿迁、舟山、铜陵、盐城、阜阳位列后 5 名。

从数据可以看出,苏州作为我国著名历史文化名城和风景旅游城市,拥有 61 个国家重点文物保护单位,其中苏州园林被联合国教科文组织列为世界文化遗产,位列第一名。紧接着是南京 56 个,中国四大古城之一,是首批国家历史文化名城,拥有历史悠久的文化遗址和纪念建筑。黄山较往年名次排名进步,以 49 个国家重点文物保护单位位居第三。

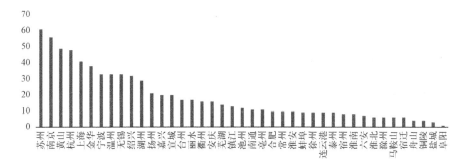

图 3-19　长三角 41 个城市国家重点文物保护单位数量　单位：个

（二）休闲旅游接待

1. 星级饭店数量

星级酒店是由国家（省级）旅游局评定的能够以夜为时间单位向旅游客人提供配有餐饮及相关服务的住宿设施（按不同习惯它也被称为宾馆、酒店、旅馆、旅社、宾舍、度假村、俱乐部、大厦、中心等），通常分为五个等级。一个城市的星级饭店数量在一定程度上反映了当地旅游发展水平和旅游接待服务能力。具体数据见图 3-20。其中，上海、杭州、宁波、苏州、温州位于前五名，滁州、宿州、阜阳、铜陵、淮北位列后五名。

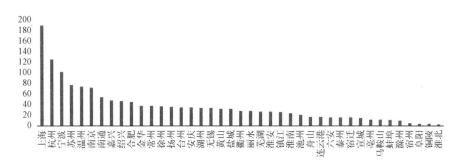

图 3-20　长三角 41 个城市星级饭店数量　单位：座

从数据来看，上海、杭州和宁波的星级饭店数量在 100 个以上，上海以 190 个星级饭店遥遥领先，表明上海在长三角地区具备极强的中高档旅游接待服务能力,这一现状与上海是公务旅游、商务旅游、都市旅游及其他各种形式的中高档次旅游活动发达相吻合。在长三角 41 个城市中,有 21 座城市星级饭店数量在 50 家以下,表明在旅游接待方面具有巨大的发展空间。

2. 国家 4A 级及以上景区数量

旅游景区是指以旅游及其相关活动为主要功能或主要功能之一的区域场所,能够满足游客参观游览、休闲度假、康乐健身等旅游需求,具备相应的旅游设施并提供相应的旅游服务的独立管理区。旅游景区是旅游业的核心要素,是旅游产品的主体成分,是旅游产业链中的中心环节,是旅游消费的吸引中心,是旅游产业面的辐射中心。旅游景区应有统一的经营管理机构和明确的地域范围,包括风景区、文博院馆、寺庙观堂、旅游度假区、自然保护区、主题公园、森林公园、地质公园、游乐园、动物园、植物园及工业、农业、经贸、科教、军事、体育、文化艺术、学习等各类旅游景区。根据目前规定,我国景区采用 A 级划分标准,从高到低依次为 5A、4A、3A、2A 和 1A 级。在 4A 级及以上景区中,规定要求在旅游交通、游览安全、旅游购物、景区卫生、邮电服务、经营管理、游客满意率等方面都有较高的水准。具体数据见图 3-21。其中,上海、苏州、宁波、杭州、无锡排在前五位,舟山、蚌埠、滁州、阜阳、淮北位于后五位。

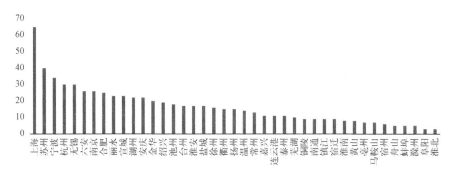

图 3-21 长三角 41 个城市国家 4A 级及以上景区数量 单位:个

从数据来看,在 4A 级及以上景区方面,位列前五名的 5 个地级市均在 30 个以上,占总数的 29.14%,说明这五个地级市的旅游景区资源优势十分显著,也从侧面揭示了上海市、江苏省和浙江省是我国吸引游客的重要目的地。六安、南京、合肥、丽水、宣城等 8 个城市国家 4A 级及以上景区个数有 20 余家,但是南通、镇江、宿迁、淮南等 14 个城市仅有个到 10 个,这说明长三角地区旅游发展差距较大。

3. 公园个数

公园一般是指政府修建并经营的作为自然观赏区和供公众的休息游玩的公共区域,具有改善城市生态、防火、避难等作用,体现公共属性。在城市化休闲发展中,城市公园已经成为当地居民从事户外游憩的重要场所,同时为外来游客提供休闲观光等功能,是城市休闲资源的重要组成部分。根据长三角 41 个城市相关城市公园资料的统计,上海、杭州、合肥、宁波、台州名列前五,宣城、丽水、淮北、马鞍山、安庆位于后五位,见图 3-22。

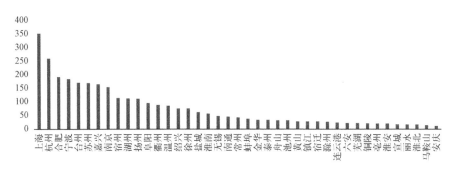

图 3-22　长三角 41 个城市公园个数　单位:个

从数据上看,上海城市公园个数遥遥领先。说明该地区居民生活水平较高,居民的日常休闲需求也较为成熟,有助于推动城市公园的建设和发展。从整体上看,安徽省各地级市在公园个数的排名相较去年提升明显,省会城市合肥的排名由去年的第 12 名跃升至第 3 名,可见随着城市社会经济发展水平提高,安徽省各城市的城市公园建设进入了一个比较快速的发展时期。

(三)游客接待规模

1. 国内旅游人数

国内旅游人数指我国大陆居民和在我国常住1年以上的外国人、华侨、港澳台同胞离开常住地,在境内其他地方的旅游设施内至少停留一夜,最长不超过6个月的人数。国内旅游人数通常是衡量一个地区接待国内旅游者的重要指标。长三角各城市统计数据,见图3-23。其中,上海、杭州、合肥、宁波、金华位于前五位,而淮南、宿州、铜陵、宿迁、淮北位于后五位。

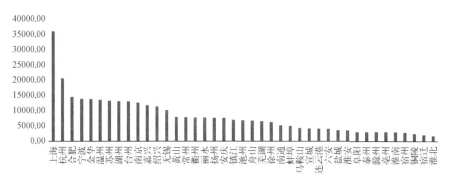

图3-23 长三角41个城市国内旅游人数 单位:万人次

从各城市接待国内旅游人数的规模来看,可以分为以下几个层次:第一层次是上海,年接待国内旅游者人数在3亿人次以上,遥遥领先于长三角其他城市;第二层次是杭州、合肥、宁波、金华、温州、苏州、湖州、台州、南京、嘉兴、绍兴、无锡,年接待国内旅游者人数在1亿人次以上;第三层次是黄山、常州、衢州、丽水、扬州、安庆、镇江、池州、舟山、芜湖、徐州、南通、蚌埠,年接待国内旅游者人数在5 000万人次以上;其他15座城市为第四层次,年接待国内旅游者人数低于5 000万人次。

2. 入境旅游人数

入境旅游人数是指来中国(大陆)观光、度假、探亲访友、就医疗养、购

物、参加会议或从事经济、文化、体育、宗教活动,且在中国(大陆)的旅游
住宿设施内至少停留一夜的外国人、港澳台同胞等游客的数量。入境旅
游人次是反映一座城市接待国外旅游者能力的直接指标。倘若从城市文
化功能的外向型特征出发,综合反映了城市文化产业满足外来游客的文
化及其他相关需求的能力。各城市接待过夜入境旅游者人次统计如下:
排名前5位的城市有上海、苏州、黄山、杭州和南京,排名后5位的城市有
阜阳、淮北、衢州、丽水和宿迁。见图3-24。

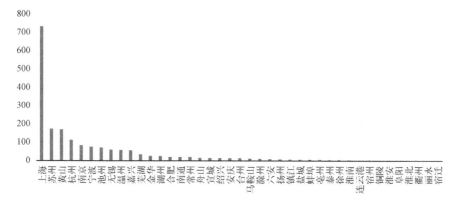

图3-24　长三角41个城市入境旅游人数　单位:万人次

　　总体来看,东部沿海地区接待入境游客人数较多。其中,上海优势
特别明显,体现了上海作为国内最大的工商业城市和亚太地区重要的经
济中心城市在国际旅游市场中的吸引力与影响力。苏州、黄山在入境游
客方面表现非常优异,分别位于第二、三位。从分布态势看,各城市在
入境旅游市场的发展步伐并不均衡,尤其是一些小型城市,如丽水、宿
迁等在接待入境过夜游客方面表现比较薄弱,与头部城市相比差距比
较大,应当引起相关城市管理部门的注意。入境旅游市场发展的不均
衡,也是长三角地区未来在拓展入境旅游领域方面需要重点关注的
地方。

三、休闲生活与消费

居民消费结构是反映城市休闲化质量的关键指标,具体包括以下几个方面。

1. 城镇居民家庭恩格尔系数

恩格尔系数是指食品支出总额占个人消费支出总额的比重。一个家庭收入越少,家庭收入中(或总支出中)用来购买食物的支出所占的比例就越大,反之则会下降,在其他条件(消费品价格比价、居民生活习惯、社会经济制度等)相同的情况下,恩格尔系数大小代表了这座城市的富裕程度。根据联合国粮农组织提出的标准,恩格尔系数在 60% 以上为贫困,50%～60% 为温饱,40%～50% 为小康,30%～40% 为富裕,20%～30% 为富足,低于 20% 为极其富裕。改革开放以来,我国城镇居民家庭恩格尔系数持续下降,一定程度上体现出我国城市居民生活质量不断提高,消费结构逐步升级。因此,对一个城市来说,居民家庭平均恩格尔系数是衡量其富裕程度的主要标准之一。在本报告中,恩格尔系数作为负项指标。长三角各城市的城镇居民家庭恩格尔系数的统计数据见图 3-25。其中,上海、杭州、金华、苏州、南京依次为最低的五位,蚌埠、芜湖、马鞍山、宣城、池州为最高的五位。

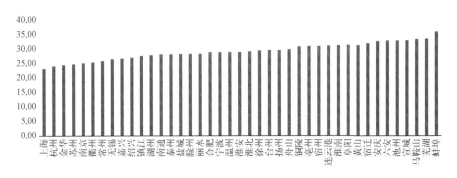

图 3-25　长三角 41 个城市的城镇居民家庭恩格尔系数　单位:%

根据联合国的划分标准，在长三角 41 个城市中，蚌埠、芜湖、马鞍山等 15 座城市的恩格尔系数在 30％～40％之间，处于富裕水平；其余 26 座城市的恩格尔系数均在 20％～30％，处于富足状态。从整体上看，经过40 年来改革开放的发展，我国长三角地区居民生活水平有了很大的提高，也为居民休闲生活质量的提升奠定了物质基础。

2. 城市居民人均可支配收入

城市居民可支配收入是指居民可用于最终消费支出和储蓄的总和，即居民可用于自由支配的收入，既包括现金收入，也包括实物收入。按照收入的来源，可支配收入包括工资性收入、经营净收入、财产净收入和转移净收入。一般认为，人均可支配收入是影响居民休闲消费最重要的因素，常被用来衡量一个家庭的生活水平状况。一个城市的人均可支配收入往往可以反映这个城市居民的消费能力，从而对居民消费的购买倾向和消费喜好产生影响。从长三角各城市的城市居民人均可支配收入可以看出，上海、苏州、杭州、宁波、南京位列前五名，阜阳、宿州、亳州、六安、宿迁位于后五名。见图 3-26。

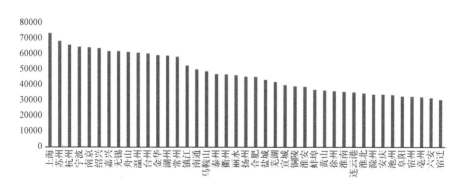

图 3-26　长三角 41 个城市的城市居民人均可支配收入一览图　单位：元

从统计数据可以看出，长三角所有城市的城市居民人均可支配收入均在 30 000 元以上。其中上海高达 73 615 元排在首位，在 60 000 元以上的城市共有 11 个:上海、苏州、杭州、宁波、南京、绍兴、嘉兴、无锡、舟山、温州、台州;处于 50 000~60 000 元的城市共有 5 个:金华、湖州、常州、镇江、南通;处于 40 000~50 000 元的城市共有 8 个:马鞍山、泰州、衢州等;处于 30 000~40 000 元的共有 17 个:宣城、铜陵、淮安、蚌埠等。长三角所有城市居民人均可支配收入较去年提升明显,说明长三角 41 个城市经济进一步增长,人们的生活水平不断提高。

3. 城市居民消费价格指数

城市居民消费价格指数(以上一年为 100),是反映城市居民家庭所购买的生活消费品价格和服务项目价格变动趋势和程度的相对数,可以观察和分析消费品的零售价格和服务项目价格变动对居民货币工资的影响,作为研究居民生活和确定工资政策的依据,一般可以用来反映通货膨胀(紧缩)程度。根据统计数据,长三角 41 个城市的城市居民消费价格指数(以上一年为 100)排名见图 3-27。其中,宿州、丽水、徐州、盐城、南通排在前五位,铜陵、舟山、温州、蚌埠、衢州排在后五位。

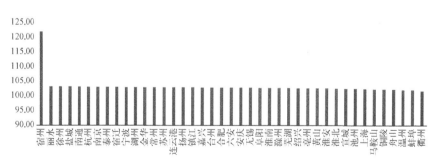

图 3-27 长三角 41 个城市的城市居民消费价格
指数(以上一年为 100) 单位:%

由于消费价格指数反映了城市居民家庭所购买的生活消费品价格和服务项目价格变动趋势和程度的相对数。通过观察价格指数的变化,一定程度上可以表明价格波动对居民休闲生活的影响程度。

4. 城市居民家庭人均消费性支出

城市居民家庭人均消费性支出是居民家庭人均用于日常生活的全部支出,包括购买实物支出和各种服务性支出。人均消费支出既是衡量居民生活水平和生活质量的重要指标,也是推动城市经济增长的直接因素。城市居民家庭人均消费性支出中有一部分用于休闲消费支出,因此居民人均消费支出的高低与休闲生活水平质量高低有很大联系。根据统计数据可以看出,上海、杭州、温州、苏州、宁波家庭人均消费性支出排在前五位,淮安、蚌埠、安庆、宿迁、宿州位于后五位。见图3-28。

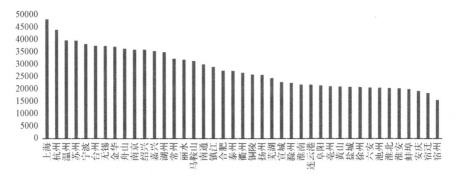

图3-28　长三角41个城市的城市居民家庭人均消费性支出　单位:元

一般而言,居民人均收入较高的城市往往消费支出也比较大,因此从整体上看,居民人均消费的分布曲线大致与收入曲线相一致。

5. 城市居民人均家庭设备用品及服务消费支出

城市居民人均家庭设备用品及服务性消费水平的高低是反映居民生活质量的重要标志。随着居民家庭收入水平的不断提高,居民对发展型、享受型消费资料的需求也同步增加,而发展型与享受型生活在提高居民日常生活质量的同时,也极大地丰富了居民休闲生活。今天服务性消费已逐步成了居民生活领域的一个消费热点,也成为反映我国居民休闲消费需求逐步高涨的一个缩影。从统计数据看,上海、温州、杭州、台州、宁波位于前五位,亳州、淮南、盐城、宿迁、宿州位于后五位。
见图 3-29。

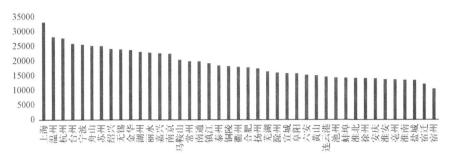

图 3-29　长三角 41 个城市的城市居民人均家庭
设备用品及服务消费支出　单位:元

从数据可以看出,上海以 33 348 元的人均家庭设备用品及服务消费
支出排在首位,领先于长三角其他 40 个城市,也是唯一一个消费支出超
过 30 000 元的城市。这一现象反映了上海市居民重视发展型、享受型消
费,居民的日常生活质量提高,休闲方式丰富。

6. 城市居民人均医疗保障消费支出

从城市居民的生活角度出发,医疗保健消费支出相较于衣、食、住、行
等基本生活消费而言,是一种弹性较小的消费品。随着生活条件的改善,
居民对身体保健的观念发生了很大的转变,"预防为主"是医疗卫生工作
的重要经验之一,保健和养生的生活方式逐渐被居民认同与接受,从而是
保健消费成为当今时代居民家庭消费中的重要部分,支出比重也在不断
提高。从统计数据来看,杭州、丽水、上海、金华、舟山排在前五位,黄山、
宿迁、蚌埠、淮安、阜阳排在后五位,见图 3-30。

从数据可以看出,长三角地区城市居民人均医疗保健消费支出主要
在 2 000 元上下浮动,且消费区域性明显。超过 3 000 元的城市有杭州、丽
水、上海、金华 4 座城市,其中杭州城市居民人均医疗保健消费支出达到

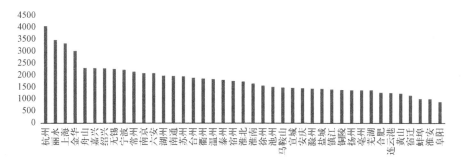

图 3-30　长三角 41 个城市的城市居民人均医疗保健消费支出　单位:元

4 057 元,居于首位。安徽省在这一指标中整体排名靠后,省会合肥仍然排在 30 名左右,这一消费现象值得引起相关部门的重视。

7. 城市居民人均交通通信消费支出

随着人们收入的增加,交通和通信产品不断的升级换代,使得交通和通信消费成为城镇居民家庭的消费热点。交通和通信是反映居民生活质量的重要指标,近年来居民消费需求逐渐向发展型、品质型转变,居民的消费能力明显增强,消费结构得到优化。网络的普及使得居民通信消费占比加大;随着城镇基础设施不断完善,公路交通快速发展,公交线路不断向外延伸,出行增多带动了交通费快速增长。根据城市居民人均交通通信消费支出的数据来看,杭州、嘉兴、苏州、金华、台州排在前五位,淮安、连云港、宿州、宿迁、安庆排在后五位,见图 3-31。

从数据可以看出,我国城市居民用于交通和通信消费支出的层次性比较清晰,大致可以分成三个层次:杭州、嘉兴、苏州、金华等 11 个城市的人均交通通信突破 5 000 元,其中杭州以 7 446 元排在第一位,属于第一层次,约占总数的 41.32%;常州、合肥、南京、舟山等 12 个城市居民人均交通通信消费支出在 3 000~4 000 元,属于第二层次,约占总数的 31.12%;衢州、宣城、铜陵、扬州等 18 个城市低于 3 000 元,属于第三层次,约占总数的 27.56%。

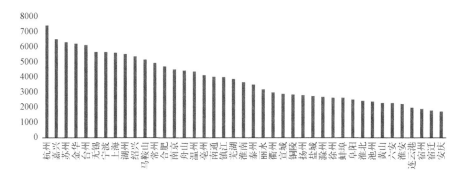

图 3-31　长三角 41 个城市的城市居民人均交通通信消费支出　单位:元

8. 城市居民人均教育文化娱乐服务消费支出

教育文化娱乐服务消费支出,包括文化娱乐用品、文化娱乐服务、教育三类消费,是反映居民生活消费结构变化的一个重要指标,也是反映居民休闲生活质量甚至休闲生活方式变化的一个重要指标。近年来,随着"双减"政策的实施,一定程度上使教育支出费用比重有所降低,而与居民休闲生活高度相关的文化娱乐服务消费支出不断增加,比重不断提高。当然,各城市的经济发展程度不同,消费支出也有差异,见图 3-32。从统计数据看,南京、苏州、上海、无锡、温州位居前 5 位,而蚌埠、安庆、亳州、宿州、六安排在后五位。

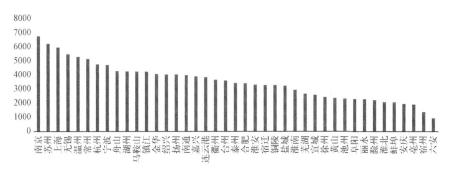

图 3-32　长三角 41 个城市的城市居民人均教育
文化娱乐服务消费支出　单位:元

数据显示,南京市城镇居民在教育文化娱乐服务消费方面的支出最高,这一现象也与南京市娱乐文化设施完善、娱乐方式丰富,以及相关休闲产业成熟的环境息息相关。长三角各城市居民人均教育文化娱乐服务消费整体上发展状况不均衡,前五名中江苏省、浙江省和上海市均位列其中,唯独不见安徽省;安徽省排名最高的城市马鞍山位于第 11 名,而且有 4 个城市居民人均教育文化娱乐服务消费低于 2 000 元,均属于安徽省。因此,安徽省在教育文化娱乐服务方面需要改进。

四、休闲空间与环境

(一)城市绿化

1. 城市(建成区)绿化覆盖率

城市(建成区)绿化覆盖率,是指城市(建成区)内各类型绿地绿化垂直投影面积(包括公共绿地、居住区绿地、单位附属绿地、防护绿地、生产绿地、道路绿地、风景林地的绿化种植覆盖面积、屋顶绿化覆盖面积以及零散树木的覆盖面积)占城市总面积的比率。这是反映城市生态环境保护状况的重要指标,也是中国环境保护模范城市和创建文明城市考核的重要指标。城市休闲化水平的提升与休闲环境的改善和优化紧密相关,即一个城市绿化覆盖率的高低,在一定程度上代表了一座城市休闲环境质量发展水平。从数据可以看出,黄山、湖州、滁州、淮北、马鞍山在前五位,嘉兴、宿州、温州、亳州、宿迁排在后五位,见图 3-33。

从数据可以看出,长三角 41 个城市的城市(建成区)绿化覆盖率相差并不悬殊,主要集中在 37%～47% 之间,居于首位的黄山与居于末位的宿迁仅相差 11.41%。可以看出长三角 41 个城市在城市绿化率建设工作较为可观。其中,绿化覆盖率在 40%～50% 之间的城市有 35 座,在 30%～40% 之间的城市 6 座。从数据看出,上海在城市绿化覆盖率方面排名虽

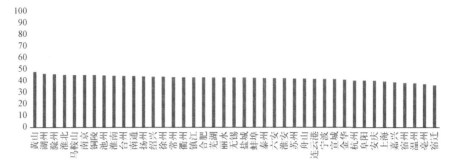

图 3-33　长三角41个城市的城市(建成区)绿化覆盖率　单位:%

较去年有所上升,但仍比较靠后,属于倒数第六位,20世纪90年代开始,上海建立了大量的林地、绿地,从21世纪初十年,绿化覆盖率逐年上升,公共绿地面积增长明显,但是与长三角其他城市相比,仍然存在一定差距,值得引起相关部门关注。

2. 城市绿地面积

城市园林绿地面积指用作园林和绿化的各种绿地面积,包括公共绿地、居住区绿地、单位附属绿地、防护绿地、生产绿地、道路绿地和风景林地面积。它是反映一个城市的绿化数量和质量、一个时期内城市经济发展、城市居民生活福利保健水平的重要指标,也是评价城市环境质量的标准和城市精神文明的标志之一。从统计数据来看,长三角41个城市绿地面积拥有量差异悬殊,其中上海、南京、杭州、连云港、苏州排名前五,六安、宿州、衢州、池州、丽水排在后五位。见图3-34。

首先从整体上看,长三角各城市间的城市绿地面积差距较大,排在首位的上海拥有近16万公顷绿地面积,但排在末位的丽水却仅拥有约1700公顷绿地面积,两者相差95倍。其次长三角地区拥有10万公顷以上的城市仅有上海市,拥有1万~10万公顷绿地面积的城市有12座,28座城市的绿地面积在1万公顷以下。

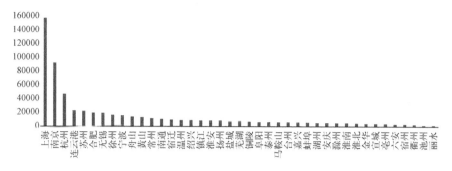

图 3-34　长三角 41 个城市的城市绿地面积　单位:公顷

3. 公园绿地面积

公园绿地是城市中向公众开放的、以游憩为主要功能,有一定的游憩设施和服务设施,同时兼有生态维护、环境美化、减灾避难等综合作用的绿化用地,是城市建设用地、城市绿地系统和城市市政公用设施的重要组成部分,也是展示城市整体环境水平和居民生活质量的一项重要指标,其规模可大可小。在城市发展过程中,通常会将公园绿地面积作为考核政府作为的一种尺度,考察政府对公共绿地资源进行再分配的能力。根据长三角各城市公园绿地面积的数据统计可以看出,上海、南京、杭州、合肥、苏州排在前五位,衢州、亳州、宣城、池州、丽水排在后五位,见图 3-35。

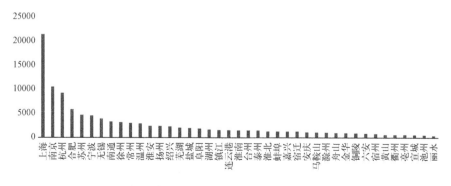

图 3-35　长三角 41 个城市的公园绿地面积　单位:平方米

从统计数据来看,长三角地区公园绿地面积拥有量呈现不平衡的状态。公园绿地面积过万的城市有上海、南京,在 5 000～10 000 公顷的城市杭州、合肥,在 1 000～5 000 公顷之间的城市有苏州、宁波、无锡等 28 座,在 1 000 公顷以下的城市有 9 座,长三角地区公园绿地面积拥有量主要集中在 1 000～5 000 公顷。其中作为拥有量最高的城市上海,公园绿地面积分摊在 2 487.09 万常住人口这一庞大群体的身上,数量就明显偏低,由此说明上海虽然公园绿地面积拥有量大,但人均面积这一指标仍然挑战严峻,任重道远。

(二) 环境荣誉

在城市"国家荣誉称号数"类目中,包含了国家历史文化名城、全国文明城市、国家卫生城市、国家园林城市、国家环境保护模范城市,以及中国优秀旅游城市等六个方面的内容。对城市而言,这些荣誉称号不仅是一个城市文化精神和形象特征的映射,也是城市休闲资源多面性的体现。

1. 国家历史文化名城

根据《中华人民共和国文物保护法》,历史文化名城是指保存文物特别丰富,具有重大历史文化价值和革命意义的城市。国家历史文化名城突出体现了中华民族文化多样性,集中反映了本地区文化特色、民族特色或见证多民族交流融合,是一种特殊的休闲旅游资源。

2. 全国文明城市

全国文明城市是指在全面建设小康社会中市民整体素质和城市文明程度较高的城市,在全国所有城市品牌中含金量最高、创建难度最大,是反映城市整体文明水平的综合性荣誉称号,也是目前国内城市综合类评比中的最高荣誉,最具有价值的城市品牌。创建全国文明城市实质上是在更高层次、更高水平上推动城市发展,是贯彻落实科学发展观的具体实践;创建全国文明城市既是构建和谐社会的重要载体,也是构建和谐社会的重要推动力,文明城市已成为引导我国城市化、现代化建设的理想范式。城市休闲化是建立在较高城市文明水平基础之上的一个发展过程,城市的文明水平是城市综合发展条件的体现,在为本地居民提供良好的工作和生活文明环境的同时,也成为吸引外来旅游者的重要因素。

3. 国家卫生城市

国家卫生城市是指各项指标均已达到《国家卫生城市标准》要求,由各省、市、自治区爱卫会向全国爱卫会推荐,并经过中国全国爱国卫生运动委员会办公室考核组验收鉴定,而评选出的卫生优秀城市。申报的城市必须同时具备以下 5 个基本条件:① 城市生活垃圾无害化处理率≥80%;② 城市生活污水处理率≥30%;③ 建成区绿化覆盖率≥30%,人均绿地面积≥5 平方米;④ 大气总悬浮微粒年日平均值(TSP):北方城市≤0.350 毫克立方米,南方城市≤0.250 毫克/立方米;⑤ 城市除四害有三项达到全国爱卫会规定的标准。显然,国家卫生城市建设与城市休闲质量提升紧密相关,良好的卫生状况是构成城市名片和形象的主要内容,也是居民休闲品质的保障。因此,将国家卫生城市荣誉称号纳入休闲特色资源体系中,也是兼顾了当地居民与外来游客对于城市休闲卫生环境资源的特定需求。

4. 国家园林城市

国家园林城市是根据中华人民共和国住房和城乡建设部的《国家园林城市标准》,评选出分布均衡、结构合理、功能完善、景观优美,人居生态环境清新舒适、安全宜人的城市。

创建园林城市(城区)是一项社会系统工程,符合当前社会进步和经济发展形势需要,有助于促进城市可持续发展。国家园林城市称号是综合判断一座城市园林休闲环境资源建设的一种方式,能够获得这一称号的城市,无论是在城市园林结构分布还是园林景观环境建设方面,都能为居民与游客提供较为理想的园林环境的休闲条件。

5. 国家环境保护模范城市

国家环境保护模范城市是遵循和实施可持续发展战略并取得成效的典型,它涵盖了社会、经济、环境、城建、卫生、园林等方面的内容,在已具备全国卫生城市、城市环境综合整治定量考核和环保投资达到一定标准的基础上才能有条件创建,涉及面广、起点高、难度大。"环保模范城市"是我国城市21世纪初期发展的方向和奋斗目标,同时也是我国环境保护的最高荣誉。国家环境保护模范城市的创建工作有利于城市遵循可持续发展原则,标志着生态良性循环、城市优美洁净,为居民提供舒适便捷的休闲环境。

6. 中国优秀旅游城市

中国优秀旅游城市评选工作自1998年开始,依据《创建中国优秀旅游城市工作管理暂行办法》和《中国优秀旅游城市检查标准》,由原国家旅游局(现为文化和旅游部)进行评选的城市称号。根据《中国优秀旅游城市检查标准》,包含了对于城市旅游发展水平、城市旅游定位与规模、旅游产业投入和支持、城市旅游业发展机制、城市旅游业管理体系、城市旅游业文明建设、城市的生态自然环境、城市的现代旅游功能、城市旅游交通、城市旅游开发管理、旅游促销与产品开发、城市旅游住宿设施等20个项目的综合评定情况,能够全面地反映城市旅游发展情况。旅游城市建设是城市休闲化过程的重要组成部分,在休闲特色资源评价中,优秀旅游城市荣誉称号能够在一定程度上反映出城市休闲资源特点与资源发展及保护的状况。

从统计数据可以看出,长三角41个城市的国家荣誉称号数呈现阶梯状分布。上述6个相关荣誉称号中,上海、杭州、宁波、绍兴等10座城市拥有5个荣誉称号,温州、嘉兴、湖州、金华等10座城市拥有4个荣誉称号,台州、丽水、马鞍山等 9 座城市拥有 3 个荣誉称号,合肥、亳州、芜湖、黄山拥有 2 个荣誉称号,淮北、宿州、蚌埠等 7 座城市仅有 1 个荣誉称号,而六安的荣誉称号为零。见图 3-36。

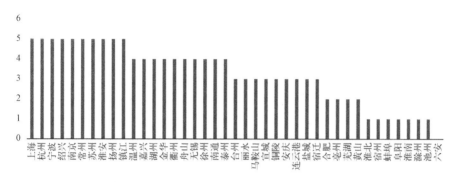

图 3-36　长三角 41 个城市的国家荣誉称号数　单位:个

五、交通设施与规模

交通设施与规模指标主要反映城市内外交通的便捷程度和交通规模,包括公共汽车、电车客运量,公路运输客运量。这一类指标是城市居民和外来游客开展休闲活动的前提,是城市休闲化发展的基础条件。

1. 公共汽车、电车客运量

公共汽车、电车是城市公共交通的重要组成部分,为社会公众日常出行提供基础运输服务保障。一个城市公共汽车、电车网络布局的完整性与运载量的有效性,不仅是城市内部交通发达与城市的典型体现,而且更是城市居民外出从事休闲活动方式在频度上递增、空间上延伸以及在时间上节约的综合展现。根据长三角各城市公共汽车、电车客运量数据统计可以看出,上海、杭州、南京、苏州、合肥排在前五位,芜湖、蚌埠、马鞍山、铜陵排在后五位。见图 3-37。

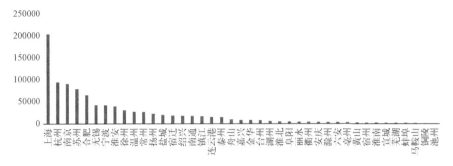

图 3 - 37　长三角 41 个城市的公共汽车、电车客运量　单位:万人次

从统计数据可以看出,上海公共汽车、电车客运量远超长三角其他城市,高达 20 亿人次,也反映了上海在交通运输方面承受的压力,在一定程度上也会降低人们的幸福指数。杭州、南京年客运量达到 9 亿人次以上,依次排名第二、第三。苏州、合肥这两座城市的年客运量也都在 5 亿人次以上。公共汽车、电车客运量与城市经济发展的成熟度有很大的联系,同时也反映出城市内部公共交通运输任务十分繁重。可以预见,随着城市休闲化程度的加快,城市的公交调配面临了巨大的挑战。

2. 公路运输客运量

公路运输就是城市通向外界的一种渠道和方式,以适应性强、运输速度较快在中短途旅行中较为普遍。公路运输客运量体现的是开放空间条件下,同城化地区内部的城市乃至中远程以外地区的城市之间,旅客依靠交通大巴进行互相流通的状况。根据公路运输统计资料得出的指标,大致反映了长三角 41 个城市公路客运的基本情况。其中,苏州、温州、金华、徐州、杭州位列前五,绍兴、马鞍山、铜陵、淮北、池州处于后五位。见图 3 - 38。

从数据统计分析看,在公路交通运输客运量方面,各城市之间差别比较显著。苏州公路运输客运量近 3 亿人次,与长三角其他城市拉开差距,

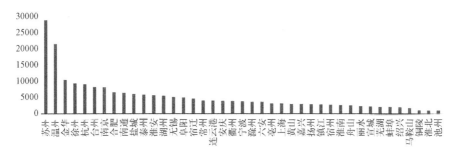

图 3-38　长三角 41 个城市的公路运输客运量　单位:万人次

与末位池州相比,相差将近 30 倍。温州的公路运输客运量位居第二名,这与温州密集的公路网建设有关。此外,还可以看到,公路运输客运量较多的城市主要集中江浙地区,这是因为城市公路客运量有赖于城市周边公路系统的完善程度以及各种基础设施的配套与完备。从数据看到,作为全国超大城市的上海,在公路运输客运量方面排在第 25 名。这一情况与上海交通设施十分完善有关,尤其是以高铁为代表的交通工具成为近年来人们出行的首选,而对公路交通的依赖程度大幅度下降,以至于上海公路交通运输量连续出现不断下降的趋势。

第四节　特征与趋势

一、发展特征

2021 年长三角城市休闲化水平呈现如下特征。

第一,从整体发展水平看,41 个城市的休闲化水平呈持续稳步增长态势,其中上海、杭州、苏州、南京、宁波稳居前五,与上一年保持一致。

第二,从单个城市之间的比较看,长三角城市休闲化发展水平差距依然非常显著。例如,城市排名中第一的上海与末位的淮北,从城市休闲化指数测度值看,两者发展差距有12倍。要完全实现长三角城市之间休闲化指数发展的和谐性与均衡性目标,依然任重道远。

第三,从省份比较看,休闲化指数得分同地区生产总值发展水平表现出较高的一致性。在三省一市中,安徽省整体城市休闲化水平相对滞后,这样的发展现状一定程度上揭示了一个规律:社会经济发展水平是决定城市休闲化发展程度的重要基础条件,经济水平越高,城市休闲化程度也越高;反之,亦然。

第四,从空间格局看,长三角地区城市休闲化水平呈现出极差较大的特征,苏南和杭州湾沿岸的城市休闲化程度发展较好,以上海、杭州、宁波、南京和苏州为首的长三角中心区的城市与边缘区的城市休闲化发展拉开较大差距,苏北、皖北地区城市休闲化发展水平较低。

第五,从城市级别看,41个被列入观察的城市中,苏州、宁波2个城市虽然不是省会城市,但由于其自身经济条件好,所以在城市休闲化指数综合排名比较靠前,要高于部分省会城市。

第六,从城市规模看,排在前七位的均是长三角地区的超大或特大型城市,排在后五位的大部分属于人口规模300万以下的Ⅱ型大城市。也就是说,城市规模与城市休闲化发展水平相关,也是影响城市休闲化指数高低的重要因素。

二、演变趋势

随着"十四五"系列规划密集发布,各地对历史文化街区、旅游休闲街区等做了详尽的战略部署,休闲市场将从供给侧发力,提高都市休闲服务质量,开拓独具地方特色的人文休闲空间。今后几年,长三角城市休闲化将出现以下几大变化。

第一,在习近平总书记"人民城市人民建,人民城市为人民"重要理念的指引下,休闲正在成为城市居民美好生活的重要表现形式,也成为促进社会经济发展的重要市场动力。长三角一体化进程中将更加关注城市居民的幸福感、获得感和安全感,城市休闲功能配置将得到优化,长三角城市休闲化发展的均衡性与充分性将得到进一步体现。

第二,在党的十九届五中全会关于"打造一批文化特色鲜明的国家级旅游休闲城市和街区"的指引下,城市休闲空间在建设过程中既要关注文化性特征,又要关注特色性特征,将经济要素与文化要素有效整合,推动休闲生活方式的完善与成熟。

第三,在新冠肺炎疫情防控常态化的背景下,长三角加速从"全域旅游"迈向"全域休闲"。充分考虑到空间的使用需求,尝试将旅游活动、休闲活动、文化活动全面整合起来,实现经济、政治、体育、文化的协同发展,形成区域优势。有效助力上海、杭州、苏州、南京和宁波等5座城市率先进入全域休闲时代的城市。

第二部分

41个城市休闲化
指标分析

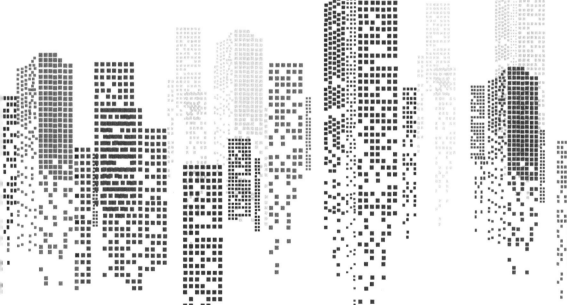

第四章　长三角 41 个城市
休闲化指标分析

第一节　城市规模的划分标准及分类

改革开放以来,随着国民经济的大力发展和工业化进程的不断推进,我国的城镇化已经取得巨大成就,城市数量和规模都有了明显增长。2014 年 11 月 20 日,国务院发布了《关于调整城市规模划分标准的通知》,对我国原有的城市规模划分标准进行了调整,明确了新的城市规模划分标准以城区常住人口为统计口径①,将城市划分为五类七档。第一类,城区常住人口 50 万以下的城市为小城市。其中 20 万以上 50 万以下的城市为 I 型小城市,20 万以下的城市为 II 型小城市。第二类,城区常住人口 50 万以上 100 万以下的城市为中等城市。第三类,城区常住人口 100 万以上 500 万以下的城市为大城市,其中 300 万以上 500 万以下的城市为 I 型大城市,100 万以上 300 万以下的城市为 II 型大城市。第四类。城区常住人口 500 万以上 1 000 万以下的城市为特大城市。第五类,城区常住人口 1 000 万以上的城市为超大城市。依据这一划分标准,可以将本研究对象涵盖的 41 个城市划分为以下五类城市,超大城市 1 个,特大城市

---

① 常住人口:指全年经常在家或在家居住 6 个月以上,也包括流动人口所在的城市居住。

2个,Ⅰ型大城市3个,Ⅱ型大城市14个,中等城市15个,Ⅰ型小城市6个。见表4-1。

表4-1 41个城市人口规模类型

城　　市	城区人口(万人)	类　　型
上　海	2 428.14	超大城市
杭　州	810.90	特大城市
南　京	682.35	特大城市
合　肥	475.01	Ⅰ型大城市
苏　州	426.28	Ⅰ型大城市
宁　波	340.63	Ⅰ型大城市
无　锡	273.48	Ⅱ型大城市
温　州	218.84	Ⅱ型大城市
常　州	217.52	Ⅱ型大城市
南　通	212.35	Ⅱ型大城市
徐　州	207.55	Ⅱ型大城市
芜　湖	193.53	Ⅱ型大城市
淮　安	175.50	Ⅱ型大城市
绍　兴	169.31	Ⅱ型大城市
盐　城	144.35	Ⅱ型大城市
台　州	130.33	Ⅱ型大城市
扬　州	123.84	Ⅱ型大城市
淮　南	121.00	Ⅱ型大城市
连云港	111.55	Ⅱ型大城市

续　表

城　市	城区人口（万人）	类　型
阜　阳	109.65	Ⅱ型大城市
湖　州	99.74	中等城市
蚌　埠	98.10	中等城市
嘉　兴	91.74	中等城市
泰　州	91.44	中等城市
镇　江	89.00	中等城市
宿　迁	87.70	中等城市
金　华	83.64	中等城市
安　庆	77.07	中等城市
马鞍山	75.45	中等城市
淮　北	73.00	中等城市
舟　山	64.40	中等城市
六　安	60.80	中等城市
宿　州	59.26	中等城市
滁　州	58.70	中等城市
铜　陵	54.85	中等城市
丽　水	39.25	Ⅰ型小城市
亳　州	38.50	Ⅰ型小城市
衢　州	38.45	Ⅰ型小城市
宣　城	36.20	Ⅰ型小城市
黄　山	36.17	Ⅰ型小城市
池　州	31.08	Ⅰ型小城市

第二节　超大城市休闲化指数分析

　　超大城市的常住人口规模在 1 000 万以上,长江三角洲 41 个城市中符合这一标准的城市只有上海市。这与上海市从城市行政级别有一定关联。一般来说,城市人口规模与城市活力和生活品质高度相关,人口规模越大,城市的休闲娱乐设施的供给度越高,相关休闲娱乐资源和业态的丰富度也更高。城市社会经济发展的一个核心诉求就是为居民营造健康良好的休闲环境。进入新世纪以来,无论在国外或在国内,休闲逐渐成为推动城市社会经济发展的重要源泉,这在长三角各城市发展过程中也得到了充分的体现。本部分接下来将分析上海这一超大城市在 31 个休闲化指标属性方面呈现出来的特征。

　　上海是我国经济、金融、贸易、航运和科技创新中心,是首批沿海开放城市、长江经济带的龙头城市,也是世界上规模和面积最大的都会区之一。从城市现代化角度来讲,城市现代化共有六个维度,其中一个便是生活的休闲化,目前上海正在朝着城市休闲化趋势发展。上海城市休闲功能转变经历了多个阶段:从最初的封闭型,到后来的外向型,逐渐发展到内外兼顾型,直至当前的全域全面型,为市民和游客提供了丰富多彩的休闲消费方式。从数据分析看,上海 31 个指标水平值区间在 0～11 之间,均值水平是 3.062。高于均值水平的指标有 12 个,占指标总数的 38.7%,主要有限额以上批发、零售、住宿和餐饮业企业个数,住宿和餐饮业零售总额,批发、零售、住宿和餐饮业从业人数,入境旅游人数,城市绿地面积,公共汽车、电车客运量,公园绿地面积,地区生产总值,社会消费品零售总额,剧场、影剧院个数,公园个数,星级饭店数量。其中,指标水平值最高的是限额以上批发、零售、住宿和餐饮业企业个数(10.315),除此之外,指标大于 9 的有住宿和餐饮业零售总额(9.309),批发、零售、住宿和餐饮业从业人数(9.127)和入境旅游人数(9.118)。从中可以看出,上海的住宿和餐饮业、公共服务设施等方面指标较高,这说明上海住宿餐饮业业态丰富、服务设施齐备对城市休闲化进程的推动作用显著。此外,上海的交通网络通达性、游憩设施多样性以及绿化环境,对上海休闲功能的提升、休闲空间的融合和休闲活力的激发起到助推作用。

低于均值水平的指标有 19 个,占总数的 61.3%。主要是国内旅游人数、每百人公共图书馆藏书、国家 4A 级及以上景区数量、国家重点文物保护单位数量、国家荣誉称号数、人均地区生产总值、城市居民人均教育文化娱乐服务消费支出、城市居民人均医疗保健消费支出、城市居民人均交通通信消费支出、城市居民家庭人均消费性支出、城市居民人均家庭设备用品及服务消费支出、城市居民人均可支配收入、第三产业就业人数占全部就业人数的比重、城市化率、第三产业占地区生产总值比重、公路运输客运量、城镇居民家庭恩格尔系数、城市(建成区)绿化覆盖率和城市居民消费价格指数(以上一年为 100)。其中,指标水平值最低的是城市居民消费价格指数(以上一年为 100)(0.102),其次是城市(建成区)绿化覆盖率(0.169)。从中可以发现,上海低于均值水平的指标主要集中在人均类型的指标中,这一现象与上海的人口规模直接相关。

从横向指标来看,上海各个指标在 41 个城市中的排名主要集中在中等水平以上。排名在前十位的指标共有 29 个,其中位居第 1 名的指标有 23 个,分别是地区人均地区生产总值、城市化率、第三产业占地区生产总值比重、第三产业就业人数占全部就业人数的比重、社会消费品零售总额、住宿和餐饮业零售总额、批发和零售及住宿和餐饮业从业人数、限额以上批发和零售及住宿和餐饮业企业个数、公共汽车和电车客运量、每百人公共图书馆藏书、剧场和影剧院个数、星级饭店数量、国家 4A 级及以上景区数量、公园个数、国内旅游人数、入境旅游人数、城市绿地面积、公园绿地面积、国家荣誉称号数、城镇居民家庭恩格尔系数、城市居民人均可支配收入、城市居民家庭人均消费性支出和城市居民人均家庭设备用品及服务消费支出。其他位于中等水平以上的指标为城市居民消费价格指数(以上一年为 100)(第 2 名),城市居民人均医疗保健消费支出(第 3 名),城市居民人均教育文化娱乐服务消费支出(第 3 名),人均地区生产总值(第 4 名),国家重点文物保护单位数量(第 5 名),城市居民人均交通通信消费支出(第 8 名)。处于中等水平的指标只有公路运输客运量(第 25 名)。城市(建成区)绿化覆盖率(第 36 名)指标在 41 个城市中排名处于后十位,该指标位于中等指标以下。

综合以上数据可以得出,上海在城市绿化覆盖率、公路交通规模、国家重点文物保护单位数量、居民消费等方面均存在很大的改进空间,尚无法与上海这座城市在全球的地位完全匹配,表明上海在城市休闲品质和休闲文化建设水平方面有待提升。见图 4-1。

第三节　特大城市休闲化指标分析

特大城市的常住人口规模在 500 万以上 1 000 万以下,符合这一标准的有杭州和南京 2 个城市。从上述城市所属地区看,分别属于浙江省和江苏省。从城市行政级别看,杭州、南京都属于省会城市。2 个特大型城市在 31 个休闲化指标属性方面呈现出来的特征分析如下。

一、杭州

杭州地处长三角区域,是国务院批复确定的中国浙江省省会和全省

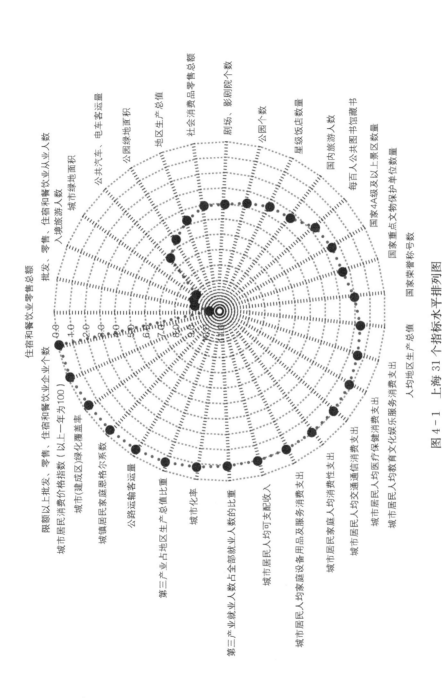

图 4-1　上海 31 个指标水平排列图

经济、文化、科教中心,也是环杭州湾大湾区核心城市、沪嘉杭 G60 科创走廊中心城市、国际重要的电子商务中心。杭州人文古迹众多,西湖及其周边有大量的自然及人文景观遗迹,具有代表性的有西湖文化、良渚文化、丝绸文化、茶文化,以及流传下来的许多故事传说成为杭州文化代表。从数据分析可以看出,杭州 31 个指标水平值区间在 0~3 之间,均值水平是 1.374。高于均值水平的指标有 16 个,占指标总数的 51.6%,主要有住宿和餐饮业零售总额,公共汽车、电车客运量,公园个数,国家重点文物保护单位数量,星级饭店数量,公园绿地面积,剧场、影剧院个数,城市绿地面积,每百人公共图书馆藏书,批发、零售、住宿和餐饮业从业人数,地区生产总值,国家荣誉称号数,社会消费品零售总额,国内旅游人数,城市居民人均交通通信消费支出,人均地区生产总值。其中,指标水平值最高的是住宿和餐饮业零售总额(2.627),其次大于 2 的指标还有公共汽车、电车客运量(2.569),公园个数(2.557),国家重点文物保护单位数量(2.380),星级饭店数量(2.239),公园绿地面积(2.044)。从中可以看出,杭州重视旅游接待服务、住宿餐饮服务、公共设施服务、交通客运服务等,共同推动了杭州市休闲化进程。

低于均值水平的指标有 15 个,占指标总数的 48.4%,主要有城市居民人均医疗保健消费支出,限额以上批发、零售、住宿和餐饮业企业个数,入境旅游人数,国家 4A 级及以上景区数量,公路运输客运量,城市居民人均教育文化娱乐服务消费支出,城市居民家庭人均消费性支出,城市居民人均可支配收入,城市居民人均家庭设备用品及服务消费支出,第三产业就业人数占全部就业人数的比重,城市化率,第三产业占地区生产总值比重,城镇居民家庭恩格尔系数,城市(建成区)绿化覆盖率,城市居民消费价格指数(以上一年为 100)。其中,指标水平值最低的是城市居民消费价格指数(以上一年为 100)(0.101),其次是城市(建成区)绿化覆盖率(0.173)。

从横向指标来看,杭州各个指标在 41 个城市中的排名主要集中在中等水平以上。其中,在 41 个城市中排名前十的有国家荣誉称号数(第 1名),城市居民人均交通通信消费支出(第 1 名),城市居民人均医疗保健消费支出(第 1 名),剧场、影剧院个数(第 2 名),住宿和餐饮业零售总额(第 2 名),限额以上批发、零售、住宿和餐饮业企业个数(第 2 名),公共汽车、电车客运量(第 2 名),星级饭店数量(第 2 名),城镇居民家庭恩格尔系数(第 2 名),城市居民家庭人均消费性支出(第 2 名),公园个数(第 2名),国内旅游人数(第 2 名),第三产业占地区生产总值比重(第 2 名),地区生产总值(第 3 名),社会消费品零售总额(第 3 名),城市居民人均可支配收入(第 3 名),城市化率(第 3 名),批发、零售、住宿和餐饮业从业人数(第 3 名),城市绿地面积(第 3 名),公园绿地面积(第 3 名),城市居民人均家庭设备用品及服务消费支出(第 3 名),国家重点文物保护单位数量(第4 名),每百人公共图书馆藏书(第 4 名),国家 4A 级及以上景区数量(第 4名),入境旅游人数(第 4 名),第三产业就业人数占全部就业人数的比重(第 4 名),公路运输客运量(第 5 名),人均地区生产总值(第 6 名),城市居民人均教育文化娱乐服务消费支出(第 7 名)等 29 个指标。位于中等水平的指标是城市居民消费价格指数(以上一年为 100)(第 25 名)。排名在后十位的指标是城市(建成区)绿化覆盖率(第 33 名),属于中等水平以下的指标。

综合以上数据可以得出,杭州城市休闲化进程中发展较弱的指标有城市生态环境建设、人均休闲消费水平、第三产业发展水平等方面。这说明杭州在城市生态文明建设方面和经济发展程度方面需要一定程度地加强。见图 4-2。

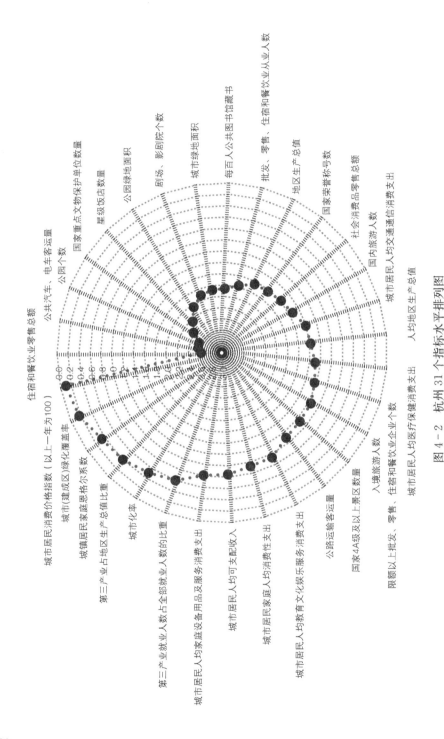

图 4-2　杭州 31 个指标水平排列图

二、南京

南京是中国四大古都之一,是我国首批国家历史文化名城,拥有 6 000 多年的文明史、近 2 500 年的建城史和近 500 年的建都史,享有"六朝古都"美誉,长期是中国南方的政治、经济和文化中心,历史文化资源丰厚。随着经济迅速发展,南京已成为长三角辐射带动中西部地区发展的国家重要门户城市。从数据分析可以看出,南京 31 个指标水平值区间在 0~4 之间,均值水平是 1.253。高于均值水平的指标有 14 个,占指标总数的 45.2%,主要有城市绿地面积,国家重点文物保护单位数量,公共汽车、电车客运量,公园绿地面积,每百人公共图书馆藏书,住宿和餐饮业零售总额,国家荣誉称号数,社会消费品零售总额,批发、零售、住宿和餐饮业从业人数,公园个数,地区生产总值,人均地区生产总值,城市居民人均教育文化娱乐服务消费支出,星级饭店数量。其中指标水平值最高的是城市绿地面积(3.673),其次指标大于 2 的有国家重点文物保护单位数量(2.776),公共汽车、电车客运量(2.462),公园绿地面积(2.330),每百人公共图书馆藏书(2.064)。从中可以看出,南京城市休闲化进程中的城市绿化、交通客运规模、文化娱乐规模、住宿餐饮业规模等发展态势较好,表明南京休闲生活服务业整体发展状况良好。

低于均值水平的指标有 17 个,占指标总数的 54.8%,主要有剧场、影剧院个数,公路运输客运量,国家 4A 级及以上景区数量,国内旅游人数,入境旅游人数,城市居民人均交通通信消费支出,城市居民人均可支配收入,限额以上批发、零售、住宿和餐饮业企业个数,城市居民家庭人均消费性支出,第三产业就业人数占全部就业人数的比重,城市居民人均医疗保健消费支出,城市居民人均家庭设备用品及服务消费支出,城市化率,第三产业占地区生产总值比重,城镇居民家庭恩格尔系数,城市(建成区)绿化覆盖率,城市居民消费价格指数(以上一年为 100)。其中,指标水平值最低的是城市居民消费价格指数(以上一年为 100)(0.101),其次是城市(建成区)绿化覆盖率(0.192)。

从横向指标来看,南京各个指标在 41 个城市中的排名主要集中在中等水平以上。其中,在 41 个城市中排名前十的有国家荣誉称号数(第 1 名),城市居民人均教育文化娱乐服务消费支出(第 1 名),城市化率(第 2 名),城市绿地面积(第 2 名),公园绿地面积(第 2 名),国家重点文物保护单位数量(第 2 名),第三产业就业人数占全部就业人数的比重(第 2 名),住宿和餐饮业零售总额(第 3 名),公共汽车、电车客运量(第 3 名),第三产业占地区生产总值比重(第 3 名),每百人公共图书馆藏书(第 3 名),人均地区生产总值(第 3 名),剧场、影剧院个数(第 4 名),地区生产总值(第 4 名),社会消费品零售总额(第 4 名),批发、零售、住宿和餐饮业从业人数(第 4 名),限额以上批发、零售、住宿和餐饮业企业个数(第 5 名),城镇居民家庭恩格尔系数(第 5 名),城市居民人均可支配收入(第 5 名),星级饭店数量(第 6 名),国家 4A 级及以上景区数量(第 6 名),入境旅游人数(第 6 名),城市(建成区)绿化覆盖率(第 6 名),公路运输客运量(第 7 名),公园个数(第 8 名),城市居民家庭人均消费性支出(第 10 名),国内旅游人数(第 10 名)等 26 个指标。位于中等水平的有城市居民人均医疗保健消费支出(第 11 名),城市居民人均交通通信消费支出(第 14 名),城市居民人均家庭设备用品及服务消费支出(第 14 名),城市居民消费价格指数(以上一年为 100)(第 25 名)等 4 个指标。没有位于中等水平以下的指标。

综合以上数据可以得出,南京市较弱的指标主要体现在公共服务设施规模以及各项人均指标。这表明南京在城市休闲进程中存在公共服务设施供给不充分现象,使得城市对外吸引力较弱。见图 4 - 3。

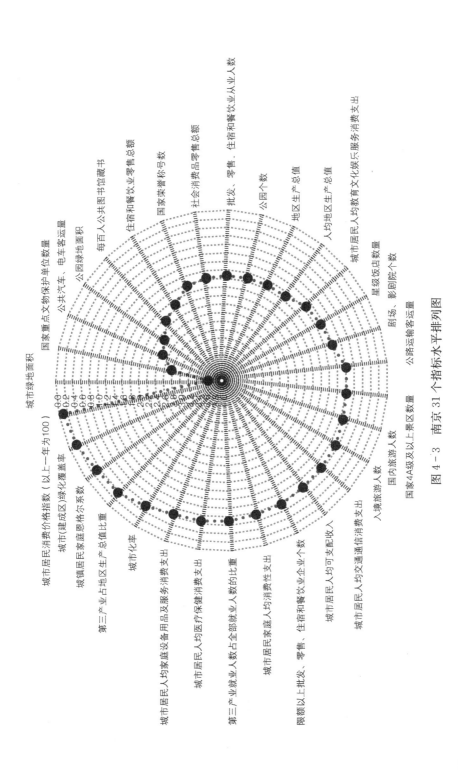

图 4 - 3 南京 31 个指标水平排列图

第四节　Ⅰ型大城市休闲化指数分析

常住人口规模在 300 万以上 500 万以下的城市为Ⅰ型大城市,符合这一标准的城市有合肥、苏州和宁波 3 个城市。分别属于安徽省、江苏省和浙江省。对长三角 3 个Ⅰ型大城市 31 个指标属性的特征分析如下。

一、合肥

合肥是安徽省省会,长三角城市群副中心,综合性国家科学中心,"一带一路"和长江经济带战略双节点城市,同时也是世界科技城市联盟会员城市、中国最爱阅读城市、中国集成电路产业中心城市、国家科技创新型试点城市、中国四大科教基地之一,有"江淮首郡、吴楚要冲"的美誉。从数据分析可以看出,合肥 31 个指标水平值区间在 0～2 之间,均值水平是 0.758。高于均值水平的指标有 15 个,占指标总数的 48.4%,主要有公园个数,公共汽车、电车客运量,公园绿地面积,社会消费品零售总额,国内旅游人数,人均地区生产总值,地区生产总值,剧场、影剧院个数,国家 4A 级及以上景区数量,住宿和餐饮业零售总额,城市居民人均交通通信消费支出,批发、零售、住宿和餐饮业从业人数,公路运输客运量,星级饭店数量,城市绿地面积。其中,指标水平值最高的是公园个数(1.888),其次是公共汽车、电车客运量(1.769)。从中可以看出,合肥在城市休闲化进程中,公共服务设施规模、交通运输规模、城市绿化规模等发展较好,这说明合肥的休闲产业供给和本地居民休闲消费需求之间相对协调。

低于均值水平的指标有 16 个,占指标总数的 51.6%,主要有城市居民人均教育文化娱乐服务消费支出,每百人公共图书馆藏书,国家荣誉称号数,城市居民人均可支配收入,城市居民家庭人均消费性支出,第三产业就业人数占全部就业人数的比重,城市居民人均家庭设备用品及服务消费支出,国家重点文物保护单位数量,城市化率,城市居民人均医疗保健消费支出,限额以上批发、零售、住宿和餐饮业企业个数,第三产业占地区生产总值比重,入境旅游人数,城镇居民家庭恩格尔系数,城市(建成区)绿化覆盖率,城市居民消费价格指数(以上一年为 100)。其中,指标水平值最低的是城市居民消费价格指数(以上一年为 100)(0.102),其次是城市(建成区)绿化覆盖率(0.183)。

　　从横向指标来看,合肥各个指标在 41 个城市中的排名主要集中在中等水平以上。其中,在 41 个城市中排名前十的有城市居民消费价格指数(以上一年为 100)(第 2 名),公园个数(第 3 名),国内旅游人数(第 3 名),公园绿地面积(第 4 名),第三产业占地区生产总值比重(第 4 名),住宿和餐饮业零售总额(第 5 名),公共汽车、电车客运量(第 5 名),社会消费品零售总额(第 5 名),城市化率(第 6 名),城市绿地面积(第 6 名),第三产业就业人数占全部就业人数的比重(第 6 名),批发、零售、住宿和餐饮业从业人数(第 6 名),地区生产总值(第 7 名),国家 4A 级及以上景区数量(第 8 名),公路运输客运量(第 8 名),剧场、影剧院个数(第 9 名),星级饭店数量(第 10 名)等 17 个指标。位于中等水平的指标有人均地区生产总值(第 12 名),限额以上批发、零售、住宿和餐饮业企业个数(第 12 名),入境旅游人数(第 12 名),城市居民人均交通通信消费支出(第 13 名),城镇居民家庭恩格尔系数(第 18 名),城市(建成区)绿化覆盖率(第 18 名),城市居民家庭人均消费性支出(第 19 名),城市居民人均教育文化娱乐服务消费支出(第 22 名),国家重点文物保护单位数量(第 22 名),城市居民人均可支配收入(第 22 名),城市居民人均家庭设备用品及服务消费支出(第 22 名),每百人公共图书馆藏书(第 23 名),国家荣誉称号数(第 30 名)等 13 个。城市居民人均医疗保健消费支出(第 35 名)排名位于后十位,低于中等水平。

综合以上数据可以得出,合肥在城市休闲化进程中表现较弱的方面主要在各项人均休闲消费水平、第三产业发展状况、入境旅游接待规模等方面。说明合肥在对外吸引力,第三产业服务业供给方面还有很大的发展潜力和空间。此外,各项人均消费水平指标也较薄弱。见图 4 - 4。

二、苏州

苏州是首批国家历史文化名城之一,全球首个"世界遗产典范城市",有近 2 500 年历史,是江苏长江经济带重要组成部分。苏州园林是中国私家园林的代表,被联合国教科文组织列为世界文化遗产,中国大运河苏州段入选世界遗产名录,2017 年苏州被评为首批"中国旅游休闲示范城市"之一。从数据分析可以看出,苏州 31 个指标水平值区间在 0~3.5 之间,均值水平是 1.292。高于均值水平的指标有 14 个,占指标总数的 45.2%,主要有公路运输客运量,国家重点文物保护单位数量,每百人公共图书馆藏书,公共汽车、电车客运量,地区生产总值,社会消费品零售总额,入境旅游人数,剧场、影剧院个数,公园个数,国家荣誉称号数,人均地区生产总值,国家 4A 级及以上景区数量,星级饭店数量,住宿和餐饮业零售总额。其中,指标水平值最高的是公路运输客运量(3.488),其次是国家重点文物保护单位数量(3.024)。从中可以看出,苏州在休闲化进程中,城际交通客运规模、文化设施规模、住宿餐饮业规模、入境旅游接待规模等指标发展较好,表明苏州市发达的交通网络也为居民休闲化的生活方式提供便利。同时,苏州文化和旅游资源丰富,城市休闲功能突出。

低于均值水平的指标有 17 个,占指标总数的 54.8%,主要有批发、零售、住宿和餐饮业从业人数,城市居民人均教育文化娱乐服务消费支出,城市居民人均交通通信消费支出,公园绿地面积,国内旅游人数,限额以

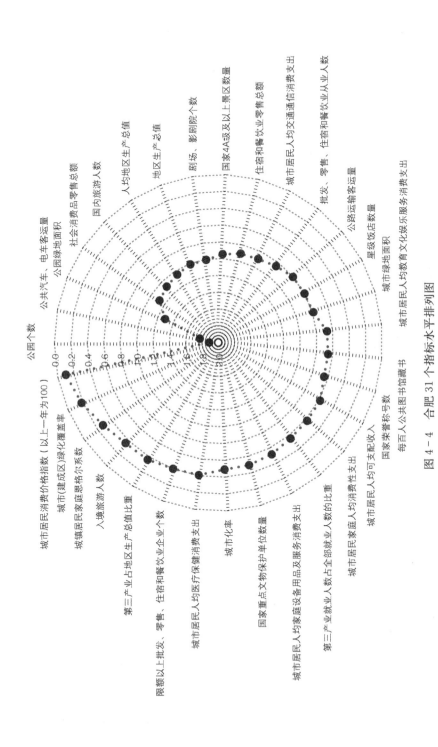

图 4 - 4　合肥 31 个指标水平排列图

上批发、零售、住宿和餐饮业企业个数,城市绿地面积,城市居民人均可支配收入,城市居民家庭人均消费性支出,城市居民人均家庭设备用品及服务消费支出,城市居民人均医疗保健消费支出,城市化率,第三产业就业人数占全部就业人数的比重,城镇居民家庭恩格尔系数,第三产业占地区生产总值比重,城市(建成区)绿化覆盖率,城市居民消费价格指数(以上一年为 100)。其中,指标水平值最低的是城市居民消费价格指数(以上一年为 100)(0.101),其次是城市(建成区)绿化覆盖率(0.179)。

从横向指标来看,苏州各个指标在 41 个城市中的排名主要集中在中等水平以上。其中,在 41 个城市中排名前十的有国家荣誉称号数(第 1 名),国家重点文物保护单位数量(第 1 名),公路运输客运量(第 1 名),地区生产总值(第 2 名),社会消费品零售总额(第 2 名),每百人公共图书馆藏书(第 2 名),国家 4A 级及以上景区数量(第 2 名),城市居民人均可支配收入(第 2 名),城市居民人均教育文化娱乐服务消费支出(第 2 名),人均地区生产总值(第 2 名),剧场、影剧院个数(第 3 名),入境旅游人数(第 3 名),城市居民人均交通通信消费支出(第 3 名),住宿和餐饮业零售总额(第 4 名),限额以上批发、零售、住宿和餐饮业企业个数(第 4 名),公共汽车、电车客运量(第 4 名),星级饭店数量(第 4 名),城镇居民家庭恩格尔系数(第 4 名),城市居民家庭人均消费性支出(第 4 名),城市化率(第 5 名),批发、零售、住宿和餐饮业从业人数(第 5 名),城市绿地面积(第 5 名),公园绿地面积(第 5 名),公园个数(第 6 名),国内旅游人数(第 7 名),城市居民人均家庭设备用品及服务消费支出(第 7 名)等 26 个指标。位于中等水平有第三产业占地区生产总值比重(第 11 名),城市居民人均医疗保健消费支出(第 15 名)和城市居民消费价格指数(以上一年为 100)(第 25 名),城市(建成区)绿化覆盖率(第 27 名)等 4 个指标。第三产业就业人数占全部就业人数的比重(第 37 名)这一指标排名后十位,位于中等水平以下。

综合以上数据可以得出,苏州在第三产业就业人数、城市绿化环境、人均休闲消费水平等方面处于较低发展状态,此外,苏州的人均休闲供给产品和居民消费需求之间匹配度有待加强。见图 4-5。

三、宁波

宁波是中国五大计划单列市之一,"海上丝绸之路"东方始发港,是首批沿海开放城市、中国东南沿海重要的港口城市、长江三角洲南翼经济中心,国家历史文化名城,中国著名的院士之乡,地理位置优越,历史文化悠久,人文底蕴深厚。从数据分析可以看出,宁波 31 个指标水平值区间在 0~2 之间,均值水平是 0.921。高于均值水平的指标有 16 个,占指标总数的 51.6%,主要有星级饭店数量,公园个数,国家重点文物保护单位数量,国家荣誉称号数,人均地区生产总值,国家 4A 级及以上景区数量,地区生产总值,公共汽车、电车客运量,限额以上批发、零售、住宿和餐饮业企业个数,每百人公共图书馆藏书,社会消费品零售总额,剧场、影剧院个数,城市居民人均交通通信消费支出,国内旅游人数,公园绿地面积,城市居民人均教育文化娱乐服务消费支出。其中,指标水平值最高的是星级饭店数量(1.812),其次是公园个数(1.809)。从中可以看出,宁波在城市休闲化进程中,住宿餐饮业规模、公共设施规模、休闲旅游接待设施规模等方面发展较好,这说明宁波的休闲娱乐产业供给相对充足,相关硬件建设可观。

低于均值水平的指标有 15 个,占指标总数的 48.4%,主要有城市居民人均可支配收入,城市居民家庭人均消费性支出,入境旅游人数,城市居民人均家庭设备用品及服务消费支出,住宿和餐饮业零售总额,城市居民人均医疗保健消费支出,批发、零售、住宿和餐饮业从业人数,城市绿地面积,第三产业就业人数占全部就业人数的比重,城市化率,公路运输客运量,第三产业占地区生产总值比重,城镇居民家庭恩格尔系数,城市(建

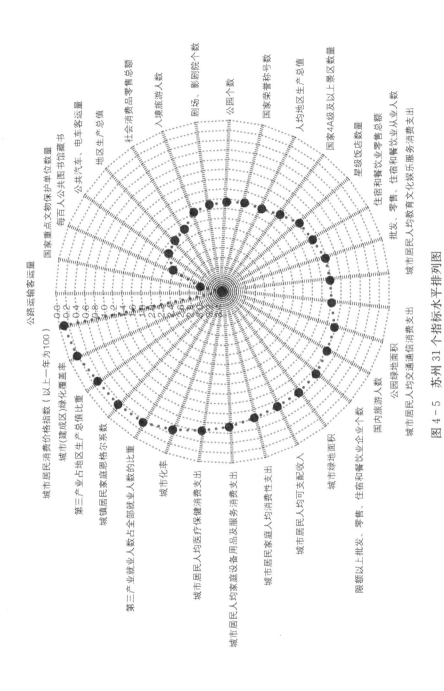

图4-5 苏州31个指标水平排列图

成区)绿化覆盖率,城市居民消费价格指数(以上一年为 100)。其中,指标水平值最低的是城市居民消费价格指数(以上一年为 100)(0.101),其次是城市(建成区)绿化覆盖率(0.177)。见图 4-6。

从横向指标来看,宁波各个指标在 41 个城市中的排名主要集中在中等水平以上。其中,在 41 个城市中排名前十的有国家荣誉称号数(第 1 名),国家 4A 级及以上景区数量(第 3 名),星级饭店数量(第 3 名),限额以上批发、零售、住宿和餐饮业企业个数(第 3 名),公园个数(第 4 名),国内旅游人数(第 4 名),城市居民人均可支配收入(第 4 名),地区生产总值(第 5 名),城市居民家庭人均消费性支出(第 5 名),城市居民人均家庭设备用品及服务消费支出(第 5 名),公园绿地面积(第 6 名),社会消费品零售总额(第 6 名),住宿和餐饮业零售总额(第 7 名),公共汽车、电车客运量(第 7 名),城市化率(第 7 名),批发、零售、住宿和餐饮业从业人数(第 7 名),剧场、影剧院个数(第 7 名),人均地区生产总值(第 7 名),入境旅游人数(第 7 名),城市居民人均交通通信消费支出(第 7 名),国家重点文物保护单位数量(第 7 名),城市居民人均教育文化娱乐服务消费支出(第 8 名),每百人公共图书馆藏书(第 8 名),城市绿地面积(第 9 名),城市居民人均医疗保健消费支出(第 9 名)等 25 个指标。中等水平指标有第三产业就业人数占全部就业人数的比重(第 17 名),城镇居民家庭恩格尔系数(第 19 名),第三产业占地区生产总值比重(第 20 名),公路运输客运量(第 21 名),城市居民消费价格指数(以上一年为 100)(第 25 名),城市(建成区)绿化覆盖率(第 30 名)等 6 个。没有位于中等水平以下的指标。

综合以上数据可以得出,宁波在城市休闲化发展进程中表现较弱的指标有第三产业发展规模、旅游接待规模、城市生态环境建设、各项休闲消费水平等方面。这说明宁波对外吸引力有待提升,在第三产业和旅游业的发展还有很大的发展空间。

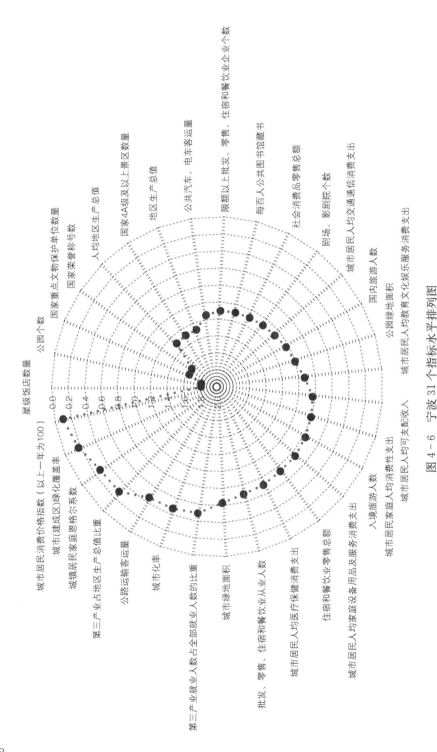

图 4-6 宁波31个指标水平排列图

第五节 Ⅱ型大城市休闲化指数分析

城市的城区常住人口规模在 100 万以上 300 万以下的城市为Ⅱ型大城市,符合这一标准的有无锡、温州、常州、南通、徐州、芜湖、淮安、绍兴、盐城、台州、扬州、淮南、连云港和阜阳 14 个城市。从行政区域划分看,属于浙江省的有温州、绍兴、台州 3 个城市,属于江苏省的有无锡、常州、南通、徐州、淮安、盐城、扬州和连云港 8 个城市,属于安徽省的有芜湖、淮南和阜阳 3 个城市。由此可见,长三角Ⅱ型大城市主要分布在江苏省,这与地区的经济发展密切相关,对长三角 14 个Ⅱ型大城市 31 个指标属性的特征分析如下。

一、无锡

无锡北倚长江、南滨太湖,被誉为"太湖明珠",是国家历史文化名城,自古就是鱼米之乡,素有布码头、钱码头、窑码头、丝都、米市之称。无锡有鼋头渚、灵山大佛、无锡中视影视基地等景点,是我国优秀旅游城市,休闲旅游资源丰富。从数据分析可以看出,无锡 31 个指标水平值区间在 0~5 之间,均值水平是 0.875。高于均值水平的指标有 10 个,占指标总数的 33.3%,主要有批发、零售、住宿和餐饮业从业人数,人均地区生产总值,国家荣誉称号数,地区生产总值,公共汽车、电车客运量,剧场、影剧院个数,国家 4A 级及以上景区数量,城市居民人均教育文化娱乐服务消费支出,城市居民人均交通通信消费支出,每百人公共图书馆藏书。其中,指标水平值最高的是批发、零售、住宿和餐饮业从业人数(4.430),其次是人均地区生产总值(1.630)。从中可以看出,无锡在城市休闲化发展进程中指标较好的有住宿餐饮业规模、文化设施规模、旅游休闲设施与国内游客接待规模等,反映出无锡的休闲娱乐产业供给和居民消费需求相对较好,同时也彰显了无锡市历史文化名城和优秀旅游城市的气质和魅力。

低于指标水平值的有 21 个,占指标总数的 66.7%,主要有公园绿地面积,城市居民人均可支配收入,城市居民家庭人均消费性支出,社会消费品零售总额,城市绿地面积,国内旅游人数,城市居民人均医疗保健消费支出,城市居民人均家庭设备用品及服务消费支出,公路运输客运量,入境旅游人数,住宿和餐饮业零售总额,星级饭店数量,限额以上批发、零售、住宿和餐饮业企业个数,城市化率,公园个数,第三产业就业人数占全部就业人数的比重,城镇居民家庭恩格尔系数,第三产业占地区生产总值比重,国家重点文物保护单位数量,城市(建成区)绿化覆盖率,城市居民消费价格指数(以上一年为 100)。其中,指标水平值最低的是城市居民消费价格指数(以上一年为 100)(0.102),其次是城市(建成区)绿化覆盖率(0.183)。

从横向指标来看,无锡各个指标在 41 个城市中的排名主要集中在中等水平以上。其中,在 41 个城市中排名前十的有人均地区生产总值(第 1名),城市居民消费价格指数(以上一年为 100)(第 2 名),批发、零售、住宿和餐饮业从业人数(第 2 名),城市居民人均教育文化娱乐服务消费支出(第 4 名),城市化率(第 4 名),剧场、影剧院个数(第 5 名),国家 4A 级及以上景区数量(第 5 名),限额以上批发、零售、住宿和餐饮业企业个数(第 6 名),公共汽车、电车客运量(第 6 名),地区生产总值(第 6 名),城市居民人均交通通信消费支出(第 6 名),城市居民家庭人均消费性支出(第 7名),公园绿地面积(第 7 名),城市绿地面积(第 7 名),住宿和餐饮业零售总额(第 8 名),城市居民人均可支配收入(第 8 名),入境旅游人数(第 8名),城市居民人均医疗保健消费支出(第 8 名),城镇居民家庭恩格尔系数(第 8 名),城市居民人均家庭设备用品及服务消费支出(第 9 名),社会消费品零售总额(第 10 名)等 21 个指标。中等水平的指标有国家荣誉称号数(第 11 名),每百人公共图书馆藏书(第 12 名),第三产业占地区生产总值比重(第 12 名),国内旅游人数(第 13 名),公路运输客运量(第 14 名),星级饭店数量(第 18 名),公园个数(第 19 名),城市(建成区)绿化覆盖率(第 20 名),第三产业就业人数占全部就业人数的比重(第 21 名)等 9 个。位于中等水平以下的指标只有国家重点文物保护单位数量(第 33 名)。

综合以上数据可以得出,无锡在城市化发展进程中,表现较弱的指标有各项人均休闲消费水平、城市绿化建设、交通客运规模、第三产业发展状况等方面。说明无锡在第三产业服务业供给方面处于弱势,此外生态环境建设和交通通达性也有待加强。根据我国首套休闲城市评价标准体系,无锡休闲结构体系理论中的环境休闲力、基础休闲力、核心休闲力均存在一定的发展空间。见图 4-7。

二、温州

温州是东南沿海重要的商贸城市和区域中心城市,是国家历史文化名城,拥有丰厚的文化底蕴和独特的自然资源,非物质文化遗产资源十分丰富,素有"东南山水甲天下"之美誉。从数据分析可以看出,温州 31 个指标水平值区间在 0～3 之间,均值水平是 0.781。高于均值水平的指标有 14 个,占指标总数的 45.2%,主要有公路运输客运量,国家重点文物保护单位数量,星级饭店数量,国家荣誉称号数,每百人公共图书馆藏书,剧场、影剧院个数,城市居民人均教育文化娱乐服务消费支出,国内旅游人数,社会消费品零售总额,公园个数,城市居民家庭人均消费性支出,城市居民人均交通通信消费支出,城市居民人均家庭设备用品及服务消费支

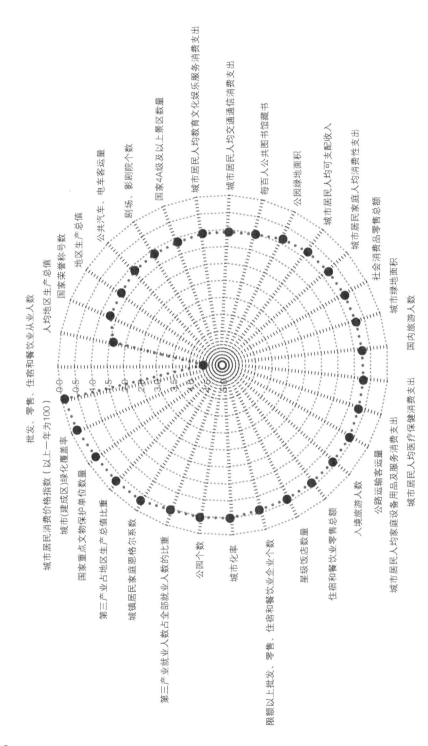

图4-7 无锡31个指标水平排列图

出,城市居民人均可支配收入。其中,指标水平值最高的是公路运输客运量(2.601),其次是国家重点文物保护单位数量(1.636),星级饭店数量(1.315),国家荣誉称号数(1.304)。从中可以看出,交通客运规模、住宿餐饮业规模、旅游接待规模等方面在温州城市休闲化进程中占有重要地位,表明温州的城市居民休闲消费需求较高,生活相对舒适,休闲需求与休闲供给较为匹配。

低于均值水平的指标有17个,占指标总数的54.8%,主要有公共汽车、电车客运量,地区生产总值,公园绿地面积,人均地区生产总值,入境旅游人数,住宿和餐饮业零售总额,城市居民人均医疗保健消费支出,限额以上批发、零售、住宿和餐饮业企业个数,第三产业就业人数占全部就业人数的比重,国家4A级及以上景区数量,城市化率,城市绿地面积,第三产业占地区生产总值比重,城镇居民家庭恩格尔系数,批发、零售、住宿和餐饮业从业人数,城市(建成区)绿化覆盖率,城市居民消费价格指数(以上一年为100)。其中,指标水平值最低的是城市居民消费价格指数(以上一年为100)(0.102),其次是城市(建成区)绿化覆盖率(0.163)。

从横向指标来看,温州各个指标在41个城市中的排名主要集中在中等水平以上。其中,在41个城市中排名前十的有城市居民人均家庭设备用品及服务消费支出(第2名),公路运输客运量(第2名),城市居民消费价格指数(以上一年为100)(第2名),城市居民家庭人均消费性支出(第3名),星级饭店数量(第5名),城市居民人均教育文化娱乐服务消费支出(第5名),国内旅游人数(第6名),社会消费品零售总额(第7名),每百人公共图书馆藏书(第7名),第三产业占地区生产总值比重(第7名),限额以上批发、零售、住宿和餐饮业企业个数(第8名),剧场、影剧院个数(第8名),国家重点文物保护单位数量(第8名),住宿和餐饮业零售总额(第9名),第三产业就业人数占全部就业人数的比重(第9名),城市居民人均可支配收入(第 10 名),公共汽车、电车客运量(第 10 名),城市化率(第 10 名),入境旅游人数(第 10 名)等 19 个指标。位于中等水平的有国家荣誉称号数(第 11 名),地区生产总值(第 11 名),公园绿地面积(第 11 名),批发、零售、住宿和餐饮业从业人数(第 12 名),公园个数(第 14 名),城市绿地面积(第 15 名),城市居民人均交通通信消费支出(第 16 名),城市居民人均医疗保健消费支出(第 18 名),城镇居民家庭恩格尔系数(第 21 名),国家 4A 级及以上景区数量(第 22 名),人均地区生产总值(第 24 名)等 11 个指标。中等水平以下的指标只有城市(建成区)绿化覆盖率(第 39 名)。

综合以上数据可以得出,温州在城市休闲化发展进程中表现较弱的指标有城市生态环境建设、各项休闲消费水平、文化设施规模等方面。这说明温州的生态文明建设还有很大的发展空间,休闲产业结构单一,发展较为滞后,这些在一定程度上制约了城市的吸引力和竞争力。见图 4-8。

三、常州

常州是长江三角洲中心城市之一、先进制造业基地和文化旅游名城,与苏州、无锡构成苏锡常都市圈。是一座有着 3 200 多年的历史文化名城,也是长江文明和吴文化的发源地之一,境内风景名胜、历史古迹众多,历史文化名人荟萃。从数据分析可以看出,常州 31 个指标水平值区间在 0~2 之间,均值水平是 0.623。高于均值水平的指标有 13 个,占指标总数的 41.9%,主要有国家荣誉称号数,人均地区生产总值,城市居民人均教育文化娱乐服务消费支出,城市居民人均交通通信消费支出,地区生产总值,每百人公共图书馆藏书,住宿和餐饮业零售总额,城市居民人均可支配收入,公共汽车、电车客运量,城市居民人均医疗保健消费支出,城市居民家庭人均消费性支出,星级饭店数量,公园绿地面积。其中,指标水平值最高的是国家荣誉称号数(1.631),其次是人均地区生产总值(1.416)。

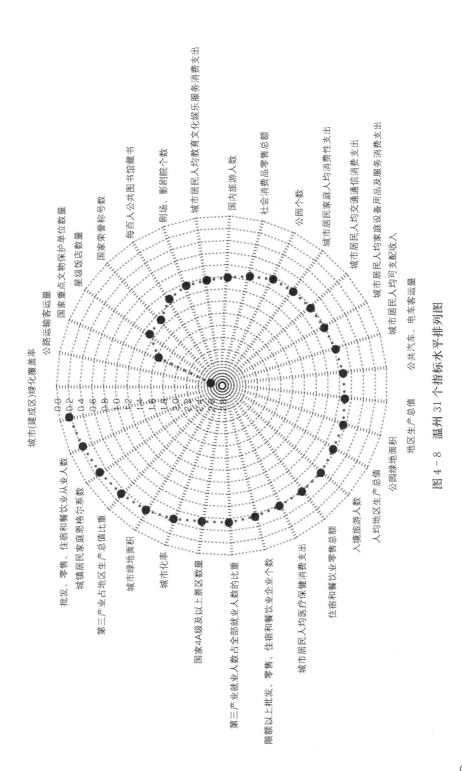

图 4 - 8 温州 31 个指标水平排列图

从中可以看出,常州市在城市休闲化发展过程中,住宿餐饮业规模、教育文化娱乐规模、文化设施规模等发展良好,表明常州本地居民休闲消费需求较为旺盛,且消费水平相对较高。

低于均值水平的指标有18个,占指标总数的58.1%,主要有剧场、影剧院个数,社会消费品零售总额,国内旅游人数,城市居民人均家庭设备用品及服务消费支出,限额以上批发、零售、住宿和餐饮业企业个数,第三产业就业人数占全部就业人数的比重,国家重点文物保护单位数量,国家4A级及以上景区数量,公路运输客运量,城市绿地面积,城市化率,公园个数,城镇居民家庭恩格尔系数,第三产业占地区生产总值比重,批发、零售、住宿和餐饮业从业人数,入境旅游人数,城市(建成区)绿化覆盖率,城市居民消费价格指数(以上一年为100)。其中,指标水平值最低的是城市居民消费价格指数(以上一年为100)(0.101),其次是城市(建成区)绿化覆盖率(0.184)。见图4-9。

从横向指标来看,常州各个指标在41个城市中的排名主要集中在中等水平。其中,在41个城市中排名前十的有国家荣誉称号数(第1名),人均地区生产总值(第5名),城市居民人均教育文化娱乐服务消费支出(第6名),住宿和餐饮业零售总额(第6名),城镇居民家庭恩格尔系数(第7名),城市化率(第8名),限额以上批发、零售、住宿和餐饮业企业个数(第9名),地区生产总值(第9名),批发、零售、住宿和餐饮业从业人数(第9名),城市居民人均医疗保健消费支出(第10名),公园绿地面积(第10名)等11个指标。位于中等水平的指标有公共汽车、电车客运量(第11名),城市居民人均交通通信消费支出(第12名),星级饭店数量(第12名),城市绿地面积(第12名),剧场、影剧院个数(第13名),社会消费品零售总额(第13名),城市居民家庭人均消费性支出(第14名),城市居民人均可支配收入(第14名),国内旅游人数(第15名),城市(建成区)绿化

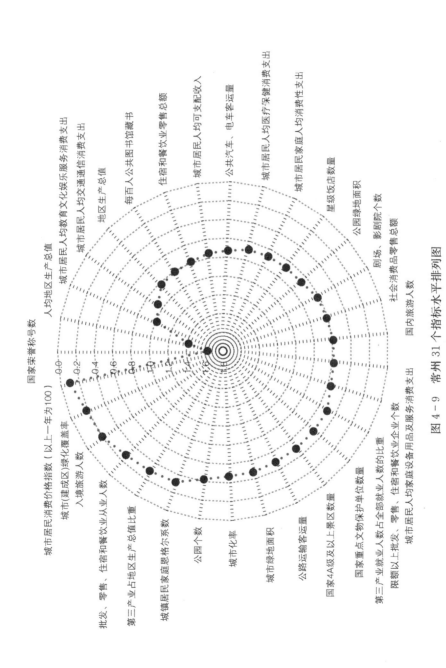

图4-9 常州31个指标水平排列图

覆盖率(第 15 名),城市居民人均家庭设备用品及服务消费支出(第 16 名),第三产业占地区生产总值比重(第 16 名),第三产业就业人数占全部就业人数的比重(第 16 名),公路运输客运量(第 17 名),每百人公共图书馆藏书(第 17 名),入境旅游人数(第 17 名),公园个数(第 21 名),国家重点文物保护单位数量(第 23 名),国家 4A 级及以上景区数量(第 23 名),城市居民消费价格指数(以上一年为 100)(第 25 名)等 20 个。没有处于中等水平以下的指标。

综合以上数据可以得出,常州在城市休闲化发展进程中表现较弱的指标有旅游接待规模、城市生态环境建设、各项休闲消费水平等方面。这说明常州在旅游吸引力和城市居民休闲消费等方面存在一定劣势。

四、南通

南通是扬子江城市群的重要组成部分、上海大都市圈北翼门户城市、中国首批对外开放的 14 个沿海城市之一,集"黄金海岸"与"黄金水道"优势于一身,拥有长江岸线 226 千米,"据江海之会、扼南北之喉",被誉为"北上海"。从数据分析可以看出,南通 31 个指标水平值区间在 0~2 之间,均值水平是 0.584。高于均值水平的指标有 14 个,占指标总数的 45.16%,主要有国家荣誉称号数,人均地区生产总值,剧场、影剧院个数,地区生产总值,星级饭店数量,社会消费品零售总额,城市居民人均教育文化娱乐服务消费支出,公路运输客运量,城市居民人均交通通信消费支出,每百人公共图书馆藏书,公园绿地面积,城市居民人均可支配收入,城市居民家庭人均消费性支出,城市居民人均医疗保健消费支出。其中,指标水平值最高的是国家荣誉称号数(1.304),其次是人均地区生产总值(1.162)。从中可以看出,南通在城市休闲化进程中重视旅游服务设施规模、住宿餐饮业规模、交通客运规模等休闲化指标,这与南通滨江临海的区位优势有很大联系,使得社会生产力获得空前的发展活力。

低于均值水平的指标有 17 个,占指标总数的 54.84%,主要有城市居民人均家庭设备用品及服务消费支出,国家重点文物保护单位数量,限额以上批发、零售、住宿和餐饮业企业个数,公共汽车、电车客运量,公园个数,城市化率,城市绿地面积,国内旅游人数,国家 4A 级及以上景区数量,批发、零售、住宿和餐饮业从业人数,城镇居民家庭恩格尔系数,第三产业占地区生产总值比重,第三产业就业人数占全部就业人数的比重,住宿和餐饮业零售总额,入境旅游人数,城市(建成区)绿化覆盖率,城市居民消费价格指数(以上一年为 100)。其中,指标水平值最低的是城市居民消费价格指数(以上一年为 100)(0.101),其次是城市(建成区)绿化覆盖率(0.189)。

从横向指标来看,南通各个指标在 41 个城市中的排名主要集中在中等水平。其中,在 41 个城市中排名前十的有剧场、影剧院个数(第 6 名),星级饭店数量(第 7 名),公园绿地面积(第 8 名),批发、零售、住宿和餐饮业从业人数(第 8 名),地区生产总值(第 8 名),公路运输客运量(第 9 名),社会消费品零售总额(第 9 名),限额以上批发、零售、住宿和餐饮业企业个数(第 10 名),人均地区生产总值(第 10 名)等 9 个指标。位于中等水平的指标有国家荣誉称号数(第 11 名),城市(建成区)绿化覆盖率(第 11 名),城市绿地面积(第 13 名),城镇居民家庭恩格尔系数(第 13 名),城市居民人均医疗保健消费支出(第 14 名),公共汽车、电车客运量(第 16 名),城市化率(第 16 名),住宿和餐饮业零售总额(第 16 名),城市居民人均教育文化娱乐服务消费支出(第 16 名),城市居民人均可支配收入(第 16 名),入境旅游人数(第 16 名),城市居民家庭人均消费性支出(第 17 名),城市居民人均家庭设备用品及服务消费支出(第 17 名),城市居民人均交通通信消费支出(第 18 名),每百人公共图书馆藏书(第 18 名),公园个数(第 20 名),国家重点文物保护单位数量(第 21 名),国内旅游人数(第 25 名),城市居民消费价格指数(以上一年为 100)(第 25 名),国家 4A 级及以上景区数量(第 29 名)等 20 个。排名在后十位的指标有 2 个,第三产业占地区生产总值比重(第 33 名)和第三产业就业人数占全部就业人数的比重(第 41 名)。见图 4-10。

综合以上数据可以得出,南通在城市休闲化发展进程中表现较弱的指标有城市生态环境建设、各项休闲消费水平、第三产业发展状况和入境旅游接待规模等方面。值得注意的是,第三产业就业人数占全部就业人数的比重这一指标在 41 城市中位居末位,这说明南通在第三产业就业方面存在一定的短板,同时,在生态环境建设、休闲娱乐相关产业发展等方面具有很大的空间。

五、徐州

徐州是华东地区重要的经济、科教、文化、金融、医疗和对外贸易中心,也是国家"一带一路"重要节点城市、长三角北翼重要中心城市,有"中国工程机械之都"和素有"五省通衢"的美誉,也被称作"东方雅典"。从数据分析可以看出,徐州 31 个指标水平值区间在 0～1.5 之间,均值水平是 0.529。高于均值水平的指标有 13 个,占指标总数的 41.9%,主要有国家荣誉称号数,公路运输客运量,社会消费品零售总额,公共汽车、电车客运量,地区生产总值,公园个数,人均地区生产总值,公园绿地面积,城市绿地面积,星级饭店数量,国家 4A 级及以上景区数量,剧场、影剧院个数,第三产业就业人数占全部就业人数的比重。其中,指数水平值最高的是国家荣誉称号数(1.304),其次是公路运输客运量(1.137)。从中可以看出,徐州市重视公共设施服务、交通客运服务等城市休闲化指标,这说明徐州的第三产业发展相对发达休闲娱乐产业供给和居民消费需求之间匹配度相对较好。

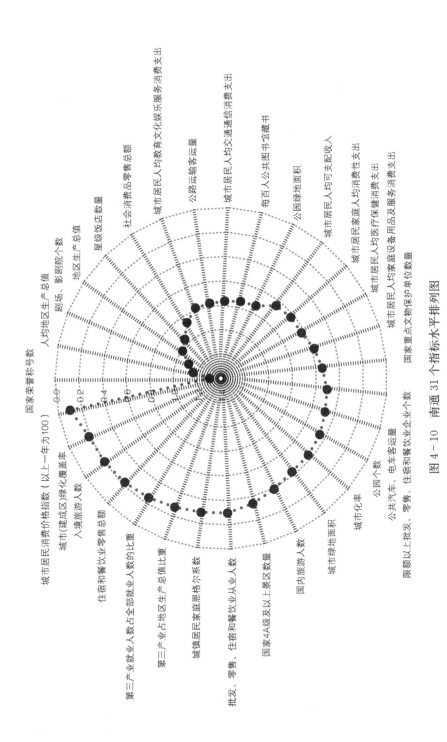

图 4－10 南通 31 个指标水平排列图

低于均值水平的指标有18个,占指标总数的58.1%,主要有城市居民人均医疗保健消费支出,城市居民人均交通通信消费支出,城市居民人均教育文化娱乐服务消费支出,国内旅游人数,城市居民人均可支配收入,国家重点文物保护单位数量,城市居民家庭人均消费性支出,城市化率,城市居民人均家庭设备用品及服务消费支出,限额以上批发、零售、住宿和餐饮业企业个数,每百人公共图书馆藏书,第三产业占地区生产总值比重,城镇居民家庭恩格尔系数,批发、零售、住宿和餐饮业从业人数,住宿和餐饮业零售总额,城市(建成区)绿化覆盖率,城市居民消费价格指数(以上一年为100),入境旅游人数。其中,指标水平值最低的是入境旅游人数(0.048),城市居民消费价格指数(以上一年为100)(0.101)。

从横向指标来看,徐州各个指标在41个城市中的排名主要集中在中等水平。其中,在41个城市中排名前十的有公路运输客运量(第4名),城市绿地面积(第8名),社会消费品零售总额(第8名),第三产业就业人数占全部就业人数的比重(第8名),公共汽车、电车客运量(第9名),公园绿地面积(第9名),批发、零售、住宿和餐饮业从业人数(第10名),地区生产总值(第10名)等8个指标。位于中等水平的指标有限额以上批发、零售、住宿和餐饮业企业个数(第11名),国家荣誉称号数(第11名),星级饭店数量(第13名),城市(建成区)绿化覆盖率(第14名),公园个数(第16名),剧场、影剧院个数(第17名),第三产业占地区生产总值比重(第17名),城市化率(第19名),国家4A级及以上景区数量(第19名),住宿和餐饮业零售总额(第20名),人均地区生产总值(第21名),城市居民人均医疗保健消费支出(第23名),城镇居民家庭恩格尔系数(第23名),国内旅游人数(第24名),城市居民消费价格指数(以上一年为100)(第25名),国家重点文物保护单位数量(第26名),城市居民人均教育文化娱乐服务消费支出(第30名),城市居民人均交通通信消费支出(第30

名),城市居民人均可支配收入(第 30 名)等 19 个。排名后十位的指标有城市居民家庭人均消费性支出(第 33 名),入境旅游人数(第 33 名),每百人公共图书馆藏书(第 33 名),城市居民人均家庭设备用品及服务消费支出(第 34 名)等 4 个。

综合以上数据可以得出,徐州在城市休闲化进程中表现较弱的方面主要在各项人均休闲消费水平、文化设施规模、入境旅游接待规模、城市绿化建设等方面。说明徐州在文化设施的投入、生态环境建设、城市吸引力打造等方面存在不足。见图 4 - 11。

六、芜湖

芜湖是华东重要的科研教育基地和工业基地、G60 科创走廊中心城市、全国综合交通枢纽、合芜蚌国家自主创新示范区。素有"江东名邑""吴楚名区"美誉,是国家历史文化名城。从数据分析可以看出,芜湖 31 个指标水平值区间在 0~1 之间,均值水平是 0.413。高于均值水平的指标有 17 个,占指标总数的 54.8%,主要有人均地区生产总值,城市居民人均交通通信消费支出,国家重点文物保护单位数量,国家荣誉称号数,第三产业就业人数占全部就业人数的比重,入境旅游人数,城市居民人均可支配收入,每百人公共图书馆藏书,城市居民人均教育文化娱乐服务消费支出,城市居民家庭人均消费性支出,国内旅游人数,城市居民人均家庭设备用品及服务消费支出,星级饭店数量,公园绿地面积,城市居民人均医疗保健消费支出,城市化率,剧场、影剧院个数。其中,指标水平值最高的是人均地区生产总值(0.871),其次是城市居民人均交通通信消费支出(0.732)。从中可以看出,芜湖在城市休闲化进程中表现较好的指标有城市绿化规模、教育文化娱乐规模、住宿餐饮业规模等,这说明芜湖的城市居民休闲消费需求较高,娱乐需求较为旺盛。

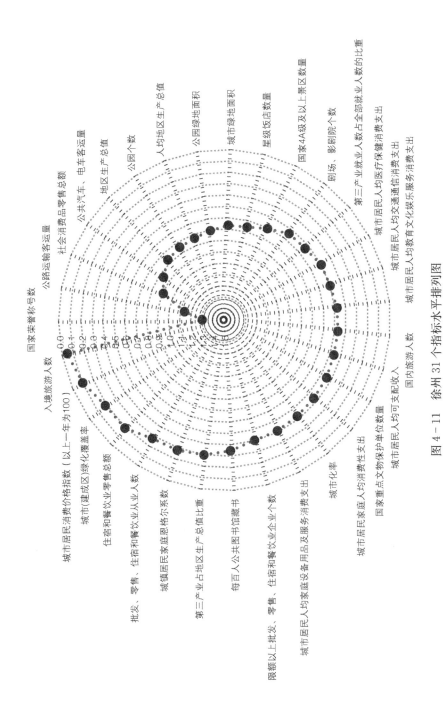

图 4-11 徐州 31 个指标水平排列图

　　低于均值水平的指标有 14 个,占指标总数 45.2%,主要有社会消费品零售总额,地区生产总值,国家 4A 级及以上景区数量,城市绿地面积,第三产业占地区生产总值比重,公路运输客运量,城镇居民家庭恩格尔系数,批发、零售、住宿和餐饮业从业人数,公园个数,限额以上批发、零售、住宿和餐饮业企业个数,城市(建成区)绿化覆盖率,住宿和餐饮业零售总额,城市居民消费价格指数(以上一年为 100),公共汽车、电车客运量。其中,指标水平值最低的是公共汽车、电车客运量(0.056),城市居民消费价格指数(以上一年为 100)(0.102)。

　　从横向指标来看,芜湖各个指标在 41 个城市中的排名主要集中在中等水平。其中,在 41 个城市中排名前十的有城市居民消费价格指数(以上一年为 100)(第 2 名),第三产业就业人数占全部就业人数的比重(第 3名),入境旅游人数(第 9 名)等 3 个指标。位于中等水平的指标有批发、零售、住宿和餐饮业从业人数(第 13 名),公园绿地面积(第 15 名),人均地区生产总值(第 17 名),国家重点文物保护单位数量(第 18 名),社会消费品零售总额(第 19 名),城市(建成区)绿化覆盖率(第 19 名),城市化率(第 20 名),城市居民人均交通通信消费支出(第 20 名),城市绿地面积(第 21 名),地区生产总值(第 21 名),剧场、影剧院个数(第 21 名),限额以上批发、零售、住宿和餐饮业企业个数(第 21 名),星级饭店数量(第 23名),住宿和餐饮业零售总额(第 23 名),国内旅游人数(第 23 名),城市居民家庭人均消费性支出(第 24 名),城市居民人均家庭设备用品及服务消费支出(第 24 名),城市居民人均可支配收入(第 24 名),每百人公共图书馆藏书(第 26 名),城市居民人均教育文化娱乐服务消费支出(第 28 名),国家 4A 级及以上景区数量(第 28 名),国家荣誉称号数(第 30 名),第三产业占地区生产总值比重(第 30 名)等 23 个。排名在后十位的指标有公园个数(第 33 名),城市居民人均医疗保健消费支出(第 34 名),公路运输客运量(第 35 名),公共汽车、电车客运量(第 37 名),城镇居民家庭恩格尔系数(第 40 名)等 5 个。

综合以上数据可以得出,芜湖在城市休闲化发展进程中表现较弱的指标有交通客运规模、城市生态环境建设、文化设施规模等方面。这说明芜湖在交通通达性和生态环境建设方面存在不足,此外休闲产业结构单一,发展较为滞后。见图 4 - 12。

七、淮安

淮安拥有中国第四大淡水湖洪泽湖,是全国文明城市、国家历史文化名城、国家卫生城市、国家园林城市、国家环境保护模范城市、国家低碳试点城市、中国优秀旅游城市,是淮扬菜的主要发源地之一,同时也是江淮流域古文化发源地之一。从数据分析可以看出,淮安 31 个指标水平值区间在 0~2 之间,均值水平是 0.451。高于均值水平的指标有 12 个,占指标总数的 38.71%,主要有国家荣誉称号数,人均地区生产总值,国家重点文物保护单位数量,公路运输客运量,国家 4A 级及以上景区数量,住宿和餐饮业零售总额,限额以上批发、零售、住宿和餐饮业企业个数,城市居民人均教育文化娱乐服务消费支出,公共汽车、电车客运量,城市居民人均可支配收入,星级饭店数量,公园绿地面积。其中,指标水平值最高的是国家荣誉称号数(1.786),其次是人均地区生产总值(0.770)。从中可以看出,淮安在城市休闲化进程中,文娱设施规模、城市交通客运规模、住宿餐饮业规模等发展态势良好,说明淮安城市居民休闲娱乐需求比较旺盛,且休闲娱乐产业及其相关配套设施的供给与居民的休闲娱乐需求适配度较高。

低于均值水平的指标有 19 个,占指标总数的 61.29%,主要是地区生产总值,城市化率,城市居民人均医疗保健消费支出,社会消费品零售总

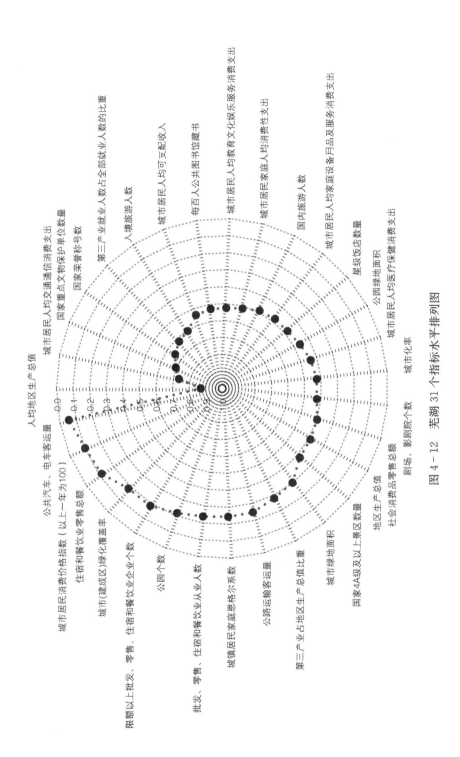

图 4-12 芜湖 31 个指标水平排列图

额,第三产业就业人数占全部就业人数的比重,城市居民家庭人均消费性支出,城市居民人均交通通信消费支出,第三产业占地区生产总值比重,每百人公共图书馆藏书,城市绿地面积,城镇居民家庭恩格尔系数,城市居民人均家庭设备用品及服务消费支出,批发、零售、住宿和餐饮业从业人数,公园个数,国内旅游人数,城市(建成区)绿化覆盖率,剧场、影剧院个数,入境旅游人数,城市居民消费价格指数(以上一年为100)。其中,指标水平值最低的是城市居民消费价格指数(以上一年为100)(0.010),其次是入境旅游人数(0.025)。见图4-13。

从横向指标来看,淮安各个指标在41个城市中的排名主要集中在中等水平。其中,在41个城市中排名前十的有国家荣誉称号数(第1名),城市居民消费价格指数(以上一年为100)(第2名),公共汽车、电车客运量(第8名)等3个指标。处于中等水平的指标有公路运输客运量(第12名),公园绿地面积(第12名),社会消费品零售总额(第18名),城市绿地面积(第18名),国家4A级及以上景区数量(第18名),住宿和餐饮业零售总额(第18名),城镇居民家庭恩格尔系数(第20名),限额以上批发、零售、住宿和餐饮业企业个数(第20名),地区生产总值(第20名),第三产业就业人数占全部就业人数的比重(第20名),剧场、影剧院个数(第22名),人均地区生产总值(第23名),城市居民人均教育文化娱乐服务消费支出(第23名),批发、零售、住宿和餐饮业从业人数(第24名),每百人公共图书馆藏书(第24名),国家重点文物保护单位数量(第24名),星级饭店数量(第24名),第三产业占地区生产总值比重(第24名),城市(建成区)绿化覆盖率(第26名),城市化率(第27名),城市居民人均可支配收入(第27名)等21个。排名在后十位的指标有国内旅游人数(第32名),公园个数(第35名),城市居民人均家庭设备用品及服务消费支出(第36名),入境旅游人数(第36名),城市居民家庭人均消费性支出(第37名),

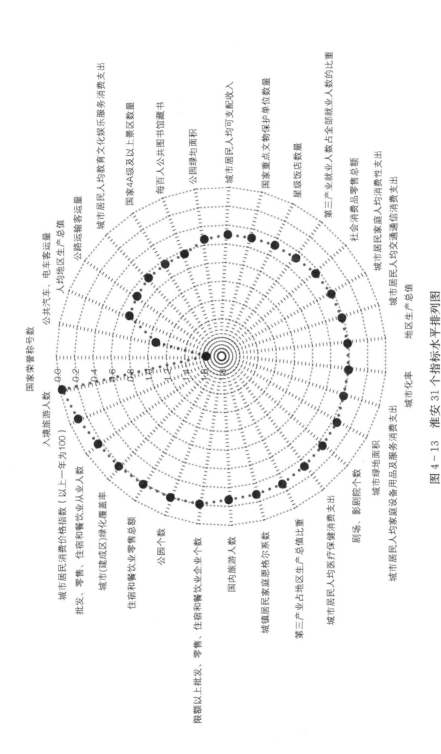

图 4 - 13　淮安 31 个指标水平排列图

城市居民人均交通通信消费支出(第 37 名),城市居民人均医疗保健消费支出(第 40 名)等 7 个。

综合以上数据可以得出,淮安在城市休闲化发展进程中表现较弱的指标有零售业规模及其运营状况、文化设施规模、城市生态环境建设、入境旅游接待规模、人均消费支出等方面。这说明淮安的对外吸引力较弱,第三产业相关业态不够丰富,与居民消费需求不适配。

八、绍兴

绍兴 2 500 多年建城史造就了其深厚的历史底蕴,是首批国家历史文化名城、联合国人居奖城市、东亚文化之都、中国优秀旅游城市、国家森林城市、中国民营经济最具活力城市,也是著名的水乡、桥乡、酒乡、书法之乡、名士之乡。绍兴素称"文物之邦、鱼米之乡",名人荟萃,古迹众多。从数据分析可以看出,绍兴 31 个指标水平值区间在 0~2 之间,均值水平是 0.624。高于均值水平的指标有 14 个,占指标总数的45.2%,主要有国家荣誉称号数,国家重点文物保护单位数量,人均地区生产总值,城市居民人均交通通信消费支出,每百人公共图书馆藏书,国内旅游人数,星级饭店数量,城市居民人均可支配收入,城市居民人均教育文化娱乐服务消费支出,城市居民家庭人均消费性支出,公园个数,城市居民人均医疗保健消费支出,国家 4A 级及以上景区数量,城市居民人均家庭设备用品及服务消费支出。其中,指标水平值最高的是国家荣誉称号数(1.631),其次是国家重点文物保护单位数量(1.587)。从中可以看出,绍兴市在城市休闲化发展过程中,教育文化娱乐规模、住宿餐饮业规模、旅游接待及服务设施规模等发展良好,表明绍兴本地居民休闲消费需求较为旺盛,且消费水平相对较高,这与绍兴悠久的历史文化与丰富的人文资源直接相关。

低于均值水平的指标有 17 个，占指标总数的 54.8%，主要有地区生产总值，社会消费品零售总额，剧场、影剧院个数，限额以上批发、零售、住宿和餐饮业企业个数，公园绿地面积，公共汽车、电车客运量，城市化率，城市绿地面积，城镇居民家庭恩格尔系数，第三产业占地区生产总值比重，第二产业就业人数占全部就业人数的比重，住宿和餐饮业零售总额，公路运输客运量，城市（建成区）绿化覆盖率，批发、零售、住宿和餐饮业从业人数，入境旅游人数，城市居民消费价格指数（以上一年为 100）。其中，指标水平值最低的是城市居民消费价格指数（以上一年为 100）（0.102），其次是入境旅游人数（0.155）。

从横向指标来看，绍兴各个指标在 41 个城市中的排名主要集中在中等水平。其中，在 41 个城市中排名前十的有国家荣誉称号数（第 1 名），城市居民消费价格指数（以上一年为 100）（第 2 名），城市居民人均可支配收入（第 6 名），城市居民人均医疗保健消费支出（第 7 名），限额以上批发、零售、住宿和餐饮业企业个数（第 7 名），城市居民人均家庭设备用品及服务消费支出（第 8 名），星级饭店数量（第 9 名），国家重点文物保护单位数量（第 9 名），城市居民人均交通通信消费支出（第 10 名），城镇居民家庭恩格尔系数（第 10 名）等 10 个指标。位于中等水平指标的有城市居民家庭人均消费性支出（第 11 名），国内旅游人数（第 12 名），住宿和餐饮业零售总额（第 13 名），人均地区生产总值（第 13 名），地区生产总值（第 13 名），城市（建成区）绿化覆盖率（第 13 名），每百人公共图书馆藏书（第 14 名），社会消费品零售总额（第 14 名），城市居民人均教育文化娱乐服务消费支出（第 14 名），城市化率（第 14 名），国家 4A 级及以上景区数量（第 14 名），公园绿地面积（第 14 名），公园个数（第 15 名），公共汽车、电车客运量（第 15 名），剧场、影剧院个数（第 16 名），城市绿地面积（第 16 名），批发、零售、住宿和餐饮业从业人数（第 20 名），入境旅游人数（第 22 名），第三产业占地区生产总值比重(第23名)等19个。排名在后十位的指标有公路运输客运量(第37名)和第三产业就业人数占全部就业人数的比重(第40名)。见图4-14。

综合以上数据可以得出,绍兴在城市休闲化发展进程中表现较弱的指标有城市生态环境建设、第三产业发展状况、交通运输规模等方面。这说明绍兴较高的休闲消费需求与相关产业供给之间不相匹配,产业结构单一,此外城市生态环境建设和交通通达性具有很大的发展空间。

九、盐城

盐城海陆空交通便捷,基本形成高速公路、铁路、航空、海运、内河航运五位一体的立体化交通运输网络。南洋国际机场、盐城港大丰港区、滨海港区、射阳港区、响水港区成为国家一类开放口岸,盐城市成为同时拥有空港、海港两个一类开放口岸的地级市,是国家沿海发展和长三角一体化两大战略的交汇点。盐城拥有最大的沿海滩涂,也是丹顶鹤、麋鹿的故乡,被誉为"东方湿地之都,仙鹤神鹿世界",旅游品牌的影响力在不断增强。从数据分析可以看出,盐城31个指标水平值区间在0~1之间,均值水平是0.441。高于均值水平的指标有16个,占指标总数的51.6%,主要有国家荣誉称号数,公路运输客运量,人均地区生产总值,国家4A级及以上景区数量,城市居民人均教育文化娱乐服务消费支出,地区生产总值,公园个数,社会消费品零售总额,星级饭店数量,城市居民人均可支配收入,公共汽车、电车客运量,每百人公共图书馆藏书,城市居民人均交通通信消费支出,剧场、影剧院个数,城市居民人均医疗保健消费支出,公园绿地面积。其中,指标水平值最高的是国家荣誉称号数(0.978),其次是公路运输客运量(0.734)。从中可以看出,盐城在城市休闲化进程中表现较好的指标城际交通客运规模、教育文化服务规模、旅游服务规模、住宿餐饮业

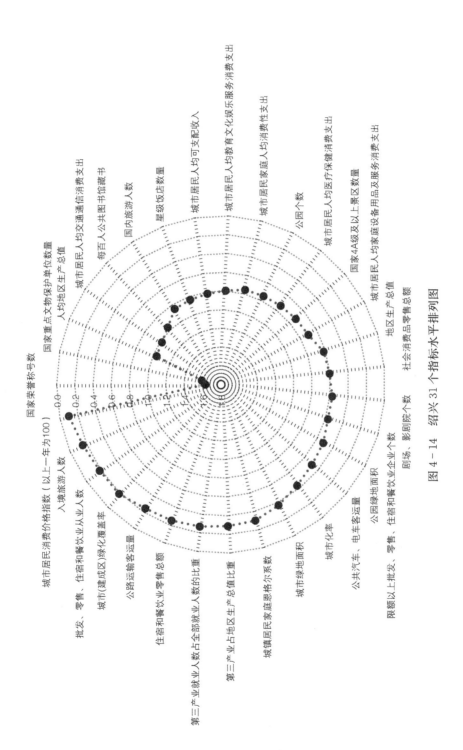

图 4－14　绍兴 31 个指标水平排列图

规模,说明盐城的城市居民休闲消费需求较高,娱乐需求较为旺盛。

低于均值水平的指标有15个,占指标总数的48.4%,主要有城市居民家庭人均消费性支出,第三产业就业人数占全部就业人数的比重,城市化率,城市居民人均家庭设备用品及服务消费支出,城市绿地面积,城镇居民家庭恩格尔系数,第三产业占地区生产总值比重,国内旅游人数,限额以上批发、零售、住宿和餐饮业企业个数,住宿和餐饮业零售总额,批发、零售、住宿和餐饮业从业人数,城市(建成区)绿化覆盖率,国家重点文物保护单位数量,城市居民消费价格指数(以上一年为100),入境旅游人数。其中,指标水平值最低的是入境旅游人数(0.069),其次是城市居民消费价格指数(以上一年为100)(0.101)。

从横向指标来看,盐城各个指标在41个城市中的排名主要集中在中等水平。其中,在41个城市中排名前十的指标为公路运输客运量(第10名)。位于中等水平的有公共汽车、电车客运量(第13名),地区生产总值(第14名),城镇居民家庭恩格尔系数(第15名),社会消费品零售总额(第15名),批发、零售、住宿和餐饮业从业人数(第16名),公园绿地面积(第16名),国家4A级及以上景区数量(第17名),限额以上批发、零售、住宿和餐饮业企业个数(第17名),公园个数(第17名),住宿和餐饮业零售总额(第17名),剧场、影剧院个数(第18名),星级饭店数量(第20名),城市绿地面积(第20名),国家荣誉称号数(第21名),城市(建成区)绿化覆盖率(第21名),人均地区生产总值(第22名),城市化率(第23名),城市居民人均可支配收入(第23名),城市居民消费价格指数(以上一年为100)(第25名),城市居民人均教育文化娱乐服务消费支出(第26名),第三产业占地区生产总值比重(第27名),每百人公共图书馆藏书(第27名),城市居民人均交通通信消费支出(第28名),第三产业就业人数占全部就业人数的比重(第28名),城市居民人均医疗保健消费支出(第29

名),入境旅游人数(第 29 名),国内旅游人数(第 29 名),城市居民家庭人均消费性支出(第 31 名)等 27 个指标。排名后十位的有城市居民人均家庭设备用品及服务消费支出(第 32 名)和国家重点文物保护单位数量(第 40 名)2 个指标。

综合以上数据可以得出,盐城在城市休闲化发展进程中表现较弱的指标有休闲旅游接待规模、城市第三产业发展状况、各项人均休闲消费水平等方面。尽管盐城的娱乐需求较为旺盛,但是相应的休闲娱乐产业供给相对单一,这说明盐城文化休闲娱乐建设还有很大的发展空间。见图 4-15。

十、台州

台州是江南水乡,水穿城过。历史上台州"河网密布、港汊交纵",水乡风韵不亚于苏杭,有"走遍苏杭、不如温黄"之说。台州是浙江"七山一水两分田"的缩影,是山、海、水和谐的生态福地,素以佛宗道源享誉海内外,天台山以其深邃的文化内涵孕育出了博大精深的"和合文化",是佛教天台宗和道教南宗的发祥地。从数据分析可以看出,台州 31 个指标水平值区间在 0~2 之间,均值水平是 0.601。高于均值水平的指标有 17 个,占指标总数的 54.8%,主要有公园个数,城市居民人均交通通信消费支出,每百人公共图书馆藏书,公路运输客运量,国家荣誉称号数,国内旅游人数,国家重点文物保护单位数量,剧场、影剧院个数,城市居民家庭人均消费性支出,城市居民人均可支配收入,城市居民人均家庭设备用品及服务消费支出,人均地区生产总值,城市居民人均教育文化娱乐服务消费支出,社会消费品零售总额,国家 4A 级及以上景区数量,星级饭店数量,城市居民人均医疗保健消费支出。其中,指标水平值最高的是公园个数(1.681),其次是城市居民人均交通通信消费支出(1.160)。从中可以看

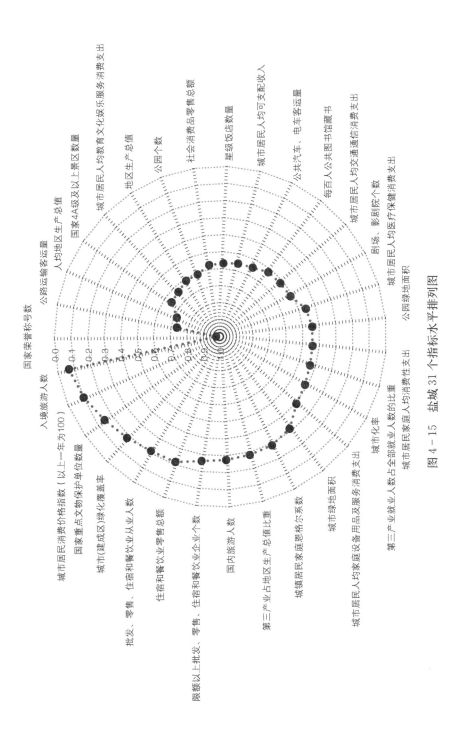

图 4-15 盐城 31 个指标水平排列图

出,台州在城市休闲化进程中,旅游服务规模、城市交通客运规模、住宿餐饮业规模等发展态势良好,说明台州休闲娱乐产业及其相关配套设施的供给与居民的休闲娱乐需求适配度较高。

低于均值水平的指标有 14 个,占指标总数的 45.2%,主要有地区生产总值,第三产业就业人数占全部就业人数的比重,城市化率,公园绿地面积,限额以上批发、零售、住宿和餐饮业企业个数,第三产业占地区生产总值比重,城镇居民家庭恩格尔系数,城市绿地面积,公共汽车、电车客运量,批发、零售、住宿和餐饮业从业人数,城市(建成区)绿化覆盖率,入境旅游人数,城市居民消费价格指数(以上一年为 100),住宿和餐饮业零售总额。

从横向指标来看,台州各个指标在 41 个城市中的排名主要集中在中等水平以上。其中,在 41 个城市中排名前十的有城市居民消费价格指数(以上一年为 100)(第 2 名),城市居民人均家庭设备用品及服务消费支出(第 4 名),公园个数(第 5 名),城市居民人均交通通信消费支出(第 5 名),公路运输客运量(第 6 名),城市居民家庭人均消费性支出(第 6 名),国内旅游人数(第 9 名),剧场、影剧院个数(第 10 名),城市(建成区)绿化覆盖率(第 10 名)等 9 个指标。位于中等水平的指标有城市居民人均可支配收入(第 11 名),每百人公共图书馆藏书(第 11 名),社会消费品零售总额(第 12 名),国家重点文物保护单位数量(第 14 名),限额以上批发、零售、住宿和餐饮业企业个数(第 15 名),星级饭店数量(第 15 名),地区生产总值(第 16 名),国家 4A 级及以上景区数量(第 16 名),城市居民人均医疗保健消费支出(第 16 名),批发、零售、住宿和餐饮业从业人数(第 17 名),人均地区生产总值(第 19 名),城市居民人均教育文化娱乐服务消费支出(第 20 名),国家荣誉称号数(第 21 名),第三产业占地区生产总值比重(第 21 名),公园绿地面积(第 22 名),公共汽车、电车客运量(第 23 名),入境旅游人数(第23名),第三产业就业人数占全部就业人数的比重(第24名),城镇居民家庭恩格尔系数(第25名),城市化率(第25名),住宿和餐饮业零售总额(第26名),城市绿地面积(第26名)等22个。没有处于中等水平以下的指标。

综合以上数据可以得出,台州城市休闲化进程中表现较弱的指标有城市绿化规模、商业零售规模、入境旅游接待规模、文化设施规模等方面。这说明台州休闲化发展并不突出,城市整体环境的优化与提升,城市休闲配套体系的完善、城市休闲功能的全面发展均是台州城市休闲化发展的重要着力点。见图4-16。

十一、扬州

扬州历史悠久,文化璀璨,是世界遗产城市、世界美食之都、世界运河之都、东亚文化之都、首批国家历史文化名城和具有传统特色的风景旅游城市,其独特的地理位置使得扬州在中国古代几乎经历了通史式的繁荣,并伴随着文化的兴盛,有江苏省陆域地理几何中心(扬州高邮市)之称,又有着"中国运河第一城"的美誉。从数据分析可以看出,扬州31个指标水平值区间在0~2之间,均值水平是0.549。高于均值水平的指标有13个,占指标总数的41.9%,主要有国家荣誉称号数,人均地区生产总值,公园个数,国家重点文物保护单位数量,每百人公共图书馆藏书,城市居民人均教育文化娱乐服务消费支出,星级饭店数量,地区生产总值,公共汽车、电车客运量,城市居民人均可支配收入,剧场、影剧院个数,国内旅游人数,国家4A级及以上景区数量。其中,指标水平值最高的是国家荣誉称号数(1.631),其次是人均地区生产总值(1.167)。从中可以看出,扬州在城市休闲化进程中表现较好的指标有住宿餐饮业规模、教育文化娱乐规模等,这说明扬州的城市居民休闲消费需求较高,娱乐需求较为旺盛。

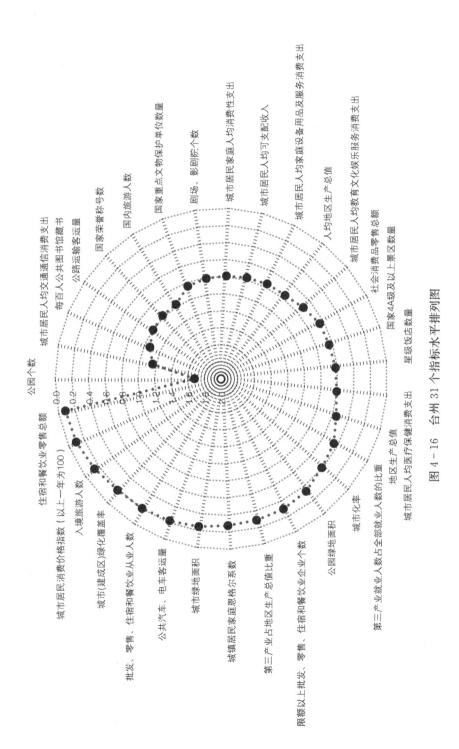

图 4-16 台州 31 个指标水平排列图

　　低于均值水平的指标有 18 个,占指标总数的 58.1%,主要有城市居民家庭人均消费性支出,公园绿地面积,城市居民人均交通通信消费支出,城市居民人均家庭设备用品及服务消费支出,第三产业就业人数占全部就业人数的比重,城市居民人均医疗保健消费支出,城市化率,社会消费品零售总额,公路运输客运量,城市绿地面积,第三产业占地区生产总值比重,城镇居民家庭恩格尔系数,批发、零售、住宿和餐饮业从业人数,限额以上批发、零售、住宿和餐饮业企业个数,住宿和餐饮业零售总额,城市(建成区)绿化覆盖率,城市居民消费价格指数(以上一年为 100),入境旅游人数。其中,指标水平值最低的是入境旅游人数(0.081),其次是城市居民消费价格指数(以上一年为 100)(0.101)。见图 4-17。

　　从横向指标来看,扬州各个指标在 41 个城市中的排名主要集中在中等水平。其中,在 41 个城市中排名前十的指标有国家荣誉称号数(第 1 名)和人均地区生产总值(第 9 名)。位于中等水平的指标有公园个数(第 11 名),批发、零售、住宿和餐饮业从业人数(第 11 名),国家重点文物保护单位数量(第 11 名),地区生产总值(第 12 名),公共汽车、电车客运量(第 12 名),城市(建成区)绿化覆盖率(第 12 名),公园绿地面积(第 13 名),星级饭店数量(第 14 名),剧场、影剧院个数(第 15 名),住宿和餐饮业零售总额(第 15 名),城市居民人均教育文化娱乐服务消费支出(第 15 名),城市化率(第 15 名),每百人公共图书馆藏书(第 16 名),限额以上批发、零售、住宿和餐饮业企业个数(第 18 名),国内旅游人数(第 18 名),城市绿地面积(第 19 名),国家 4A 级及以上景区数量(第 20 名),社会消费品零售总额(第 21 名),城市居民人均可支配收入(第 21 名),第三产业就业人数占全部就业人数的比重(第 23 名),城市居民人均家庭设备用品及服务消费支出(第 23 名),城市居民家庭人均消费性支出(第 23 名),城镇居民家庭恩格尔系数(第 24 名),城市居民消费价格指数(以上一年为 100)(第 25

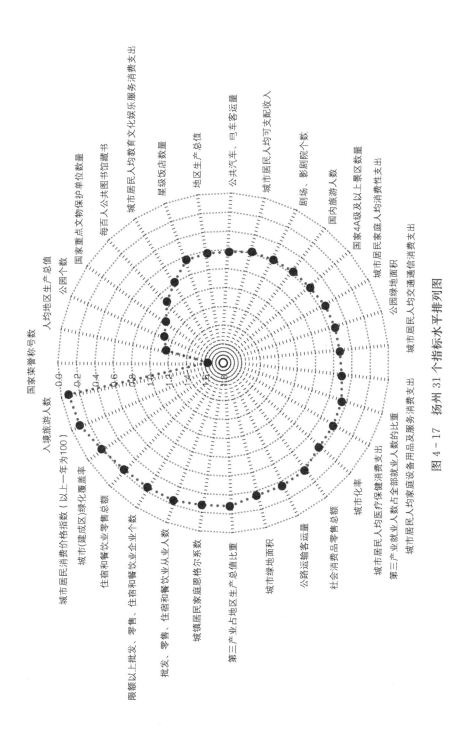

图 4 - 17　扬州 31 个指标水平排列图

名),入境旅游人数(第 26 名),城市居民人均交通通信消费支出(第 27 名),公路运输客运量(第 28 名),第三产业占地区生产总值比重(第 28 名)等 28 个。排名在后十位的指标只有城市居民人均医疗保健消费支出(第 32 名)。

综合以上数据可以得出,扬州在城市休闲化发展进程中旅游接待规模、交通客运规模、各项休闲消费水平、生态环境建设等方面存在较大的短板,在一定程度上制约了城市的吸引力和竞争力,导致其休闲旅游接待规模劣势明显。

十二、淮南

淮南位于长江三角洲腹地,淮河之滨,素有"中州咽喉,江南屏障""五彩淮南"之称,是沿淮城市群的重要节点,合肥都市圈核心城市。淮南凭借其深厚的文化底蕴获得中国优秀旅游城市、全国百个宜居城市、全国绿化模范城市、国家园林城市、国家首批试点智慧城市、中国最佳投资城市、中国最具幸福感城市等荣誉。从数据分析可以看出,淮南 31 个指标水平值区间在 0~1 之间,均值水平是 0.301。高于均值水平的指标有 16 个,占指标总数的 51.6%,主要有城市居民人均交通通信消费支出,城市居民人均教育文化娱乐服务消费支出,公园个数,城市居民人均医疗保健消费支出,第三产业就业人数占全部就业人数的比重,城市居民人均可支配收入,城市居民家庭人均消费性支出,星级饭店数量,城市化率,国家重点文物保护单位数量,城市居民人均家庭设备用品及服务消费支出,公园绿地面积,人均地区生产总值,国家荣誉称号数,公路运输客运量,国家 4A 级及以上景区数量。其中,指标水平值最高的是城市居民人均交通通信消费支出(0.692),其次是城市居民人均教育文化娱乐服务消费支出(0.579)。从中可以看出,淮南在城市休闲化进程中发展较好的指标有旅游服务设施规模、各项人均休闲消费水平、城市交通客运规模、城市绿化环境等方面，与其较小的人口规模有一定的联系，也一定程度上表明了淮南的休闲产业供给状况与居民消费需求较为匹配。

低于均值水平的指标有 15 个，占指标总数的 48.4%，主要有第三产业占地区生产总值比重，城镇居民家庭恩格尔系数，国内旅游人数，城市绿地面积，社会消费品零售总额，城市（建成区）绿化覆盖率，剧场、影剧院个数，每百人公共图书馆藏书，地区生产总值，城市居民消费价格指数（以上一年为 100），限额以上批发、零售、住宿和餐饮业企业个数，入境旅游人数，公共汽车、电车客运量，批发、零售、住宿和餐饮业从业人数，住宿和餐饮业零售总额。其中，指标水平值最低的是住宿和餐饮业零售总额（0.050），其次是批发、零售、住宿和餐饮业从业人数（0.059）。见图 4-18。

从横向指标来看，淮南各个指标在 41 个城市中的排名主要集中在中等水平。其中，在 41 个城市中排名前十的指标有城市居民消费价格指数（以上一年为 100）（第 2 名）和城市（建成区）绿化覆盖率（第 9 名）。位于中等水平的指标有公园个数（第 18 名），第三产业占地区生产总值比重（第 19 名），第三产业就业人数占全部就业人数的比重（第 19 名），城市居民人均交通通信消费支出（第 21 名），公园绿地面积（第 21 名），城市居民人均医疗保健消费支出（第 22 名），城市化率（第 22 名），星级饭店数量（第 26 名），城市居民家庭人均消费性支出（第 27 名），城市居民人均教育文化娱乐服务消费支出（第 27 名），入境旅游人数（第 28 名），公路运输客运量（第 31 名），城镇居民家庭恩格尔系数（第 31 名），国家重点文物保护单位数量（第 31 名），城市居民人均可支配收入（第 31 名）等 15 个。排名在后十位，处于中等水平以下的有城市绿地面积（第 32 名），社会消费品零售总额（第 33 名），国家 4A 级及以上景区数量（第 34 名），限额以上批发、零售、住宿和餐饮业企业个数（第 34 名），国家荣誉称号数（第 34 名），

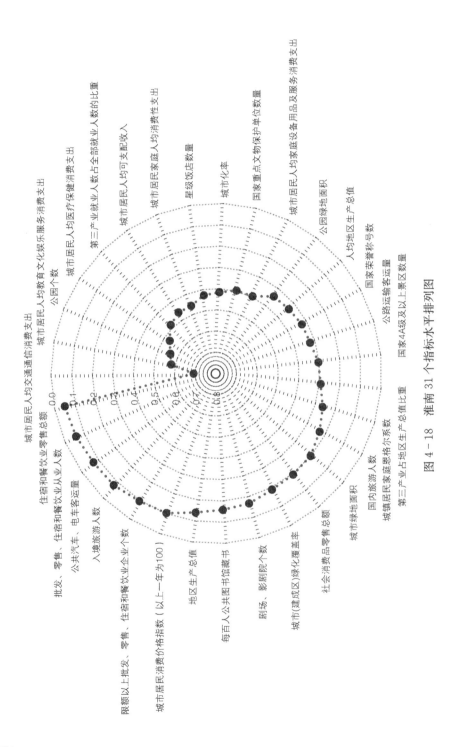

图4-18 淮南31个指标水平排列图

批发、零售、住宿和餐饮业从业人数(第 35 名),公共汽车、电车客运量(第 35 名),地区生产总值(第 37 名),住宿和餐饮业零售总额(第 37 名),国内旅游人数(第 37 名),剧场、影剧院个数(第 37 名),人均地区生产总值(第 37 名),城市居民人均家庭设备用品及服务消费支出(第 38 名),每百人公共图书馆藏书(第 40 名)等 14 个。

综合以上数据可以得出,淮南在城市休闲化发展进程中表现较弱的指标有市内交通规模、城市生态环境建设、住宿餐饮业等零售规模、文化设施规模等方面。这充分说明淮南的休闲产业结构单一,文化设施建设和生态文明建设还有很大的发展空间。

十三、连云港

连云港位于中国大陆东部沿海,长江三角洲北翼,是新亚欧大陆桥东方桥头堡、全国性综合交通枢纽城市,具有海运、陆运相结合的优势,还是江苏省历史文化名城、海上丝绸之路申遗城市,有 2 200 多年建城史。连云港是中国优秀旅游城市、国家园林城市,有花果山、孔望山、桃花涧、连岛等旅游景点,是一座山、海、港、城相依相拥的城市,素有东海第一胜境之称。从数据分析可以看出,连云港 31 个指标水平值区间在 0~1 之间,均值水平是 0.383。高于均值水平的指标有 15 个,占指标总数的 48.4%,主要有国家荣誉称号数,城市绿地面积,城市居民人均教育文化娱乐服务消费支出,人均地区生产总值,每百人公共图书馆藏书,公路运输客运量,城市居民家庭人均消费性支出,城市居民人均可支配收入,国家重点文物保护单位数量,城市居民人均家庭设备用品及服务消费支出,第三产业就业人数占全部就业人数的比重,公共汽车、电车客运量,国家 4A 级及以上景区数量,城市化率,城市居民人均医疗保健消费支出。其中,指标水平值最高的是国家荣誉称号数(0.978),其次是城市绿地面积(0.915)。从中可以看出,连云港在城市休闲化进程中,重视住宿餐饮业规模、城市绿地规模、教育文化娱乐规模、城市交通客运规模等方面,这说明连云港休闲文娱基础设施的供给状况和城际交通通达性状况与城市居民的休闲消费需求相匹配。

低于均值水平的指标有 16 个,占指标总数的 51.6%,主要有城市居民人均交通通信消费支出,公园绿地面积,地区生产总值,国内旅游人数,星级饭店数量,社会消费品零售总额,剧场、影剧院个数,第三产业占地区生产总值比重,城镇居民家庭恩格尔系数,公园个数,批发、零售、住宿和餐饮业从业人数,城市(建成区)绿化覆盖率,限额以上批发、零售、住宿和餐饮业企业个数,城市居民消费价格指数(以上一年为 100),住宿和餐饮业零售总额,入境旅游人数。

从横向指标来看,连云港各个指标在 41 个城市中的排名主要集中在中等水平。排名在前十位的指标只有城市绿地面积(第 4 名)。处于中等水平的指标有公共汽车、电车客运量(第 18 名),公路运输客运量(第 18 名),城市居民人均教育文化娱乐服务消费支出(第 18 名),批发、零售、住宿和餐饮业从业人数(第 18 名),公园绿地面积(第 20 名),国家荣誉称号数(第 21 名),地区生产总值(第 22 名),城市居民消费价格指数(以上一年为 100)(第 25 名),社会消费品零售总额(第 25 名),国家 4A 级及以上景区数量(第 25 名),剧场、影剧院个数(第 25 名),城市化率(第 26 名),人均地区生产总值(第 27 名),国家重点文物保护单位数量(第 27 名),限额以上批发、零售、住宿和餐饮业企业个数(第 28 名),每百人公共图书馆藏书(第 28 名),星级饭店数量(第 28 名),城市居民家庭人均消费性支出(第 28 名),住宿和餐饮业零售总额(第 29 名),第三产业就业人数占全部就业人数的比重(第 29 名),城市(建成区)绿化覆盖率(第 29 名),国内旅游人数(第 29 名),城镇居民家庭恩格尔系数(第 30 名),城市居民人均家庭设备用品及服务消费支出(第 30 名),公园个数(第 31 名)等 25 个。排名在后十位的指标有城市居民人均可支配收入(第 32 名),入境旅游人数(第 34 名),城市居民人均医疗保健消费支出(第 36 名),第三产业占地区生产总值比重(第 37 名),城市居民人均交通通信消费支出(第 38 名)等 5 个。

综合以上数据可以得出,连云港城市休闲化进程中表现较弱的指标有第三产业发展状况、商业零售规模、文化设施规模、人均消费水平等方面。这说明连云港业态不够丰富,城市对外吸引力有待提高,此外城市交通通达性和生态环境建设有待进一步提升。见图 4 - 19。

十四、阜阳

阜阳位居大京九经济协作带,是东部地区产业转移过渡带、中原经济区东部门户城市,也是安徽三大枢纽之一。其代表文化是淮河文化,有阜阳剪纸、颍上花鼓灯、界首彩陶等列入国家非物质文化遗产名录,阜南县出土的商代青铜器龙虎尊被列为中国十大国宝青铜器之一。从数据分析可以看出,阜阳 31 个指标水平值区间在 0～1 之间,均值水平是 0.299。高于均值水平的指标有 12 个,占指标总数的 38.7%,主要有公园个数,公路运输客运量,第三产业就业人数占全部就业人数的比重,城市居民人均交通通信消费支出,城市居民人均家庭设备用品及服务消费支出,社会消费品零售总额,城市居民人均教育文化娱乐服务消费支出,城市居民家庭人均消费性支出,城市居民人均可支配收入,公园绿地面积,国家荣誉称号数,剧场、影剧院个数。其中,指标指数最高的是公园个数(0.944),公路运输客运量(0.601)。从中可以看出,阜阳在城市休闲化进程中重视人均休闲消费水平、住宿餐饮业规模和交通客运规模的发展。阜阳是全国重要的综合交通枢纽,铁路、公路、航空、水运相互衔接的立体交通网已经形成,是该市交通网络通达的主要原因。

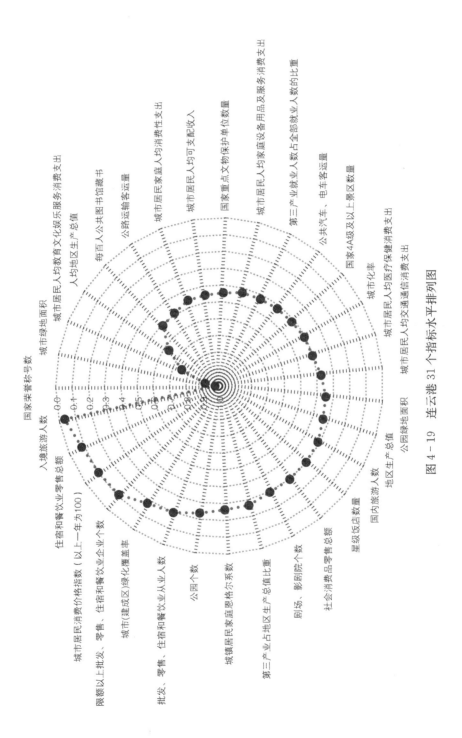

图4-19 连云港31个指标水平排列图

　　低于均值水平的指标有 19 个,占指标总数的 61.3%,主要有人均地区生产总值,地区生产总值,第三产业占地区生产总值比重,城市化率,城市居民人均医疗保健消费支出,城市绿地面积,城镇居民家庭恩格尔系数,国内旅游人数,批发、零售、住宿和餐饮业从业人数,城市(建成区)绿化覆盖率,每百人公共图书馆藏书,限额以上批发、零售、住宿和餐饮业企业个数,公共汽车、电车客运量,国家 4A 级及以上景区数量,城市居民消费价格指数(以上一年为 100),住宿和餐饮业零售总额,星级饭店数量,国家重点文物保护单位数量,入境旅游人数。

　　从横向指标来看,阜阳各个指标在 41 个城市中的排名主要集中在中等及中等以下水平。其中,排名在前十位的指标只有城市居民消费价格指数(以上一年为 100)(第 2 名)。位于中等水平的指标有公园个数(第 12名),第三产业就业人数占全部就业人数的比重(第 14 名),公路运输客运量(第 15 名),社会消费品零售总额(第 17 名),公园绿地面积(第 17 名),批发、零售、住宿和餐饮业从业人数(第 21 名),第三产业占地区生产总值比重(第 22 名),限额以上批发、零售、住宿和餐饮业企业个数(第 23 名),剧场、影剧院个数(第 23 名),城市绿地面积(第 23 名),住宿和餐饮业零售总额(第 25 名),地区生产总值(第 26 名),公共汽车、电车客运量(第 26名),城市居民人均家庭设备用品及服务消费支出(第 27 名),城市居民家庭人均消费性支出(第 29 名)等 15 个。排名在后十位的指标有城市居民人均交通通信消费支出(第 32 名),城镇居民家庭恩格尔系数(第 33 名),国内旅游人数(第 33 名),城市居民人均教育文化娱乐服务消费支出(第33 名),国家荣誉称号数(第 34 名),城市(建成区)绿化覆盖率(第 34 名),城市居民人均可支配收入(第 37 名),入境旅游人数(第 37 名),城市化率(第 39 名),星级饭店数量(第 40 名),国家 4A 级及以上景区数量(第 40名),城市居民人均医疗保健消费支出(第 41 名),国家重点文物保护单位数量(第 41 名),人均地区生产总值(第 41 名),每百人公共图书馆藏书(第 41 名)等 15 个。其中,人均地区生产总值远低于地区生产总值的排名,与阜阳市人口规模有一定关系。

综合以上数据可以得出,阜阳城市休闲化进程中表现较弱的指标有商业零售规模、文化设施规模、生态环境建设等方面。这说明阜阳休闲文化产品及设施发展不足,与居民旺盛的休闲消费需求适配度不高,此外在生态环境建设方面也需进一步改善。见图 4 - 20。

第六节　中等城市休闲化指数分析

城区常住人口规模在 50 万以上 100 万以下的城市为中等城市,符合这一标准的有湖州、蚌埠、嘉兴、泰州、镇江、宿迁、金华、安庆、马鞍山、淮北、舟山、六安、宿州、滁州和铜陵 15 个城市。从城市区域分布看,属于浙江省的有湖州、嘉兴、金华、舟山 4 个城市,属于江苏省的有台州、镇江、宿迁 3 个城市,属于安徽省的有蚌埠、安庆、马鞍山、淮北、六安、宿州、滁州和铜陵 8 个城市;从城市行政级别看,15 个中等城市均不是省会城市。长三角中等城市主要集中在安徽省。对长三角 4 个中等城市 31 个指标属性的特征分析如下。

一、湖州

湖州市是浙江省下辖地级市,是长江三角洲中心区 27 城之一、环杭州湾大湾区核心城市、G60 科创走廊中心城市,是一座具有 2 300 多年历史的江南古城,有众多的自然景观和历史人文景观,如莫干山、南浔古镇等。湖州还拥有国家历史文化名城、国家森林城市、国家园林城市、国家卫生城市等荣誉。从数据分析可以看出,湖州 31 个指标水平值区间在

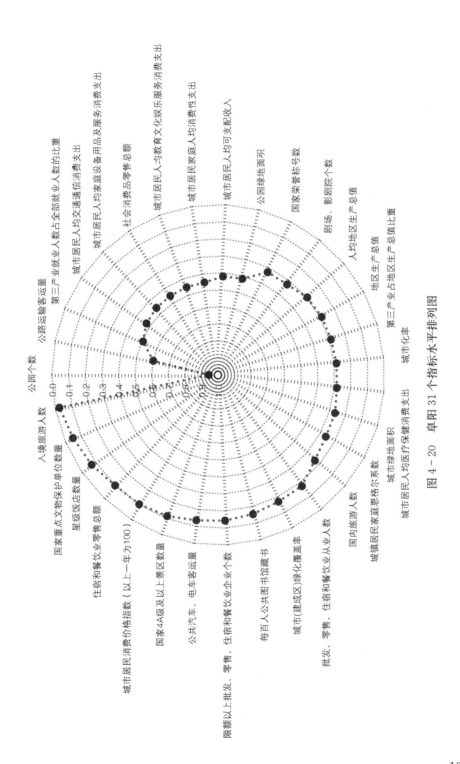

图 4 - 20　阜阳 31 个指标水平排列图

0~1.5之间,均值水平是0.576。高于均值水平的指标有15个,占指标总数的48.4%,主要有国家重点文物保护单位数量,国家荣誉称号数,公园个数,城市居民人均交通通信消费支出,国内旅游人数,人均地区生产总值,城市居民人均教育文化娱乐服务消费支出,国家4A级及以上景区数量,城市居民人均可支配收入,城市居民家庭人均消费性支出,每百人公共图书馆藏书,城市居民人均家庭设备用品及服务消费支出,公路运输客运量,城市居民人均医疗保健消费支出,星级饭店数量。其中,指标水平值最高的是国家重点文物保护单位数量(1.438),国家荣誉称号数(1.304)。从高于均值水平的指标可以看出,湖州城市休闲化进程中发展较好的指标有各项人均休闲消费水平、旅游接待规模等方面,这说明该市的旅游业发展状况较好,浓厚的人文底蕴和丰富的自然生态资源吸引了大量游客。

低于均值水平的指标有16个,占指标总数的51.6%,主要有剧场、影剧院个数,第三产业就业人数占全部就业人数的比重,城市化率,公园绿地面积,住宿和餐饮业零售总额,社会消费品零售总额,地区生产总值,城镇居民家庭恩格尔系数,第三产业占地区生产总值比重,入境旅游人数,限额以上批发、零售、住宿和餐饮业企业个数,城市绿地面积,城市(建成区)绿化覆盖率,公共汽车、电车客运量,批发、零售、住宿和餐饮业从业人数,城市居民消费价格指数(以上一年为100)。

从横向指标来看,湖州各个指标在41个城市中的排名主要集中在中等水平。其中,在41个城市中排名前十的有城市(建成区)绿化覆盖率(第2名),国内旅游人数(第8名),城市居民人均交通通信消费支出(第9名),国家重点文物保护单位数量(第10名),住宿和餐饮业零售总额(第10名),城市居民人均教育文化娱乐服务消费支出(第10名),公园个数(第10名)等7个指标。处于中等水平的有国家荣誉称号数(第11名),城市居民人均家庭设备用品及服务消费支出(第11名),国家4A级及以上景区数量(第 12 名),城镇居民家庭恩格尔系数(第 12 名),入境旅游人数(第 13 名),公路运输客运量(第 13 名),城市居民人均医疗保健消费支出(第 13 名),城市居民人均可支配收入(第 13 名),城市居民家庭人均消费性支出(第 13 名),人均地区生产总值(第 16 名),星级饭店数量(第 17 名),公园绿地面积(第 18 名),限额以上批发、零售、住宿和餐饮业企业个数(第 19 名),社会消费品零售总额(第 20 名),剧场、影剧院个数(第 20 名),每百人公共图书馆藏书(第 21 名),批发、零售、住宿和餐饮业从业人数(第 23 名),地区生产总值(第 23 名),公共汽车、电车客运量(第 24 名),城市化率(第 24 名),城市居民消费价格指数(以上一年为 100)(第 25 名),城市绿地面积(第 29 名)等 22 个指标。排名后十位,处于中等水平以下的指标为第三产业就业人数占全部就业人数的比重(第 32 名)和第三产业占地区生产总值比重(第 38 名)。

综合以上数据可以得出,湖州城市休闲化进程中表现较弱的指标有住宿餐饮业等商业零售规模、生态环境建设、旅游接待规模等方面。这说明湖州的休闲产品供给能力尚存在不足,城际间交通体系的可达性和城市的自然生态环境建设处于劣势。见图 4-21。

二、蚌埠

蚌埠地处安徽省东北部,是安徽省重要的综合性工业基地,皖北地区中心城市,全国性综合交通枢纽,区域性中心城市,合肥都市圈成员,是淮河文化发祥地之一,距今 7300 年前双墩文化遗址出土的刻画符号,被确认为中国文字的重要起源之一,有着悠久的历史和灿烂的文化。从数据分析可以看出,蚌埠 31 个指标水平值区间在 0~1 之间,均值水平是 0.285。高于均值水平的指标有 15 个,占指标总数的 48.4%,主要有人均地区生产总值,第三产业就业人数占全部就业人数的比重,城市居民人均交

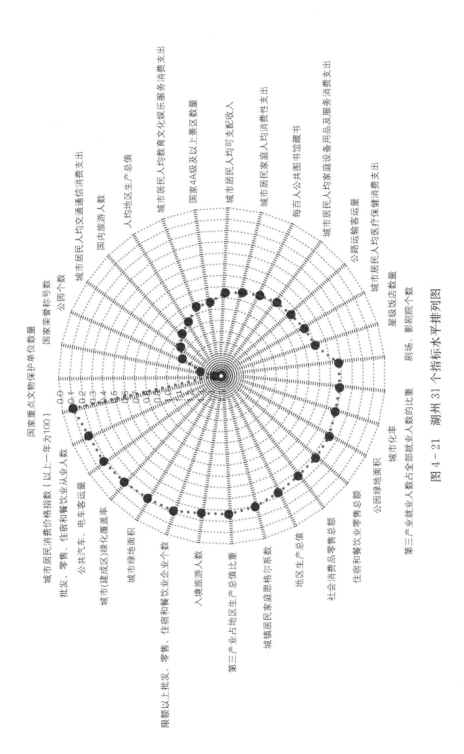

图 4 - 21 湖州 31 个指标水平排列图

通通信消费支出,城市居民人均可支配收入,国家重点文物保护单位数量,城市居民家庭人均消费性支出,城市居民人均家庭设备用品及服务消费支出,城市居民人均教育文化娱乐服务消费支出,国内旅游人数,城市化率,公园个数,国家荣誉称号数,城市居民人均医疗保健消费支出,社会消费品零售总额,公园绿地面积。其中,指标水平值最高的是人均地区生产总值(0.547),其次是第三产业就业人数占全部就业人数的比重(0.510)。从中可以看出,蚌埠在城市化进程中发展较好的指标有各项人均消费水平、公共服务设施规模、交通客运规模、第三产业发展状况等方面,这与蚌埠人口规模较小有很大的关系,也说明了蚌埠居民消费需求旺盛,第三产业经营状况良好。

低于均值水平的有 16 个,占指标总数的 51.6%,主要有第三产业占地区生产总值比重,公路运输客运量,城市绿地面积,城镇居民家庭恩格尔系数,地区生产总值,剧场、影剧院个数,星级饭店数量,每百人公共图书馆藏书,国家 4A 级及以上景区数量,城市(建成区)绿化覆盖率,入境旅游人数,限额以上批发、零售、住宿和餐饮业企业个数,城市居民消费价格指数(以上一年为 100),批发、零售、住宿和餐饮业从业人数,住宿和餐饮业零售总额,公共汽车、电车客运量。见图 4 - 22。

从横向指标来看,蚌埠各个指标在 41 个城市中的排名主要集中等水平。其中,在 41 个城市中排名前十的指标为城市居民消费价格指数(以上一年为 100)(第 2 名)。排在中等水平的指标有第三产业就业人数占全部就业人数的比重(第 13 名),公园个数(第 22 名)城市(建成区)绿化覆盖率(第 23 名),社会消费品零售总额(第 24 名),入境旅游人数(第 24名),公园绿地面积(第 25 名),国内旅游人数(第 26 名),城市绿地面积(第 28 名),国家重点文物保护单位数量(第 28 名),城市居民人均可支配收入(第 28 名),地区生产总值(第 29 名),第三产业占地区生产总值比重

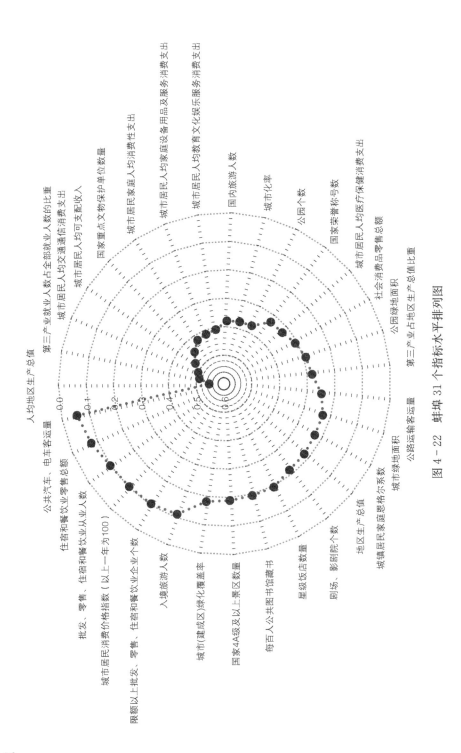

图 4 - 22 蚌埠 31 个指标水平排列图

（第 29 名），批发、零售、住宿和餐饮业从业人数（第 29 名），限额以上批发、零售、住宿和餐饮业企业个数（第 30 名），人均地区生产总值（第 30 名），城市化率（第 31 名），城市居民人均交通通信消费支出（第 31 名）等 17 个。排名在后十位的有城市居民人均家庭设备用品及服务消费支出（第 32 名），住宿和餐饮业零售总额（第 33 名），剧场、影剧院个数（第 33 名），国家荣誉称号数（第 34 名），公路运输客运量（第 36 名），星级饭店数量（第 36 名），城市居民人均教育文化娱乐服务消费支出（第 37 名），每百人公共图书馆藏书（第 37 名），公共汽车、电车客运量（第 38 名），国家 4A 级及以上景区数量（第 38 名），城市居民家庭人均消费性支出（第 38 名），城市居民人均医疗保健消费支出（第 39 名），城镇居民家庭恩格尔系数（第 41 名）等 13 个指标。

综合以上数据可以得出，蚌埠城市休闲化进程中表现较弱的指标有商业零售规模、文化设施规模、生态环境建设、入境旅游接待规模等方面。这说明蚌埠城市对外吸引力不足，虽然第三产业发展状况良好，但是休闲相关的产品结构层次性不够丰富，休闲文娱产品的供给不能匹配本地居民旺盛的消费需求，此外城市交通通达性和生态环境建设有待进一步提升。

三、嘉兴

嘉兴处江河湖海交会之位，扼太湖南走廊之咽喉，是长三角城市群、上海大都市圈重要城市、浙江大湾区核心城市、杭州都市圈副中心城市，与上海、杭州、苏州、宁波等城市相距均不到百千米，作为沪杭、苏杭交通干线中枢，交通便利。从数据分析可以看出，嘉兴 31 个指标水平值区间在 0～2 之间，均值水平是 0.633。高于均值水平的指标有 13 个，占指标总数的 41.9%，主要有公园个数，每百人公共图书馆藏书，国家荣誉称号数,城市居民人均交通通信消费支出,人均地区生产总值,国家重点文物保护单位数量,国内旅游人数,星级饭店数量,城市居民人均可支配收入,城市居民人均教育文化娱乐服务消费支出,城市居民家庭人均消费性支出,城市居民人均医疗保健消费支出,城市居民人均家庭设备用品及服务消费支出。其中,指标水平值最高的是公园个数(1.622),每百人公共图书馆藏书(1.552)。从中可以看出,嘉兴在城市休闲化进程中,教育娱乐文化规模、人均休闲消费水平、住宿餐饮业规模等发展态势良好,说明嘉兴休闲娱乐产业及其相关配套设施的供给与居民的休闲娱乐需求适配度较高。

低于均值水平的指标有18个,占指标总数的58.1%,主要有剧场、影剧院个数,入境旅游人数,地区生产总值,社会消费品零售总额,第三产业就业人数占全部就业人数的比重,城市化率,国家4A级及以上景区数量,限额以上批发、零售、住宿和餐饮业企业个数,公路运输客运量,住宿和餐饮业零售总额,城镇居民家庭恩格尔系数,公园绿地面积,第三产业占地区生产总值比重,城市绿地面积,公共汽车、电车客运量,批发、零售、住宿和餐饮业从业人数,城市(建成区)绿化覆盖率,城市居民消费价格指数(以上一年为100)。

从横向指标来看,嘉兴各个指标在41个城市中的排名主要集中在中等水平。其中,在41个城市中排名前十的有城市居民人均交通通信消费支出(第2名),城市居民消费价格指数(以上一年为100)(第2名),每百人公共图书馆藏书(第5名),城市居民人均医疗保健消费支出(第6名),城市居民人均可支配收入(第7名),公园个数(第7名),星级饭店数量(第8名),城镇居民家庭恩格尔系数(第9名)等8个指标。位于中等水平的指标有国家荣誉称号数(第11名),住宿和餐饮业零售总额(第11名),国内旅游人数(第11名),入境旅游人数(第11名),剧场、影剧院个数(第

12名),城市居民家庭人均消费性支出(第12名),国家重点文物保护单位数量(第12名),限额以上批发、零售、住宿和餐饮业企业个数(第13名),城市居民人均家庭设备用品及服务消费支出(第13名),人均地区生产总值(第14名),地区生产总值(第15名),社会消费品零售总额(第16名),城市居民人均教育文化娱乐服务消费支出(第17名),城市化率(第17名),批发、零售、住宿和餐饮业从业人数(第19名),公共汽车、电车客运量(第21名),国家4A级及以上景区数量(第24名),公园绿地面积(第26名),第三产业就业人数占全部就业人数的比重(第26名),城市绿地面积(第27名),公路运输客运量(第27名)等21个。排名位于后十位的指标有城市(建成区)绿化覆盖率(第37名),第三产业占地区生产总值比重(第39名)。见图4-23。

综合以上数据可以得出,嘉兴在城市休闲化发展进程中表现较弱的指标有城市休闲环境建设、第三产业发展状况、住宿餐饮业规模、交通客运规模等方面。这说明嘉兴在生态文明建设还有很大的发展空间,此外尽管嘉兴的娱乐需求较为旺盛,但是相应的休闲娱乐产业供给相对单一,休闲产品丰富度不够,缺乏一定的层次性。

四、泰州

泰州是中国历史文化名城,是江苏长江经济带重要组成部分,是承南启北的水陆要津,为苏中门户,自古有"水陆要津,咽喉据郡"之称。泰州所辖县市(区)全部建成国家级生态示范区、全国百强县,同时泰州也是全国文明城市、国家环保模范城市、国家园林城市、中国优秀旅游城市、全国科技进步先进市、第一批国家农业可持续发展试验示范区。从数据分析可以看出,泰州31个指标水平值区间在0~1.5之间,均值水平是0.446。高于均值水平的指标有13个,占指标总数的41.9%,主要有国家荣誉称

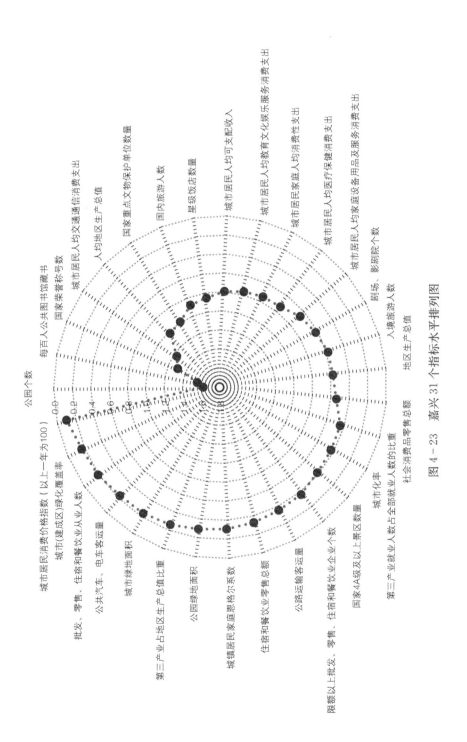

图 4 - 23 嘉兴 31 个指标标准水平排列图

号数,人均地区生产总值,公路运输客运量,城市居民人均教育文化娱乐服务消费支出,城市居民人均交通通信消费支出,剧场、影剧院个数,城市居民人均可支配收入,每百人公共图书馆藏书,城市居民人均医疗保健消费支出,城市居民家庭人均消费性支出,地区生产总值,城市居民人均家庭设备用品及服务消费支出,国家重点文物保护单位数量。其中,指标水平值最高的是国家荣誉称号数(1.304),其次是人均地区生产总值(1.003)。从中可以看出,泰州在城市休闲化进程中表现较好的指标是各项人均消费水平、住宿餐饮业规模、教育文化娱乐规模等,这说明泰州的城市居民休闲消费需求良好,娱乐需求较为旺盛。

低于均值水平的指标有 18 个,占指标总数的 58.1%,主要有城市化率,国家 4A 级及以上景区数量,公共汽车、电车客运量,社会消费品零售总额,公园个数,公园绿地面积,第三产业就业人数占全部就业人数的比重,城镇居民家庭恩格尔系数,星级饭店数量,限额以上批发、零售、住宿和餐饮业企业个数,第三产业占地区生产总值比重,城市绿地面积,国内旅游人数,住宿和餐饮业零售总额,批发、零售、住宿和餐饮业从业人数,城市(建成区)绿化覆盖率,城市居民消费价格指数(以上一年为 100),入境旅游人数。

从横向指标来看,泰州各个指标在 41 个城市中的排名主要集中在中等水平。没有排名在前十位的指标。处于中等水平的指标有公路运输客运量(第 11 名),国家荣誉称号数(第 11 名),剧场、影剧院个数(第 14 名),城镇居民家庭恩格尔系数(第 14 名),批发、零售、住宿和餐饮业从业人数(第 15 名),人均地区生产总值(第 15 名),限额以上批发、零售、住宿和餐饮业企业个数(第 16 名),地区生产总值(第 17 名),城市化率(第 18 名),住宿和餐饮业零售总额(第 18 名),城市居民人均可支配收入(第 18 名),公共汽车、电车客运量(第 19 名),城市居民人均医疗保健消费支出(第 19

名),城市居民人均家庭设备用品及服务消费支出(第19名),城市居民家庭人均消费性支出(第20名),城市居民人均教育文化娱乐服务消费支出(第21名),社会消费品零售总额(第22名),城市居民人均交通通信消费支出(第22名),公园绿地面积(第23名),城市绿地面积(第24名),公园个数(第24名),城市(建成区)绿化覆盖率(第24名),城市居民消费价格指数(以上一年为100)(第25名),每百人公共图书馆藏书(第25名),国家重点文物保护单位数量(第25名),国家4A级及以上景区数量(第26名),星级饭店数量(第30名)等27个。排名在后十位的指标有入境旅游人数(第32名),国内旅游人数(第34名),第三产业占地区生产总值比重(第36名),第三产业就业人数占全部就业人数的比重(第39名)等4个。

综合以上数据可以得出,泰州城市休闲化进程中表现较弱的指标有第三产业发展状况、文化设施规模、交通客运规模、生态环境建设、入境旅游接待规模等方面。这说明泰州城市交通通达性和生态环境建设有待加强,以上因素制约了城市的对外吸引力和竞争力,一定程度上导致其旅游接待规模较小。见图4-24。

五、镇江

镇江是国务院批复确定的中国长江三角洲重要的港口、风景旅游城市,是华东地区重要的交通中枢,境内的公路、铁路通达全国各主要城市,是长江与京杭大运河唯一交汇枢纽,还是全国著名的鱼米之乡,名胜古迹众多。从数据分析可以看出,镇江31个指标水平值区间在0～2之间,均值水平是0.488。高于均值水平的指标有11个,占指标总数的35.5%,主要有国家荣誉称号数,人均地区生产总值,每百人公共图书馆藏书,城市居民人均教育文化娱乐服务消费支出,城市居民人均交通通信消费支出,城市居民人均可支配收入,国家重点文物保护单位数量,城市居民家庭人

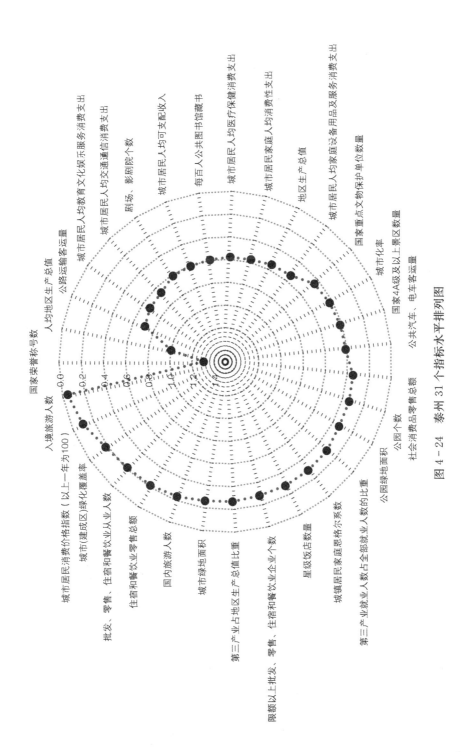

图 4 - 24　泰州 31 个指标水平排列图

均消费性支出,第三产业就业人数占全部就业人数的比重,城市居民人均家庭设备用品及服务消费支出,国内旅游人数。其中,指标水平值最高的是国家荣誉称号数(1.631),其次是人均地区生产总值(1.168)。从中可以看出,镇江在城市休闲化进程中,各项人均休闲消费水平、旅游接待规模等发展状况良好,这主要与镇江人口规模较小有直接联系。

低于均值水平的指标有 20 个,占指标总数的 64.5%,主要有公共汽车、电车客运量,城市化率,星级饭店数量,城市居民人均医疗保健消费支出,地区生产总值,剧场、影剧院个数,城市绿地面积,公园绿地面积,公路运输客运量,国家 4A 级及以上景区数量,社会消费品零售总额,城镇居民家庭恩格尔系数,第三产业占地区生产总值比重,公园个数,住宿和餐饮业零售总额,城市(建成区)绿化覆盖率,批发、零售、住宿和餐饮业从业人数,限额以上批发、零售、住宿和餐饮业企业个数,城市居民消费价格指数(以上一年为100),入境旅游人数。

从横向指标来看,镇江各个指标在 41 个城市中的排名主要集中在中等水平。其中,在 41 个城市中排名前十的有国家荣誉称号数(第 1 名),第三产业就业人数占全部就业人数的比重(第 5 名),人均地区生产总值(第 8 名),城市化率(第 9 名)等 4 个指标。排名在中等水平的指标有 27 个,分别是城镇居民家庭恩格尔系数(第 11 名),城市居民人均教育文化娱乐服务消费支出(第 12 名),每百人公共图书馆藏书(第 13 名),住宿和餐饮业零售总额(第 14 名),城市居民人均可支配收入(第 15 名),城市(建成区)绿化覆盖率(第 17 名),城市绿地面积(第 17 名),公共汽车、电车客运量(第 17 名),城市居民家庭人均消费性支出(第 18 名),城市居民人均家庭设备用品及服务消费支出(第 18 名),公园绿地面积(第 19 名),国家重点文物保护单位数量(第 19 名),城市居民人均交通通信消费支出(第 19 名),地区生产总值(第 19 名),剧场、影剧院个数(第 19 名),国内旅游人数(第 20 名),限额以上批发、零售、住宿和餐饮业企业个数(第 24 名),城市居民消费价格指数(以上一年为 100)(第 25 名),星级饭店数量(第 25 名),社会消费品零售总额(第 26 名),第三产业占地区生产总值比重(第 26 名),入境旅游人数(第 27 名),批发、零售、住宿和餐饮业从业人数(第 27 名),公园个数(第 27 名),公路运输客运量(第 29 名),国家 4A 级及以上景区数量(第 30 名),城市居民人均医疗保健消费支出(第 30 名)。没有排名在后十位的指标。

综合以上数据可以得出,镇江城市休闲化进程中表现较弱的指标有第三产业发展状况、商业零售规模、文化设施规模、生态环境建设等方面。镇江境内京沪铁路、京沪高铁、沪宁高通、312 国道、104 国道等通达全国各主要城市,但其交通客运规模却仍有很大的发展空间。此外,较低的城市对外吸引力和旅游接待水平、滞后的城市绿化建设和单一的休闲产业产品供给结构等,都是制约镇江城市休闲产业规模化发展的重要因素。见图 4-25。

六、宿迁

宿迁是江苏省沿海地区向中西部辐射的重要门户城市,历史悠久,人文荟萃,素有"华夏文明之脉、江苏文明之根、淮河文明之源、楚汉文化之魂"之称。也是酒文化的发源地之一,有"中国白酒之都"称号,洋河、双沟两大名酒出产于此,同时宿迁还是典型的苏北水乡,坐拥骆马湖、洪泽湖两大淡水湖。从数据分析可以看出,宿迁 31 个指标水平值区间在 0~1 之间,均值水平是 0.340。高于均值水平的指标有 15 个,占指标总数的 48.4%,主要有国家荣誉称号数,城市居民人均教育文化娱乐服务消费支出,人均地区生产总值,公路运输客运量,第三产业就业人数占全部就业人数的比重,公共汽车、电车客运量,城市化率,城市居民人均可支配收

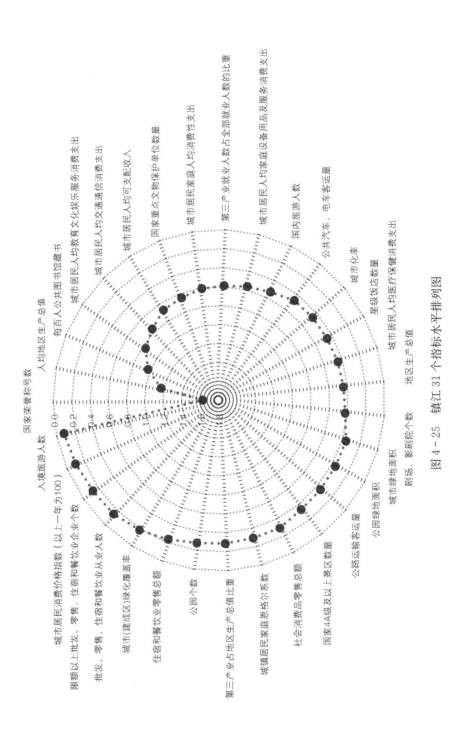

图 4-25 镇江 31 个指标水平排列图

入,城市绿地面积,城市居民家庭人均消费性支出,每百人公共图书馆藏书,城市居民人均医疗保健消费支出,城市居民人均家庭设备用品及服务消费支出,国家 4A 级及以上景区数量,城市居民人均交通通信消费支出。其中,指标水平值最高的是国家荣誉称号数(0.978),其次是城市居民人均教育文化娱乐服务消费支出(0.645)。从中可以看出,宿迁在城市休闲化发展进程中发展较好的指标有经济发展状况、各项人均休闲消费水平、公共服务设施规模、交通客运规模等方面,这说明经济发展拉动居民消费水平,宿迁市休闲产品的供给状况与居民旺盛的消费需求相匹配。

低于均值水平的指标有 16 个,占指标总数的 51.6%,主要有社会消费品零售总额,地区生产总值,国家重点文物保护单位数量,剧场、影剧院个数,公园绿地面积,星级饭店数量,第三产业占地区生产总值比重,公园个数,城镇居民家庭恩格尔系数,国内旅游人数,城市(建成区)绿化覆盖率,批发、零售、住宿和餐饮业从业人数,城市居民消费价格指数(以上一年为 100),限额以上批发、零售、住宿和餐饮业企业个数,住宿和餐饮业零售总额,入境旅游人数。见图 4 – 26。

从横向指标来看,宿迁各个指标在 41 个城市中的排名主要集中在中等水平。其中,在 41 个城市中排名前十的指标只有第三产业就业人数占全部就业人数的比重(第 10 名)。处于中等水平的指标有公共汽车、电车客运量(第 14 名),城市绿地面积(第 14 名),公路运输客运量(第 16 名),国家荣誉称号数(第 21 名),社会消费品零售总额(第 23 名),地区生产总值(第 24 名),城市居民人均教育文化娱乐服务消费支出(第 24 名),城市居民消费价格指数(以上一年为 100)(第 25 名),批发、零售、住宿和餐饮业从业人数(第 26 名),公园绿地面积(第 27 名),剧场、影剧院个数(第 27 名),公园个数(第 28 名),人均地区生产总值(第 29 名),城市化率(第 29 名),住宿和餐饮业零售总额(第 30 名),国家 4A 级及以上景区数量(第 31

147

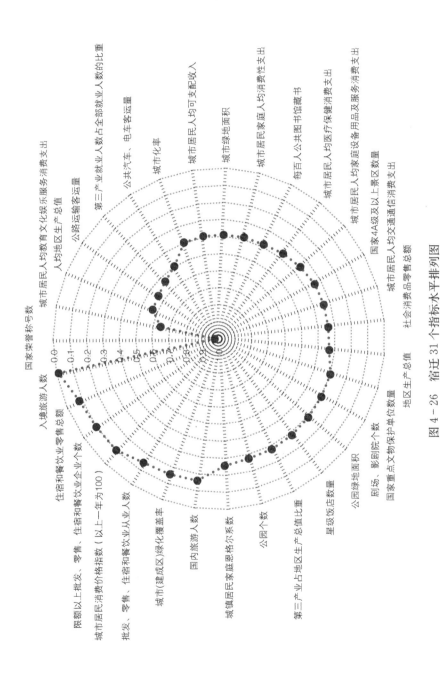

图 4 - 26　宿迁 31 个指标水平排列图

名),第三产业占地区生产总值比重(第 31 名)等 17 个。排名在后十位的指标有星级饭店数量(第 32 名),每百人公共图书馆藏书(第 32 名),限额以上批发、零售、住宿和餐饮业企业个数(第 32 名),城镇居民家庭恩格尔系数(第 34 名),国家重点文物保护单位数量(第 34 名),城市居民人均医疗保健消费支出(第 38 名),国内旅游人数(第 40 名),城市居民人均家庭设备用品及服务消费支出(第 40 名),城市居民家庭人均消费性支出(第 40 名),城市居民人均交通通信消费支出(第 40 名),城市(建成区)绿化覆盖率(第 41 名),城市居民人均可支配收入(第 41 名),入境旅游人数(第 41 名)等 13 个。

综合以上数据可以得出,宿迁城市休闲化进程中表现较弱的指标有第三产业发展状况、商业零售规模、住宿餐饮业规模、文化设施规模、生态环境建设等方面。这说明宿迁城市绿化环境、对外吸引力、旅游接待和服务能力等具有较大的发展空间和发展潜力。

七、金华

金华,浙江省辖地级市,是国家级历史文化名城、中国十佳宜居城市之一、G60 科创走廊中心城市等。2011 年金华—义乌都市区被确定为浙江省的第四个大都市区。从数据分析可以看出,金华 31 个指标水平值区间在 0~2 之间,均值水平是 0.642。高于均值水平的指标有 17 个,占指标总数的 54.8%,主要有国家重点文物保护单位数量,国家荣誉称号数,公路运输客运量,城市居民人均交通通信消费支出,国内旅游人数,城市居民人均医疗保健消费支出,入境旅游人数,城市居民人均教育文化娱乐服务消费支出,城市居民家庭人均消费性支出,城市居民人均可支配收入,国家 4A 级及以上景区数量,人均地区生产总值,剧场、影剧院个数,每百人公共图书馆藏书,社会消费品零售总额,城市居民人均家庭设备用品及服务消费支出,星级饭店数量。其中,指标水平值最高的是国家重点文物保护单位数量(1.884),其次是国家荣誉称号数(1.304)。从中可以看出,金华在城市休闲化进程中,人均休闲消费水平、交通客运服务、住宿餐饮业规模等发展态势良好,说明金华休闲娱乐产业及其相关配套设施的供给与居民的休闲娱乐需求适配度较高。

低于均值水平的指标有14个,占指标总数的45.2%,主要有第三产业就业人数占全部就业人数的比重,地区生产总值,城市化率,限额以上批发、零售、住宿和餐饮业企业个数,第三产业占地区生产总值比重,公园个数,城镇居民家庭恩格尔系数,批发、零售、住宿和餐饮业从业人数,公共汽车、电车客运量,公园绿地面积,城市(建成区)绿化覆盖率,城市绿地面积,城市居民消费价格指数(以上一年为100),住宿和餐饮业零售总额。其中,指标水平值最低的是住宿和餐饮业零售总额(0.085),其次是城市居民消费价格指数(以上一年为100)(0.101)。

从横向指标来看,金华各个指标在41个城市中的排名主要集中在中等水平。其中,在41个城市中排名前十的有公路运输客运量(第3名),城镇居民家庭恩格尔系数(第3名),城市居民人均医疗保健消费支出(第4名),城市居民人均交通通信消费支出(第4名),入境旅游人数(第5名),国内旅游人数(第5名),国家重点文物保护单位数量(第6名),第三产业占地区生产总值比重(第6名),第三产业就业人数占全部就业人数的比重(第7名),城市居民家庭人均消费性支出(第8名),城市居民人均家庭设备用品及服务消费支出(第10名)等11个指标。位于中等水平的指标有剧场、影剧院个数(第11名),星级饭店数量(第11名),社会消费品零售总额(第11名),国家荣誉称号数(第11名),城市化率(第12名),城市居民人均可支配收入(第12名),城市居民人均教育文化娱乐服务消费支出(第13名),国家4A级及以上景区数量(第13名),批发、零售、住宿和餐饮业从业人数(第 14 名),限额以上批发、零售、住宿和餐饮业企业个数(第 14 名),地区生产总值(第 18 名),人均地区生产总值(第 20 名),每百人公共图书馆藏书(第 20 名),公共汽车、电车客运量(第 22 名),公园个数(第 23 名),城市居民消费价格指数(以上一年为 100)(第 25 名),住宿和餐饮业零售总额(第 28 名)等 17 个。排名位于后十位的指标有公园绿地面积(第 32 名),城市(建成区)绿化覆盖率(第 32 名),城市绿地面积(第 34 名)等 3 个。

综合以上数据可以得出,金华城市休闲化进程中表现较弱的指标有旅游接待规模、生态环境建设、交通客运规模等方面。这说明金华旅游服务业发展有待改善,市内交通通达性和生态环境建设有待提升。见图 4 - 27。

八、安庆

安庆是国家级历史文化名城,素有"文化之邦""戏剧之乡""禅宗圣地"的美誉,是"桐城派"的故里,京剧鼻祖徽班成长的摇篮,是黄梅戏形成和发展的地方,也是中国新文化运动先驱陈独秀、"两弹元勋"邓稼先、通俗小说大师张恨水等人的故乡。古皖文化、禅宗文化、戏剧文化和桐城派文化在这里交相辉映,形成了独具特色的安庆文化。从数据分析可以看出,安庆 31 个指标水平值区间在 0~1 之间,均值水平是 0.365。高于均值水平的指标有 14 个,占指标总数的 45.2%,主要有国家荣誉称号数,国家 4A 级及以上景区数量,国家重点文物保护单位数量,星级饭店数量,国内旅游人数,每百人公共图书馆藏书,公路运输客运量,城市居民人均医疗保健消费支出,人均地区生产总值,城市居民人均可支配收入,城市居民人均家庭设备用品及服务消费支出,城市居民家庭人均消费性支出,城市居民人均教育文化娱乐服务消费支出,第三产业就业人数占全部就业人数的比重。其中,指标水平值最高的是国家荣誉称号数(0.978),国家

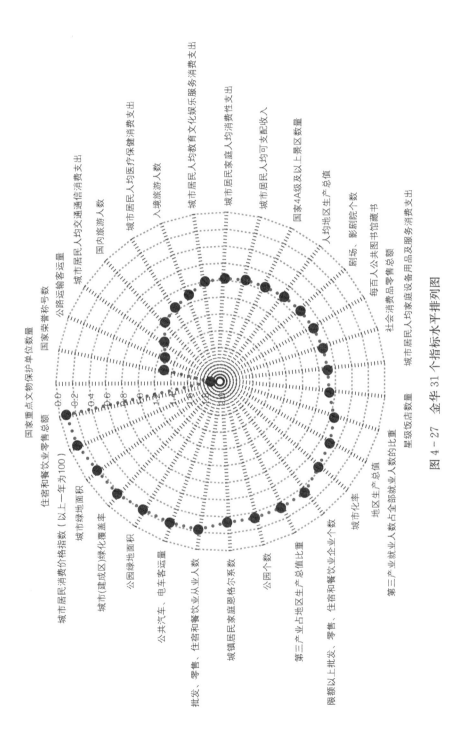

图 4-27　金华 31 个指标水平排列图

4A 级及以上景区数量(0.834)。从中可以看出,安庆在城市休闲化发展进程中发展较好的是人均休闲消费水平、公共服务设施规模、交通客运规模等方面,这与安庆市人口规模较小有直接关系。

低于均值水平的指标有 17 个,占指标总数的 54.8%,主要有城市居民人均交通通信消费支出,城市化率,社会消费品零售总额,第三产业占地区生产总值比重,剧场、影剧院个数,地区生产总值,公园绿地面积,城镇居民家庭恩格尔系数,入境旅游人数,城市绿地面积,城市(建成区)绿化覆盖率,限额以上批发、零售、住宿和餐饮业企业个数,批发、零售、住宿和餐饮业从业人数,住宿和餐饮业零售总额,公园个数,公共汽车、电车客运量,城市居民消费价格指数(以上一年为 100)。

从横向指标来看,安庆各个指标在 41 个城市中的排名主要集中在中等水平。其中,在 41 个城市中排名前十的指标只有城市居民消费价格指数(以上一年为 100)(第 2 名)。位于中等水平的有国家 4A 级及以上景区数量(第 11 名),入境旅游人数(第 15 名),国家重点文物保护单位数量(第 16 名),星级饭店数量(第 16 名),公路运输客运量(第 19 名),国内旅游人数(第 19 名),国家荣誉称号数(第 21 名),限额以上批发、零售、住宿和餐饮业企业个数(第 22 名),住宿和餐饮业零售总额(第 22 名),批发、零售、住宿和餐饮业从业人数(第 25 名),城市居民人均医疗保健消费支出(第 27 名),地区生产总值(第 27 名),社会消费品零售总额(第 28 名),剧场、影剧院个数(第 28 名),公园绿地面积(第 28 名),公共汽车、电车客运量(第 29 名),每百人公共图书馆藏书(第 29 名),城市绿地面积(第 30 名)等 18 个指标。位于中等水平以下的有第三产业占地区生产总值比重(第 34 名),城镇居民家庭恩格尔系数(第 35 名),城市(建成区)绿化覆盖率(第 35 名),人均地区生产总值(第 35 名),城市居民人均可支配收入(第 35 名),城市居民人均家庭设备用品及服务消费支出(第 35 名),第三产业就业人数占全部就业人数的比重(第 36 名),城市化率(第 37 名),城市居民人均教育文化娱乐服务消费支出(第 38 名),城市居民家庭人均消费性支出(第 39 名),公园个数(第 41 名),城市居民人均交通通信消费支出(第 41 名)等 12 个指标。

综合以上数据可以得出,安庆城市休闲化进程中表现较弱的指标有第三产业发展状况、商业零售规模、文化设施规模、生态环境建设等方面。反映了现阶段安庆在休闲产业发展的综合能力方面还存在发展短板,从而使得城市对外吸引力呈现较弱的发展特点。见图 4-28。

九、马鞍山

马鞍山,安徽省地级市,长江三角洲中心区 27 城之一,拥有皖江经济带的核心城市之一以及新兴移民城市、皖南国际旅游文化示范区重要节点城市、全国双拥模范城市、全国文明城市、国家森林城市、国家卫生城市等殊荣。从数据分析可以看出,马鞍山 31 个指标水平值区间在 0~1 之间,均值水平是 0.371。高于均值水平的指标有 11 个,占指标总数的 35.5%,主要有国家荣誉称号数,城市居民人均交通通信消费支出,城市居民人均教育文化娱乐服务消费支出,人均地区生产总值,每百人公共图书馆藏书,城市居民家庭人均消费性支出,城市居民人均可支配收入,城市居民人均家庭设备用品及服务消费支出,第三产业就业人数占全部就业人数的比重,城市居民人均医疗保健消费支出,城市化率。其中,指标水平值最高的是国家荣誉称号数(0.978),城市居民人均交通通信消费支出(0.977)。从中可以看出,马鞍山表现良好的指标主要是人均经济状况和人均休闲消费水平,说明该市居民的收入状况良好,使得其休闲消费需求较高,与马鞍山较小的人口规模也有一定的联系。

低于均值水平的有 20 个,占指标总数的 64.5%,主要有国内旅游人

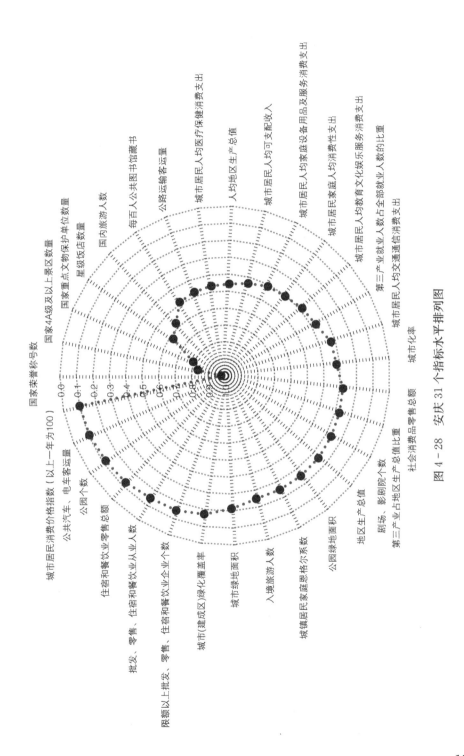

图4-28　安庆31个指标水平排列图

数,国家重点文物保护单位数量,第三产业占地区生产总值比重,国家 4A
级及以上景区数量,公园绿地面积,城市绿地面积,城镇居民家庭恩格尔
系数,剧场、影剧院个数,地区生产总值,星级饭店数量,公路运输客运量,
入境旅游人数,社会消费品零售总额,城市(建成区)绿化覆盖率,公园个
数,城市居民消费价格指数(以上一年为 100),批发、零售、住宿和餐饮业
从业人数,住宿和餐饮业零售总额,公共汽车、电车客运量,限额以上批
发、零售、住宿和餐饮业企业个数。

从横向指标来看,马鞍山各个指标在 41 个城市中的排名主要集中在
中等水平。其中,在 41 个城市中排名前十的有城市居民消费价格指数
(以上一年为 100)(第 2 名)和城市(建成区)绿化覆盖率(第 5 名)2 个指
标。位于中等水平的有城市居民人均交通通信消费支出(第 11 名),城市
化率(第 11 名),第三产业就业人数占全部就业人数的比重(第 11 名),城
市居民人均教育文化娱乐服务消费支出(第 11 名),城市居民人均家庭设
备用品及服务消费支出(第 15 名),城市居民家庭人均消费性支出(第 16
名),城市居民人均可支配收入(第 17 名),人均地区生产总值(第 18 名),
入境旅游人数(第 18 名),每百人公共图书馆藏书(第 19 名),国家荣誉称
号数(第 21 名),城市居民人均医疗保健消费支出(第 25 名),城市绿地面
积(第 25 名),国内旅游人数(第 27 名),地区生产总值(第 28 名),公园绿
地面积(第 29 名),剧场、影剧院个数(第 31 名)等 17 个指标。排名在后十
位,处于中等以下水平的有第三产业占地区生产总值比重(第 32 名),社
会消费品零售总额(第 32 名),批发、零售、住宿和餐饮业从业人数(第 33
名),国家 4A 级及以上景区数量(第 35 名),星级饭店数量(第 35 名),国
家重点文物保护单位数量(第 36 名),住宿和餐饮业零售总额(第 38 名),
公路运输客运量(第 38 名),城镇居民家庭恩格尔系数(第 39 名),公共汽
车、电车客运量(第 39 名),公园个数(第 40 名),限额以上批发、零售、住

宿和餐饮业企业个数(第 41 名)等 12 个指标。

综合以上数据可以得出,马鞍山城市休闲化进程中表现较弱的指标有商业零售规模、交通客运规模、文化设施规模、生态环境建设、旅游接待规模等方面。这说明马鞍山整体休闲产业发展状况以及休闲产品供给能力尚不能与其城市居民的消费需求相匹配,此外提升城市对外吸引力、生态环境建设及交通通达性是马鞍山休闲化发展的关键。见图 4-29。

十、淮北

淮北位于安徽省北部,地处苏鲁豫皖四省之交,是"长三角城市群""淮海经济区""徐州都市圈""宿淮蚌都市圈""宿淮城市组群"成员城市,拥有全国卫生先进城市、国家园林城市、全国科技进步先进市、全国无障碍建设城市、智慧城市等荣誉。从数据分析可以看出,淮北 31 个指标水平值区间在 0～1 之间,均值水平是 0.245。高于均值水平的指标有 15 个,占指标总数的 48.4%,主要有城市居民人均医疗保健消费支出,第三产业就业人数占全部就业人数的比重,城市居民人均交通通信消费支出,城市居民人均可支配收入,人均地区生产总值,城市居民家庭人均消费性支出,城市化率,城市居民人均家庭设备用品及服务消费支出,城市居民人均教育文化娱乐服务消费支出,每百人公共图书馆藏书,国家荣誉称号数,第三产业占地区生产总值比重,公园绿地面积,国家重点文物保护单位数量,城镇居民家庭恩格尔系数。其中,指标水平值最高的是城市居民人均医疗保健消费支出(0.556),第三产业就业人数占全部就业人数的比重(0.503)。从中可以看出,淮北表现较好的指标有各项人均休闲消费水平、第三产业发展状况等方面,主要原因在于该市较小的人口规模和优质的文化生态旅游资源。

低于均值水平的有 16 个,占指标总数的 51.6%,主要有城市(建成

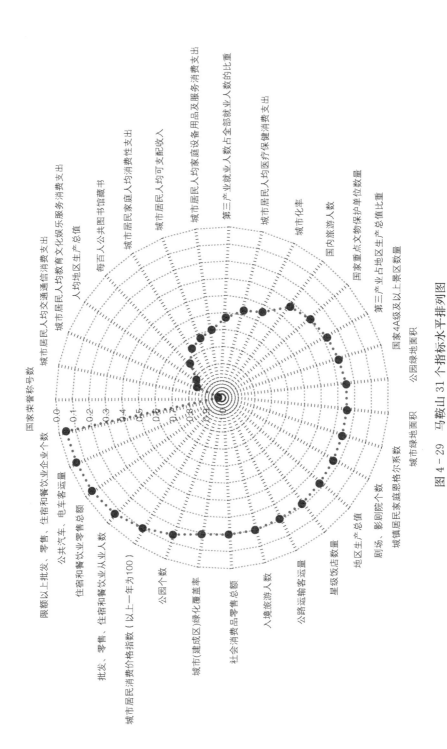

图 4 - 29　马鞍山 31 个指标水平排列图

区)绿化覆盖率,城市绿地面积,公园个数,国内旅游人数,公共汽车、电车客运量,公路运输客运量,社会消费品零售总额,地区生产总值,国家 4A 级及以上景区数量,剧场、影剧院个数,城市居民消费价格指数(以上一年为 100),星级饭店数量,限额以上批发、零售、住宿和餐饮业企业个数,批发、零售、住宿和餐饮业从业人数,入境旅游人数,住宿和餐饮业零售总额。见图 4-30。

从横向指标来看,淮北各个指标在 41 个城市中的排名主要集中在中等水平以下。其中,在 41 个城市中排名前十的指标有城市居民消费价格指数(以上一年为 100)(第 2 名)和城市(建成区)绿化覆盖率(第 4 名)。中等水平的指标有第三产业占地区生产总值比重(第 14 名),第三产业就业人数占全部就业人数的比重(第 15 名),城市居民人均医疗保健消费支出(第 21 名),城市化率(第 21 名),城镇居民家庭恩格尔系数(第 22 名),公园绿地面积(第 24 名),公共汽车、电车客运量(第 25 名)等 7 个。排名后十位,中等水平以下的指标有城市居民人均可支配收入(第 33 名),城市居民人均家庭设备用品及服务消费支出(第 33 名),城市居民人均交通通信消费支出(第 33 名),城市绿地面积(第 33 名),每百人公共图书馆藏书(第 33 名),国家荣誉称号数(第 34 名),城市居民人均教育文化娱乐服务消费支出(第 34 名),城市居民家庭人均消费性支出(第 36 名),人均地区生产总值(第 36 名),国家重点文物保护单位数量(第 37 名),地区生产总值(第 38 名),入境旅游人数(第 38 名),公园个数(第 39 名),剧场、影剧院个数(第 39 名),限额以上批发、零售、住宿和餐饮业企业个数(第 39 名),社会消费品零售总额(第 39 名),公路运输客运量(第 40 名),国内旅游人数(第 41 名),国家 4A 级及以上景区数量(第 41 名),住宿和餐饮业零售总额(第 41 名),星级饭店数量(第 41 名),批发、零售、住宿和餐饮业从业人数(第 41 名)等 22 个。

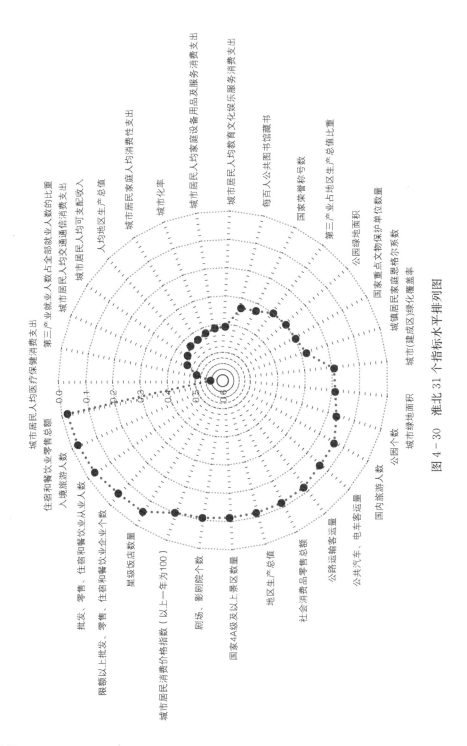

图 4-30 淮北 31 个指标水平排列图

综合以上数据可以得出,淮北城市休闲化进程中表现较弱的指标有住宿餐饮业等商业零售规模、文化设施规模、生态环境建设、旅游接待规模等方面。说明淮北的休闲产品供给能力尚存在不足,城市对外吸引力、生态环境建设及交通通达性均是淮北城市休闲化发展的阻力。

十一、舟山

舟山背靠上海、杭州、宁波等大中城市和长江三角洲等辽阔腹地,面向太平洋,具有较强的地缘优势。舟山岛是舟山群岛最大的岛屿,亦是中国第四大岛。千岛之城历史悠久,文化底蕴深厚。从数据分析可以看出,舟山31个指标水平值区间在0~2之间,均值水平是0.464。高于均值水平的指标有12个,占指标总数的38.7%,主要有每百人公共图书馆藏书,国家荣誉称号数,人均地区生产总值,城市居民人均教育文化娱乐服务消费支出,城市居民人均交通通信消费支出,城市居民人均可支配收入,城市居民家庭人均消费性支出,城市居民人均医疗保健消费支出,城市居民人均家庭设备用品及服务消费支出,城市绿地面积,第三产业就业人数占全部就业人数的比重,国内旅游人数。其中,指标水平值最高的是每百人公共图书馆藏书(1.508),国家荣誉称号数(1.304)。从中可以看出,舟山在城市休闲化进程中,人均休闲消费水平、第三产业发展状况发展态势良好,主要与舟山较小的人口规模相关。

低于均值水平的指标有19个,占指标总数的61.3%,主要有城市化率,第三产业占地区生产总值比重,公园个数,公路运输客运量,星级饭店数量,城镇居民家庭恩格尔系数,公共汽车、电车客运量,住宿和餐饮业零售总额,公园绿地面积,国家重点文物保护单位数量,国家4A级及以上景区数量,城市(建成区)绿化覆盖率,剧场、影剧院个数,入境旅游人数,社会消费品零售总额,地区生产总值,限额以上批发、零售、住宿和餐饮业企业个数,城市居民消费价格指数(以上一年为 100),批发、零售、住宿和餐饮业从业人数。

从横向指标来看,舟山各个指标在 41 个城市中的排名主要集中在中等水平。其中,在 41 个城市中排名前十的有城市居民消费价格指数(以上一年为 100)(第 2 名),城市居民人均医疗保健消费支出(第 5 名),每百人公共图书馆藏书(第 6 名),城市居民人均家庭设备用品及服务消费支出(第 6 名),第三产业占地区生产总值比重(第 8 名),城市居民家庭人均消费性支出(第 9 名),城市居民人均教育文化娱乐服务消费支出(第 9 名),城市居民人均可支配收入(第 9 名),城市绿地面积(第 10 名)等 9 个指标。中等水平的指标有国家荣誉称号数(第 11 名),人均地区生产总值(第 11 名),第三产业就业人数占全部就业人数的比重(第 12 名),住宿和餐饮业零售总额(第 12 名),城市化率(第 13 名),城市居民人均交通通信消费支出(第 15 名),公共汽车、电车客运量(第 20 名),入境旅游人数(第 21 名),国内旅游人数(第 22 名),限额以上批发、零售、住宿和餐饮业企业个数(第 25 名),城镇居民家庭恩格尔系数(第 26 名),公园个数(第 26 名),城市(建成区)绿化覆盖率(第 28 名),星级饭店数量(第 29 名),公园绿地面积(第 31 名)等 15 个。排名在后十位,处于中等水平以下的指标有批发、零售、住宿和餐饮业从业人数(第 32 名),公路运输客运量(第 32 名),地区生产总值(第 36 名),剧场、影剧院个数(第 36 名),国家 4A 级及以上景区数量(第 37 名),社会消费品零售总额(第 37 名),国家重点文物保护单位数量(第 38 名)等 7 个。

综合以上数据可以得出,舟山城市休闲化进程中表现较弱的指标有住宿餐饮业等住宿餐饮业规模、文化设施规模、生态环境建设、旅游接待规模等方面。这说明舟山城市休闲化发展的综合能力偏低,虽然舟山有较强的地域优势,但是旅游业发展仍然相对薄弱,同时城市缺乏多样性的休闲相关产业及其配套设施供给体系,制约了城市吸引力与竞争力。见图 4-31。

十二、六安

六安是长三角城市群成员城市,依山襟淮,承东接西,处于长江与淮河之间,是国家级皖江城市带承接产业转移示范区的成员城市、安徽省会经济圈合肥经济圈的副中心城市、国家级交通枢纽城市、国家级园林城市、国家级生态示范区、水环境治理优秀范例城市、获"中国人居环境范例奖""中国特色魅力城市 200 强"等称号。从数据分析可以看出,六安 31个指标水平值区间在 0~1 之间,均值水平是 0.283。高于均值水平的指标有 14 个,占指标总数的 45.2%,主要有国家 4A 级及以上景区数量,城市居民人均医疗保健消费支出,第三产业就业人数占全部就业人数的比重,城市居民人均家庭设备用品及服务消费支出,公路运输客运量,城市居民家庭人均消费性支出,城市居民人均交通通信消费支出,城市居民人均可支配收入,国家重点文物保护单位数量,国内旅游人数,人均地区生产总值,城市化率,第三产业占地区生产总值比重,星级饭店数量。其中指标水平值最高的是国家 4A 级及以上景区数量(0.986),其次是城市居民人均医疗保健消费支出(0.667)。从中可以看出,六安在城市休闲化进程中,人均休闲消费水平、第三产业发展状况发展态势良好,主要与六安较小的人口规模相关。

低于均值水平的指标有 17 个,占指标总数的 54.8%,主要有剧场、影剧院个数,城镇居民家庭恩格尔系数,社会消费品零售总额,公园个数,每百人公共图书馆藏书,公园绿地面积,城市居民人均教育文化娱乐服务消费支出,城市(建成区)绿化覆盖率,地区生产总值,入境旅游人数,城市绿地面积,城市居民消费价格指数(以上一年为 100),公共汽车、电车客运量,限额以上批发、零售、住宿和餐饮业企业个数,住宿和餐饮业零售总

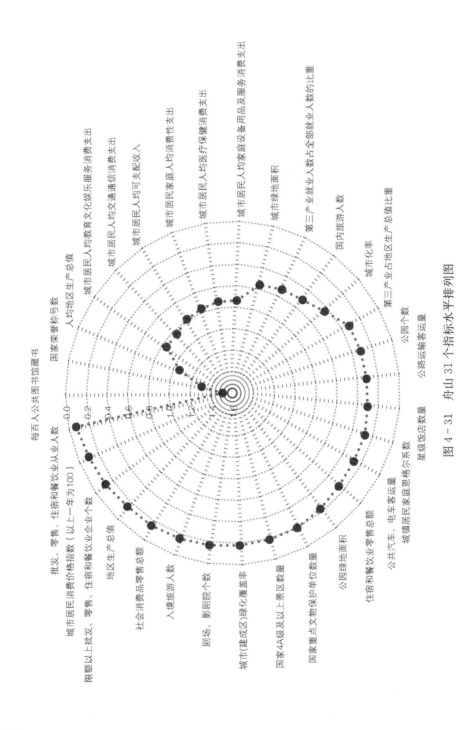

图 4 - 31 舟山 31 个指标水平排列图

额,批发、零售、住宿和餐饮业从业人数,国家荣誉称号数。

从横向指标来看,六安各个指标在41个城市中的排名主要集中在中等水平以下。其中,在41个城市中排名前十的指标有城市居民消费价格指数(以上一年为100)(第2名)和国家4A级及以上景区数量(第7名)。位于中等水平的有城市居民人均医疗保健消费支出(第12名),第三产业占地区生产总值比重(第15名),入境旅游人数(第20名),第三产业就业人数占全部就业人数的比重(第22名),公路运输客运量(第23名),城市(建成区)绿化覆盖率(第25名),城市居民人均家庭设备用品及服务消费支出(第28名),国内旅游人数(第30名),剧场、影剧院个数(第30名),星级饭店数量(第31名),社会消费品零售总额(第31名),批发、零售、住宿和餐饮业从业人数(第31名),公共汽车、电车客运量(第31名)等13个指标。排名在后十位,处于中等水平以下的有国家重点文物保护单位数量(第32名),住宿和餐饮业零售总额(第32名),公园个数(第32名),地区生产总值(第32名),城市居民家庭人均消费性支出(第34名),公园绿地面积(第34名),限额以上批发、零售、住宿和餐饮业企业个数(第35名),城市居民人均交通通信消费支出(第36名),每百人公共图书馆藏书(第36名),城镇居民家庭恩格尔系数(第37名),城市绿地面积(第37名),城市化率(第38名),人均地区生产总值(第39名),城市居民人均可支配收入(第40名),城市居民人均教育文化娱乐服务消费支出(第41名),国家荣誉称号数(第41名)等16个指标。

综合以上数据可以得出,六安在城市休闲化发展进程中表现较弱的指标有经济发展状况、住宿餐饮业规模、交通客运规模、生态环境建设等方面。六安作为农业大市,工业基础薄弱,第三产业对经济的带动作用有限,在一定程度上制约了六安的整体经济状况。此外,六安的休闲供给结构单一,有待进一步丰富和提高。见图4-32。

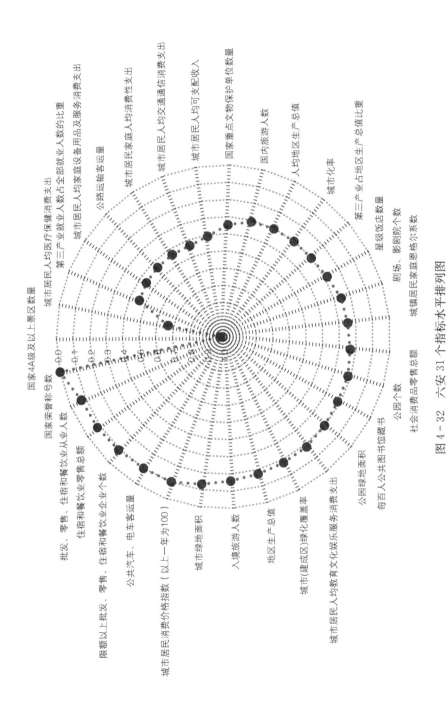

图 4-32 六安 31 个指标水平排列图

十三、宿州

宿州,安徽省地级市,位于安徽省东北部,是长三角城市群、中原经济区重要节点。是第六届全国文明城市、国家园林城市、国家智慧城市、"宽带中国"示范城市、"质量之光"年度质量魅力城市、国家森林城市、安徽省文明城市。宿州号称云都,拥有中国华东地区最大的云计算数据中心,是CG动画集群渲染基地,中国5大量子通信节点城市之一。从数据分析可以看出,宿州31个指标水平值区间在0~1.5之间,均值水平是0.268。高于均值水平的指标有15个,占指标总数的48.4%,主要有公园个数,城市居民人均医疗保健消费支出,城市居民人均可支配收入,国家重点文物保护单位数量,第三产业就业人数占全部就业人数的比重,城市居民人均交通通信消费支出,公路运输客运量,城市居民家庭人均消费性支出,国家荣誉称号数,人均地区生产总值,城市居民人均家庭设备用品及服务消费支出,第三产业占地区生产总值比重,城市化率,城市居民人均教育文化娱乐服务消费支出,社会消费品零售总额。其中,指标水平值最高的是公园个数(1.131),城市居民人均医疗保健消费支出(0.562)。从中可以看出,宿州表现良好的指标主要是人均休闲消费水平、第三产业发展状况、交通客运规模等,说明该市居民的收入状况良好,使得其休闲消费需求较高,与宿州较小的人口规模也有一定的联系。

低于均值水平的指标有16个,占指标总数的51.6%,主要有城镇居民家庭恩格尔系数,国家4A级及以上景区数量,剧场、影剧院个数,国内旅游人数,地区生产总值,每百人公共图书馆藏书,公园绿地面积,城市(建成区)绿化覆盖率,城市绿地面积,限额以上批发、零售、住宿和餐饮业企业个数,星级饭店数量,批发、零售、住宿和餐饮业从业人数,城市居民消费价格指数(以上一年为100),公共汽车、电车客运量,入境旅游人数,住宿和餐饮业零售总额。见图4-33。

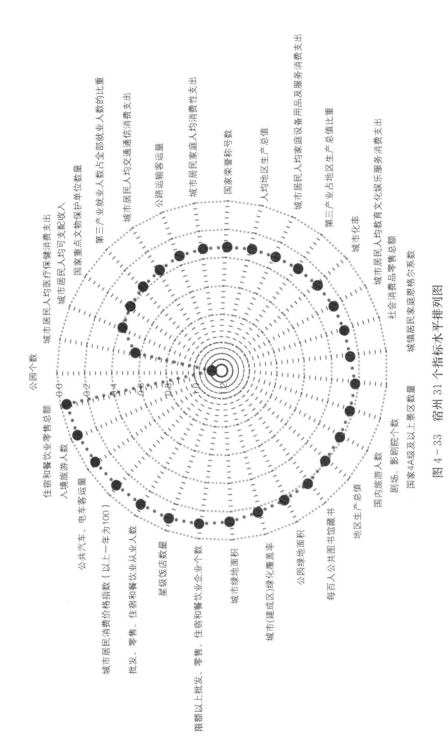

图 4 - 33　宿州 31 个指标水平排列图

从横向指标来看,宿州各个指标在 41 个城市中的排名主要集中在中等水平以下。排名在前十位的指标只有公园个数(第 9 名)。处于中等水平的指标有第三产业占地区生产总值比重(第 18 名),城市居民人均医疗保健消费支出(第 20 名),城镇居民家庭恩格尔系数(第 29 名),限额以上批发、零售、住宿和餐饮业企业个数(第 29 名),社会消费品零售总额(第 29 名),入境旅游人数(第 30 名),公路运输客运量(第 30 名),地区生产总值(第 30 名),批发、零售、住宿和餐饮业从业人数(第 30 名),国家重点文物保护单位数量(第 30 名)等 10 个。排名在后十位的指标有剧场、影剧院个数(第 32 名),公共汽车、电车客运量(第 34 名),国家荣誉称号数(第 34 名),公园绿地面积(第 35 名),第三产业就业人数占全部就业人数的比重(第 35 名),国家 4A级及以上景区数量(第 36 名),城市(建成区)绿化覆盖率(第 38 名),人均地区生产总值(第 38 名),每百人公共图书馆藏书(第 38 名),城市绿地面积(第38 名),城市居民人均可支配收入(第 38 名),国内旅游人数(第 38 名),星级饭店数量(第 38 名),住宿和餐饮业零售总额(第 39 名),城市居民人均交通通信消费支出(第 39 名),城市化率(第 40 名),城市居民人均教育文化娱乐服务消费支出(第 40 名),城市居民消费价格指数(以上一年为 100)(第 41名),城市居民人均家庭设备用品及服务消费支出(第 41 名),城市居民家庭人均消费性支出(第 41 名)等 20 个。

综合以上数据可以得出,宿州城市休闲化进程中表现较弱的指标有旅游接待规模、住宿餐饮业等商业零售规模、文化设施规模、生态环境建设等方面。这说明宿州的休闲相关产业供给能力尚存在不足,制约要素较多。

十四、滁州

滁州是安徽省辖地级市,地处安徽省最东部,苏皖交界地区,自东南向东至东北依次与江苏省南京市、扬州市、淮安市为邻,自北向西至西南分别与该省蚌埠市、淮南市、合肥市、马鞍山市相依,自古有"金陵锁钥、江淮保障"之称。从数据分析可以看出,滁州31个指标水平值区间在0~1之间,均值水平是0.300。高于均值水平的指标有13个,占指标总数的41.9%,主要有人均地区生产总值,城市居民人均交通通信消费支出,城市居民家庭人均消费性支出,城市居民人均家庭设备用品及服务消费支出,城市居民人均医疗保健消费支出,公路运输客运量,城市居民人均教育文化娱乐服务消费支出,城市居民人均可支配收入,每百人公共图书馆藏书,第三产业就业人数占全部就业人数的比重,城市化率,国家荣誉称号数,地区生产总值。其中指标水平值最高的是人均地区生产总值(0.638),其次是城市居民人均交通通信消费支出(0.509)。从高于均值水平的指标可以看出,滁州表现良好的是各项人均休闲消费水平、交通客运规模、第三产业发展状况等方面。滁州市国内贸易、对外经济和金融业快速发展,在一定程度上推动了当地第三产业的发展。

低于均值水平的指标有18个,占指标总数的58.1%,主要有国家重点文物保护单位数量,剧场、影剧院个数,社会消费品零售总额,城镇居民家庭恩格尔系数,公园个数,第三产业占地区生产总值比重,公园绿地面积,国内旅游人数,城市绿地面积,城市(建成区)绿化覆盖率,入境旅游人数,国家4A级及以上景区数量,星级饭店数量,限额以上批发、零售、住宿和餐饮业企业个数,批发、零售、住宿和餐饮业从业人数,住宿和餐饮业零售总额,城市居民消费价格指数(以上一年为100),公共汽车、电车客运量。

从横向指标来看,滁州各个指标在41个城市中的排名主要集中在中等水平。其中,在41个城市中排名前十的指标有城市居民消费价格指数(以上一年为100)(第2名)和城市(建成区)绿化覆盖率(第3名)。处于中等水平的指标有城镇居民家庭恩格尔系数(第16名),入境旅游人数(第19名),公路运输客运量(第22名),住宿和餐饮业零售总额(第24

名),城市居民人均家庭设备用品及服务消费支出(第 25 名),地区生产总值(第 25 名),人均地区生产总值(第 26 名),城市居民家庭人均消费性支出(第 26 名),剧场、影剧院个数(第 26 名),限额以上批发、零售、住宿和餐饮业企业个数(第 26 名),社会消费品零售总额(第 27 名),批发、零售、住宿和餐饮业从业人数(第 28 名),城市居民人均医疗保健消费支出(第 28 名),城市居民人均交通通信消费支出(第 29 名),每百人公共图书馆藏书(第 30 名),公共汽车、电车客运量(第 30 名),公园绿地面积(第 30 名),公园个数(第 30 名),城市绿地面积(第 31 名)等 19 个。排名后十位的指标有国家荣誉称号数(第 34 名),第三产业就业人数占全部就业人数的比重(第 34 名),城市居民人均可支配收入(第 34 名),国家重点文物保护单位数量(第 34 名),城市化率(第 35 名),城市居民人均教育文化娱乐服务消费支出(第 35 名),国内旅游人数(第 35 名),星级饭店数量(第 37 名),国家 4A 级及以上景区数量(第 39 名),第三产业占地区生产总值比重(第 41 名)等 10 个。见图 4 - 34。

综合以上数据可以得出,滁州在城市休闲化发展进程中表现较弱的指标有住宿餐饮业规模、第三产业发展状况、交通客运规模、旅游接待规模等方面。这说明滁州在生态文明建设、交通通达性等方面还需进一步改进,此外城市休闲设施建设不够完善,休闲娱乐产业供给相对单一,休闲产品丰富度不够,这些都是滁州城市休闲产业发展的短板。

十五、铜陵

铜陵历史悠久,因铜得名、以铜而兴,素有"中国古铜都,当代铜基地"之称。铜文化已成为城市文化的核心元素,铜经济已是城市最具特色的强市之基,铜雕塑享誉全国,是全国文明城市、国家园林城市、国家卫生城市、中国优秀旅游城市等。从数据分析可以看出,滁州 31 个指标水平值

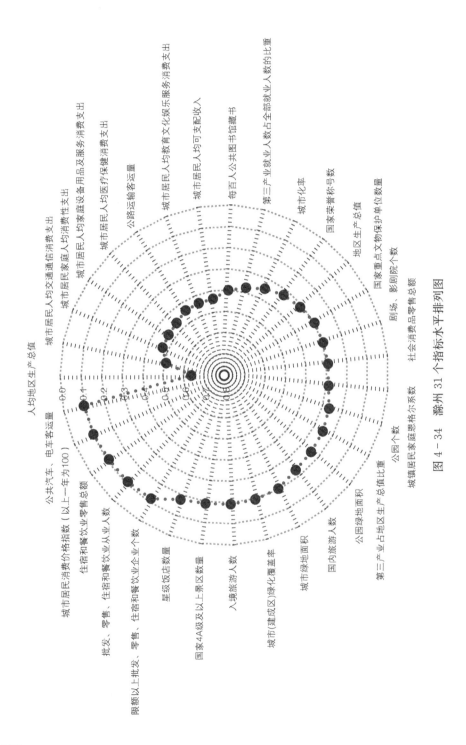

图 4 - 34　滁州 31 个指标水平排列图

区间在 0～1.5 之间,均值水平是 0.312。高于均值水平的指标有 12 个,占指标总数的 38.7%,主要有每百人公共图书馆藏书,国家荣誉称号数,城市居民人均教育文化娱乐服务消费支出,城市居民家庭人均消费性支出,城市居民人均交通通信消费支出,城市居民人均家庭设备用品及服务消费支出,人均地区生产总值,城市居民人均可支配收入,第三产业就业人数占全部就业人数的比重,城市居民人均医疗保健消费支出,城市化率,国家 4A 级及以上景区数量。其中指标水平值最高的是每百人公共图书馆藏书(1.090),其次是国家荣誉称号数(0.978)。从中可以看出,铜陵在城市休闲化进程中各项人均休闲消费水平起到助推作用,这主要与铜陵人口规模较小有关。

低于均值水平的指标有 19 个,占指标总数的 61.3%,主要有第三产业占地区生产总值比重,城市绿地面积,城镇居民家庭恩格尔系数,公园绿地面积,公园个数,国家重点文物保护单位数量,城市(建成区)绿化覆盖率,国内旅游人数,公路运输客运量,地区生产总值,城市居民消费价格指数(以上一年为 100),剧场、影剧院个数,社会消费品零售总额,星级饭店数量,批发、零售、住宿和餐饮业从业人数,住宿和餐饮业零售总额,限额以上批发、零售、住宿和餐饮业企业个数,入境旅游人数,公共汽车、电车客运量。

从横向指标来看,铜陵各个指标在 41 个城市中的排名主要集中在中等水平以下。其中,在 41 个城市中排名前十的指标有城市居民消费价格指数(以上一年为 100)(第 2 名),城市(建成区)绿化覆盖率(第 7 名)和每百人公共图书馆藏书(第 9 名)。处于中等水平的指标有第三产业就业人数占全部就业人数的比重(第 18 名),城市居民人均家庭设备用品及服务消费支出(第 20 名),国家荣誉称号数(第 21 名),城市绿地面积(第 22 名),城市居民家庭人均消费性支出(第 22 名),第三产业占地区生产总值比重(第 25 名),城市居民人均教育文化娱乐服务消费支出(第 25 名),城市居民人均可支配收入(第 26 名),城市居民人均交通通信消费支出(第 26 名),城镇居民家庭恩格尔系数(第 27 名),城市居民人均医疗保健消费支出(第 31 名),入境旅游人数(第 31 名)等 12 个。排名后十位,处于中等水平以下的有城市化率(第 32 名),人均地区生产总值(第 32 名),国家 4A 级及以上景区数量(第 32 名),公园绿地面积(第 33 名),公园个数(第 34 名),批发、零售、住宿和餐饮业从业人数(第 34 名),住宿和餐饮业零售总额(第 36 名),限额以上批发、零售、住宿和餐饮业企业个数(第 38 名),国家重点文物保护单位数量(第 39 名),地区生产总值(第 39 名),公路运输客运量(第 39 名),国内旅游人数(第 39 名),星级饭店数量(第 39 名),公共汽车、电车客运量(第 40 名),剧场、影剧院个数(第 40 名),社会消费品零售总额(第 41 名)等 16 个指标。

综合以上数据可以得出,铜陵在城市休闲化发展进程中表现较弱的指标有住宿餐饮业规模、生态环境建设、交通客运规模和旅游接待规模等方面。这说明铜陵在生态文明建设、交通通达性等方面还有很大的发展空间,此外铜陵相应的休闲娱乐产业供给相对单一,休闲产品丰富度不够,城市对外吸引力和竞争力较弱,旅游业发展动力不足。见图 4-35。

第七节 Ⅰ型小城市休闲化指数分析

城区常住人口 50 万以下的城市为小城市。其中 20 万以上 50 万以下的城市为Ⅰ型小城市,符合这一标准的城市有丽水、亳州、衢州、宣城、黄山和池州 6 个城市。分别属于安徽省和浙江省。对长三角 6 个Ⅰ型小城市 31 个指标属性的特征分析如下。

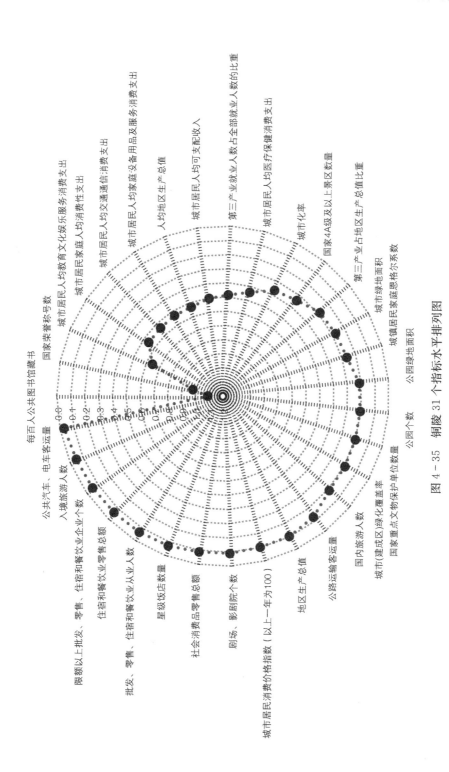

图 4-35 铜陵 31 个指标水平排列图

一、丽水

丽水,浙江省辖陆地面积最大的地级市,被誉为"浙江绿谷",生态环境质量浙江省第一,中国前列,生态环境质量公众满意度位于浙江省首位。被命名为第三批国家级生态示范区,"中国优秀旅游城市""中国优秀生态旅游城市""浙江省森林城市",首批国家级生态保护与建设示范区。从数据分析可以看出,丽水 31 个指标水平值区间在 0~1.5 之间,均值水平是 0.410。高于均值水平的指标有 13 个,占指标总数的 41.9%,主要有城市居民人均医疗保健消费支出,国家荣誉称号数,每百人公共图书馆藏书,国家 4A 级及以上景区数量,国家重点文物保护单位数量,城市居民家庭人均消费性支出,城市居民人均家庭设备用品及服务消费支出,人均地区生产总值,城市居民人均交通通信消费支出,城市居民人均可支配收入,国内旅游人数,星级饭店数量,城市居民人均教育文化娱乐服务消费支出。其中指标水平值最高的是城市居民人均医疗保健消费支出(1.111),其次是国家荣誉称号数(0.978)。从中可以看出,丽水在城市休闲化发展进程中表现较好的指标有各项人均消费水平、休闲文娱设施规模、国内旅游接待规模。人均休闲消费上所占比例较高,且该市注重休闲文娱产品和相关配套设施的供给,为城市居民参与休闲活动提供基础。

低于均值水平的指标有 18 个,占指标总数的 58.1%,主要有城市化率,第三产业就业人数占全部就业人数的比重,第三产业占地区生产总值比重,剧场、影剧院个数,城镇居民家庭恩格尔系数,公路运输客运量,社会消费品零售总额,城市(建成区)绿化覆盖率,公园个数,地区生产总值,公共汽车、电车客运量,城市居民消费价格指数(以上一年为 100),限额以上批发、零售、住宿和餐饮业企业个数,公园绿地面积,住宿和餐饮业零售总额,城市绿地面积,批发、零售、住宿和餐饮业从业人数,入境旅游人数。

从横向指标来看,丽水各个指标在 41 个城市中的排名主要集中在中等水平。其中,在 41 个城市中排名前十的指标有城市居民人均医疗保健消费支出(第 2 名),第三产业占地区生产总值比重(第 9 名)和国家 4A 级及以上景区数量(第 9 名)。位于中等水平的指标有城市居民人均家庭设备用品及服务消费支出(第 12 名),国家重点文物保护单位数量(第 15 名),每百人公共图书馆藏书(第 15 名),城市居民家庭人均消费性支出(第 15 名),国内旅游人数(第 17 名),城镇居民家庭恩格尔系数(第 17 名),城市居民人均可支配收入(第 20 名),国家荣誉称号数(第 21 名),星级饭店数量(第 21 名),城市(建成区)绿化覆盖率(第 22 名),城市居民人均交通通信消费支出(第 23 名),剧场、影剧院个数(第 24 名),城市居民消费价格指数(以上一年为 100)(第 25 名),住宿和餐饮业零售总额(第 27 名),公共汽车、电车客运量(第 27 名),人均地区生产总值(第 28 名),城市化率(第 28 名)等 17 个。排名后十位的指标有第三产业就业人数占全部就业人数的比重(第 33 名),限额以上批发、零售、住宿和餐饮业企业个数(第 33 名),公路运输客运量(第 33 名),城市居民人均教育文化娱乐服务消费支出(第 34 名),社会消费品零售总额(第 35 名),地区生产总值(第 35 名),公园个数(第 38 名),批发、零售、住宿和餐饮业从业人数(第 39 名),入境旅游人数(第 40 名),公园绿地面积(第 41 名),城市绿地面积(第 41 名)等 11 个。

综合以上数据可以得出,丽水在城市休闲化发展进程中表现较弱的指标有第三产业发展状况、生态环境建设、住宿餐饮业规模、交通客运规模、入境旅游接待规模等方面。其反映出当前丽水在休闲产业发展和产品供给的综合能力,以及相关配套设施方面还存在发展短板和劣势,从而使得城市对外吸引力和竞争力呈现较弱的发展特点,阻碍了城市休闲化建设进程。见图 4-36。

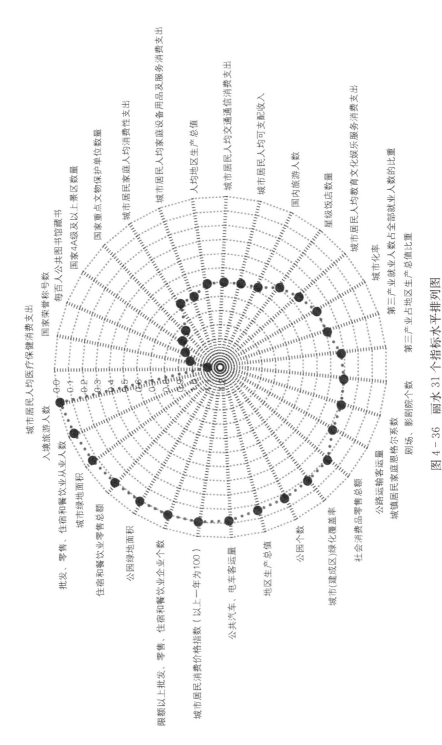

图4-36 丽水31个指标水平排列图

二、亳州

亳州是安徽省下辖地级市,是国家历史文化名城,历史悠久,新石器时代就有人类在此活动,是中华民族古老文化的发祥地之一。亳州是中原地区连接长三角世界级城市群的桥头堡,中国优秀旅游城市,长三角城市群成员城市,世界中医药之都,百强药企业半数落户亳州。从数据分析可以看出,亳州 31 个指标水平值区间在 0～1 之间,均值水平是 0.284。高于均值水平的指标有 13 个,占指标总数的 41.9%,主要有城市居民人均交通通信消费支出,国家荣誉称号数,国家重点文物保护单位数量,城市居民家庭人均消费性支出,城市居民人均医疗保健消费支出,第三产业就业人数占全部就业人数的比重,国家 4A 级及以上景区数量,城市居民人均可支配收入,城市居民人均家庭设备用品及服务消费支出,公路运输客运量,城市居民人均教育文化娱乐服务消费支出第三产业占地区生产总值比重,人均地区生产总值。其中指标水平值最高的是城市居民人均交通通信消费支出(0.784),其次是国家荣誉称号数(0.652)。从中可以看出,亳州在城市休闲化发展进程中发展较好的有各项人均休闲消费水平、第三产业发展状况等方面,其中人均休闲消费水平与亳州人口规模较小有主要联系,第三产业发展直接依托于该市文化旅游、现代服务业、战略性新兴产业等产业。

低于均值水平的指标有 17 个,占指标总数的 54.8%,主要有城市化率,城镇居民家庭恩格尔系数,社会消费品零售总额,国内旅游人数,星级饭店数量,公园个数,地区生产总值,每百人公共图书馆藏书,批发、零售、住宿和餐饮业从业人数,城市(建成区)绿化覆盖率,城市绿地面积,剧场、影剧院个数,公园绿地面积,限额以上批发、零售、住宿和餐饮业企业个数,入境旅游人数,城市居民消费价格指数(以上一年为 100),公共汽车、电车客运量,住宿和餐饮业零售总额。

从横向指标来看,亳州各个指标在41个城市中的排名主要集中在中等水平以下。其中,在41个城市中排名前十的指标为城市居民消费价格指数(以上一年为100)(第2名)。位于中等水平的有第三产业占地区生产总值比重(第13名),城市居民人均交通通信消费支出(第17名),批发、零售、住宿和餐饮业从业人数(第22名),公路运输客运量(第24名),入境旅游人数(第25名),国家4A级及以上景区数量(第27名),限额以上批发、零售、住宿和餐饮业企业个数(第27名),城镇居民家庭恩格尔系数(第28名),国家重点文物保护单位数量(第29名),第三产业就业人数占全部就业人数的比重(第30名),社会消费品零售总额(第30名),城市居民家庭人均消费性支出(第30名),国家荣誉称号数(第30名),地区生产总值(第31名)等14个指标。排名在后十位,位于中等水平以下的指标有公共汽车、电车客运量(第32名),城市居民人均医疗保健消费支出(第33名),星级饭店数量(第34名),住宿和餐饮业零售总额(第35名),国内旅游人数(第36名),公园个数(第36名),城市绿地面积(第36名),城市居民人均家庭设备用品及服务消费支出(第37名),剧场、影剧院个数(第38名),公园绿地面积(第38名),每百人公共图书馆藏书(第39名),城市居民人均可支配收入(第39名),城市居民人均教育文化娱乐服务消费支出(第39名),城市(建成区)绿化覆盖率(第40名),人均地区生产总值(第40名),城市化率(第41名)等15个。

综合以上数据可以得出,亳州在城市休闲化发展进程中表现较弱的指标有旅游接待规模、生态环境建设、住宿餐饮业规模、交通客运规模等方面。这说明亳州的旅游业发展动力不足,城市休闲娱乐产品供给和相关配套设施的完善程度与居民休闲消费需求不匹配,此外亳州在生态文明建设、交通通达性等方面还有很大的发展空间。见图4-37。

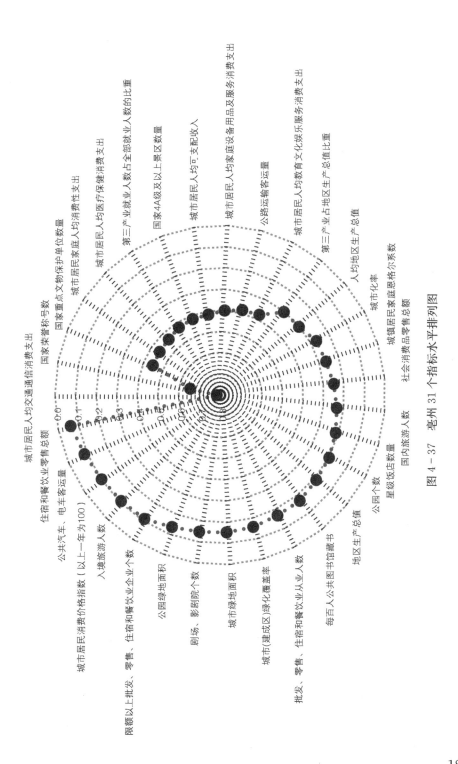

图 4-37 亳州 31 个指标水平排列图

三、衢州

衢州为浙江省地级市,有"四省通衢,五路总头"之称。衢州以"南孔圣地·衢州有礼"为城市品牌,是一座国家历史文化名城、生态山水美城、开放大气之城和创新活力之城,是国家绿色金融改革创新试验区、钱江源国家公园体制试点、全国营商环境评价试点、全国"多规合一"试点、国家全域旅游示范区创建试点、全国首批"绿水青山就是金山银山"实践创新基地。从数据分析可以看出,衢州 31 个指标水平值区间在 0～1.5 之间,均值水平是0.430。高于均值水平的指标有 15 个,占指标总数的 48.4%,主要国家荣誉称号数,每百人公共图书馆藏书,公园个数,国家重点文物保护单位数量,城市居民人均教育文化娱乐服务消费支出,人均地区生产总值,城市居民人均可支配收入,城市居民人均医疗保健消费支出,国内旅游人数,国家 4A 级及以上景区数量,城市居民人均交通通信消费支出,城市居民家庭人均消费性支出,城市居民人均家庭设备用品及服务消费支出,星级饭店数量,公路运输客运量。其中指标水平值最高的是国家荣誉称号数(1.304),其次是每百人公共图书馆藏书(1.075)。从中可以看出,衢州表现良好的指标主要是人均休闲消费水平、交通客运规模,主要与衢州较小的人口规模相关。

低于均值水平的指标有 16 个,占指标总数的 51.6%,主要有城市化率,第三产业就业人数占全部就业人数的比重,城镇居民家庭恩格尔系数,第三产业占地区生产总值比重,剧场、影剧院个数,社会消费品零售总额,城市(建成区)绿化覆盖率,地区生产总值,住宿和餐饮业零售总额,公园绿地面积,城市绿地面积,公共汽车、电车客运量,城市居民消费价格指数(以上一年为 100),限额以上批发、零售、住宿和餐饮业企业个数,批发、零售、住宿和餐饮业从业人数,入境旅游人数。

从横向指标来看,衢州各个指标在 41 个城市中的排名主要集中在中等水平。其中,在 41 个城市中排名前十的有城市居民消费价格指数(以上一年为 100)(第 1 名),城镇居民家庭恩格尔系数(第 6 名),每百人公共图书馆藏书(第 10 名),第三产业占地区生产总值比重(第 10 名)等 4 个指标。中等水平的指标有国家荣誉称号数(第 11 名),公园个数(第 13 名),国内旅游人数(第 16 名),城市(建成区)绿化覆盖率(第 16 名),国家重点文物保护单位数量(第 17 名),城市居民人均医疗保健消费支出(第 17 名),城市居民人均可支配收入(第 19 名),城市居民人均教育文化娱乐服务消费支出(第 19 名),公路运输客运量(第 20 名),国家 4A 级及以上景区数量(第 21 名),城市居民家庭人均消费性支出(第 21 名),城市居民人均家庭设备用品及服务消费支出(第 21 名),住宿和餐饮业零售总额(第 21 名),星级饭店数量(第 22 名),城市居民人均交通通信消费支出(第 24 名),人均地区生产总值(第 25 名),公共汽车、电车客运量(第 28 名),剧场、影剧院个数(第 29 名),城市化率(第 30 名)等 20 个。排名在后十位,处于中等水平以下的指标有限额以上批发、零售、住宿和餐饮业企业个数(第 31 名),地区生产总值(第 33 名),社会消费品零售总额(第 34 名),公园绿地面积(第 37 名),第三产业就业人数占全部就业人数的比重(第 38 名),批发、零售、住宿和餐饮业从业人数(第 38 名),入境旅游人数(第 39 名),城市绿地面积(第 39 名)等 7 个。

综合以上数据可以得出,衢州在城市休闲化发展进程中表现较弱的指标有文化娱乐设施规模、生态环境建设、住宿餐饮业规模、交通客运规模等方面。这说明衢州休闲产品供给与居民休闲消费需求配适度不够,在生态文明建设和交通通达性等方面还有很大的发展空间。见图 4－38。

四、宣城

宣城地处安徽省东南部,是皖江城市带承接产业转移示范区一翼,南

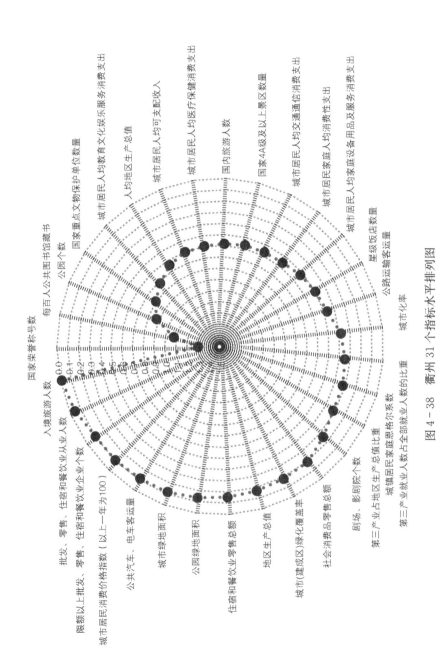

图 4 - 38 衢州 31 个指标水平排列图

京都市圈成员城市,杭州都市圈观察员城市,G60 科创走廊中心城市,中国文房四宝之乡。境内有文房四宝文化、徽文化、诗歌文化、民俗文化、饮食文化、宗教文化、宗氏文化并存共荣,素有"宣城自古诗人地""上江人文之盛首宣城"之称。宣城市从数据分析可以看出,宣城 31 个指标水平值区间在 0～1 之间,均值水平是 0.345。高于均值水平的指标有 13 个,占指标总数的 41.9%,主要有国家重点文物保护单位数量,国家荣誉称号数,国家 4A 级及以上景区数量,城市居民人均交通通信消费支出,人均地区生产总值,城市居民人均可支配收入,城市居民人均教育文化娱乐服务消费支出,城市居民家庭人均消费性支出,城市居民人均医疗保健消费支出,城市居民人均家庭设备用品及服务消费支出,第三产业就业人数占全部就业人数的比重,每百人公共图书馆藏书,城市化率。其中指标水平值最高的是国家重点文物保护单位数量(0.992),其次是国家荣誉称号数(0.978)。从中可以看出,宣城在城市休闲化发展进程中表现较好的是各项人均休闲消费水平、第三产业发展状况,这主要与宣城人口规模较小有直接联系。

低于均值水平的指标有 18 个,占指标总数的 58.1%,主要有国内旅游人数,公路运输客运量,星级饭店数量,入境旅游人数,第三产业占地区生产总值比重,城镇居民家庭恩格尔系数,剧场、影剧院个数,城市(建成区)绿化覆盖率,公园个数,地区生产总值,城市绿地面积,社会消费品零售总额,公园绿地面积,城市居民消费价格指数(以上一年为 100),限额以上批发、零售、住宿和餐饮业企业个数,住宿和餐饮业零售总额,公共汽车、电车客运量,批发、零售、住宿和餐饮业从业人数。见图 4-39。

从横向指标来看,宣城各个指标在 41 个城市中的排名主要集中在中等以下水平。其中,在 41 个城市中排名前十的指标是城市居民消费价格指数(以上一年为 100)(第 2 名)和国家 4A 级及以上景区数量(第 10 名)。

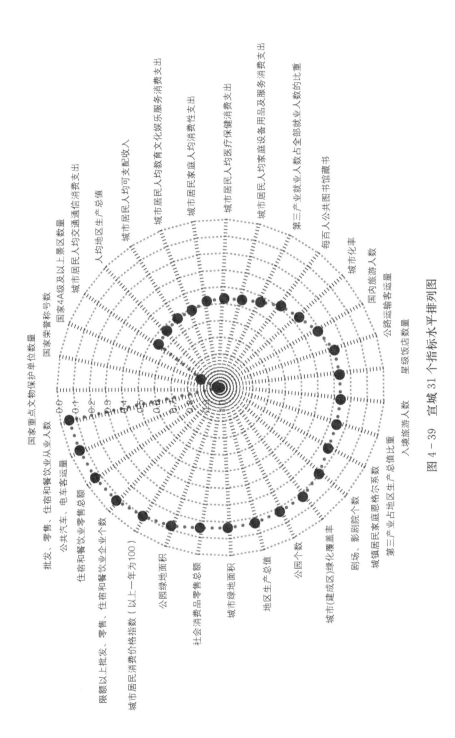

图 4－39 宣城 31 个指标水平排列图

在中等水平的指标有国家重点文物保护单位数量(第 13 名),入境旅游人数(第 14 名),国家荣誉称号数(第 21 名),城市居民人均交通通信消费支出(第 25 名),城市居民家庭人均消费性支出(第 25 名),城市居民人均可支配收入(第 25 名),城市居民人均家庭设备用品及服务消费支出(第 26 名),城市居民人均医疗保健消费支出(第 26 名),第三产业就业人数占全部就业人数的比重(第 27 名),国内旅游人数(第 28 名),城市居民人均教育文化娱乐服务消费支出(第 29 名),城市(建成区)绿化覆盖率(第 31 名),人均地区生产总值(第 31 名),每百人公共图书馆藏书(第 31 名)等 14 个。排名在后十位,处于中等水平以下的指标有城市化率(第 33 名),星级饭店数量(第 33 名),地区生产总值(第 34 名),剧场、影剧院个数(第 34 名),住宿和餐饮业零售总额(第 34 名),公路运输客运量(第 34 名),城市绿地面积(第 35 名),社会消费品零售总额(第 36 名),公共汽车、电车客运量(第 36 名),限额以上批发、零售、住宿和餐饮业企业个数(第 36 名),批发、零售、住宿和餐饮业从业人数(第 37 名),公园个数(第 37 名),城镇居民家庭恩格尔系数(第 38 名),公园绿地面积(第 39 名),第三产业占地区生产总值比重(第 40 名)等 15 个。

综合以上数据可以得出,宣城在城市休闲化发展进程中表现较弱的指标有生态环境建设、住宿餐饮业规模、交通客运规模、文化设施规模等方面。这说明宣城休闲化发展状况相对较弱,尽管居民有较高的休闲文娱消费水平和消费需求,但相应产品和产品供给结构相对单一,交通体系的不完善和自然生态环境建设的滞后性严重削弱了城市的对外吸引力、竞争力和品牌建设的进程。

五、黄山

黄山市隶属于安徽省,既是徽商故里,又是徽文化的重要发祥地。黄山市境内的黄山为世界自然与文化双遗产,皖南古村落西递、宏村为世界文化遗产,曾获得"中国公众最向往的旅游城市"称号。从数据分析可以看出,黄山31个指标水平值区间在0～3之间,均值水平是0.483。高于均值水平的指标有8个,占指标总数的25.8%,主要有入境旅游人数,国家重点文物保护单位数量,每百人公共图书馆藏书,国家荣誉称号数,国内旅游人数,星级饭店数量,城市绿地面积,人均地区生产总值。其中指标水平值最高的是入境旅游人数(2.916),其次是国家重点文物保护单位数量(2.429)。从中可以看出,黄山在城市休闲化发展进程中发展较好的是旅游接待及服务规模、人均休闲消费水平等,这与黄山深厚的文化底蕴和丰富的自然文化资源有直接关联,推动了当地旅游休闲的发展。

低于均值水平的指标有23个,占指标总数的74.2%,主要有城市居民人均可支配收入,城市居民人均教育文化娱乐服务消费支出,第三产业就业人数占全部就业人数的比重,城市居民家庭人均消费性支出,城市居民人均家庭设备用品及服务消费支出,城市居民人均交通通信消费支出,城市居民人均医疗保健消费支出,公路运输客运量,第三产业占地区生产总值比重,城市化率,国家4A级及以上景区数量,公园个数,城镇居民家庭恩格尔系数,城市(建成区)绿化覆盖率,剧场、影剧院个数,公园绿地面积,社会消费品零售总额,城市居民消费价格指数(以上一年为100),地区生产总值,住宿和餐饮业零售总额,公共汽车、电车客运量,批发、零售、住宿和餐饮业从业人数,限额以上批发、零售、住宿和餐饮业企业个数。

从横向指标来看,黄山各个指标在41个城市中的排名主要集中在中等及中等以下水平。其中,在41个城市中排名前十的有城市(建成区)绿化覆盖率(第1名),城市居民消费价格指数(以上一年为100)(第2名),入境旅游人数(第2名),国家重点文物保护单位数量(第3名),第三产业占地区生产总值比重(第5名)等13个。中等水平的指标有城市绿地面积(第 11 名)、国内旅游人数(第 14 名)、星级饭店数量(第 19 名)、每百人公共图书馆藏书(第 22 名)、第三产业就业人数占全部就业人数的比重(第 25 名)、公路运输客运量(第 26 名)、公园个数(第 29 名)、城市居民人均家庭设备用品及服务消费支出(第 29 名)、城市居民人均可支配收入(第 29 名)、国家荣誉称号数(第 30 名)、城市居民人均教育文化娱乐服务消费支出(第 31 名)、城市居民家庭人均消费性支出(第 31 名)、住宿和餐饮业零售总额(第 31 名)等 13 个。排名在后十位,处于中等水平以下的指标有城镇居民家庭恩格尔系数(第 32 名)、国家 4A 级及以上景区数量(第 33 名)、人均地区生产总值(第 33 名)、公共汽车、电车客运量(第 33 名)、城市居民人均交通通信消费支出(第 33 名)、剧场、影剧院个数(第 35 名)、城市化率(第 36 名)、公园绿地面积(第 36 名)、批发、零售、住宿和餐饮业从业人数(第 36 名)、城市居民人均医疗保健消费支出(第 37 名)、限额以上批发、零售、住宿和餐饮业企业个数(第 37 名)、社会消费品零售总额(第 38 名)、地区生产总值(第 41 名)等 13 个。见图 4 - 40。

综合以上数据可以得出,黄山在城市休闲化发展进程中表现较弱的指标有地区生产总值、生态环境建设、住宿餐饮业等零售规模、交通客运规模等方面。虽然黄山自然风景独特,吸引力强,旅游业发展状况较为可观,但是休闲娱乐供给产品结构层次单一,无法满足居民和游客休闲消费需求,此外黄山在生态环境建设、交通通达性等方面需进一步改进。

六、池州

池州,安徽省地级市,长江三角洲中心区 27 城之一,是长江流域重要的滨江港口城市、全国双拥模范城市、国家森林城市。有"中国戏剧活化石"贵池傩戏、"京剧鼻祖"青阳腔和东至花灯等一批国家级非物质文化遗产和源远流长的佛教文化、茶文化,又素以生态闻名,有"天然大氧吧"之称。

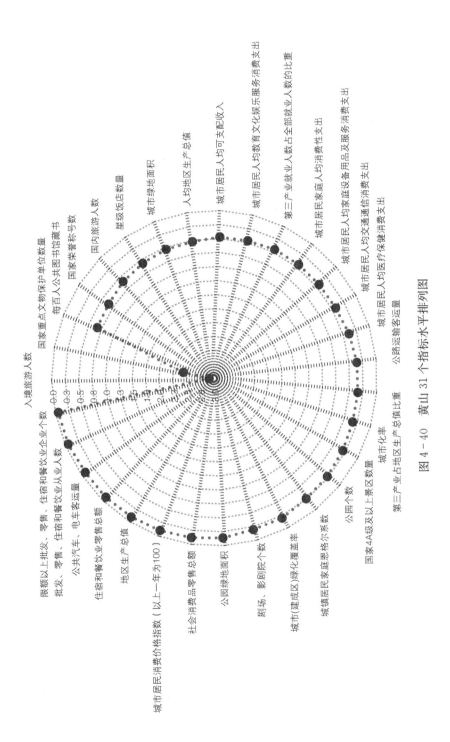

图 4 - 40　黄山 31 个指标水平排列图

从数据分析可以看出,池州 31 个指标水平值区间在 0～1 之间,均值水平是 0.279。高于均值水平的指标有 16 个,占指标总数的 51.6%,主要有国家 4A 级及以上景区数量,国家重点文物保护单位数量,国内旅游人数,人均地区生产总值,城市居民人均医疗保健消费支出,城市居民人均教育文化娱乐服务消费支出,城市居民人均交通通信消费支出,城市居民人均可支配收入,城市居民家庭人均消费性支出,第三产业就业人数占全部就业人数的比重,城市居民人均家庭设备用品及服务消费支出,星级饭店数量,城市化率,国家荣誉称号数,每百人公共图书馆藏书,公园个数。其中指标水平值最高的是国家 4A 级及以上景区数量(0.683),国家重点文物保护单位数量(0.595)。从高于均值水平的指标可以看出,池州在城市休闲化进程中表现较好的指标有旅游接待规模、各项人均休闲消费水平、休闲文娱设施规模等,其直接原因是池州人口规模较小,且环境优美,生态优良,是安徽省旅游资源最集中、品味最高的"两山一湖"区域的重要组成部分,城市休闲产品供给状况与休闲消费需求有一定的配适度。见图 4 - 41。

低于均值水平的指标有 15 个,占指标总数的 48.4%,主要有第三产业占地区生产总值比重,城镇居民家庭恩格尔系数,城市(建成区)绿化覆盖率,公园绿地面积,公路运输客运量,社会消费品零售总额,城市居民消费价格指数(以上一年为 100),地区生产总值,剧场、影剧院个数,城市绿地面积,限额以上批发、零售、住宿和餐饮业企业个数,批发、零售、住宿和餐饮业从业人数,入境旅游人数,住宿和餐饮业零售总额,公共汽车、电车客运量。

从横向指标来看,池州各个指标在 41 个城市中的排名主要集中在中等水平以下。其中,在 41 个城市中排名前十的指标有城市居民消费价格指数(以上一年为 100)(第 2 名)和城市(建成区)绿化覆盖率(第 8 名)。中等水平的指标有国家 4A 级及以上景区数量(第 15 名),国家重点文物

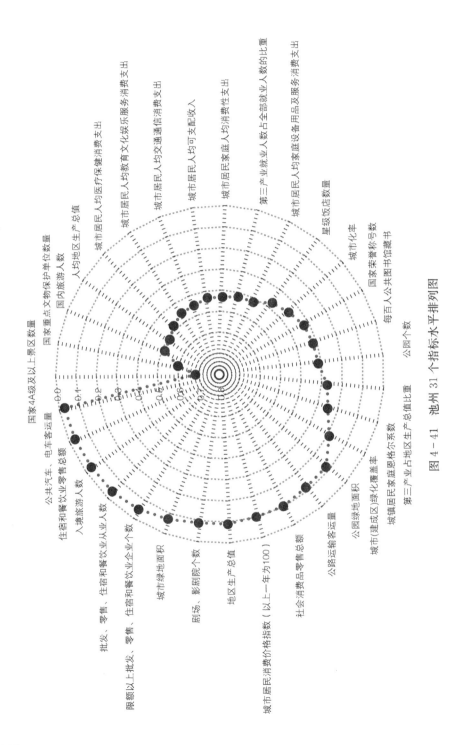

图 4 - 41 池州 31 个指标水平排列图

保护单位数量(第 20 名),国内旅游人数(第 21 名),城市居民人均医疗保健消费支出(第 24 名),公园个数(第 25 名),星级饭店数量(第 27 名),城市居民人均家庭设备用品及服务消费支出(第 31 名),第三产业就业人数占全部就业人数的比重(第 31 名)等 8 个。排名在后十位,处于中等水平以下的指标有城市居民人均教育文化娱乐服务消费支出(第 32 名),国家荣誉称号数(第 34 名),人均地区生产总值(第 34 名),城市化率(第 34 名),城市居民人均交通通信消费支出(第 34 名),每百人公共图书馆藏书(第 35 名),第三产业占地区生产总值比重(第 35 名),城市居民家庭人均消费性支出(第 35 名),入境旅游人数(第 35 名),城市居民人均可支配收入(第 36 名),城镇居民家庭恩格尔系数(第 36 名),城市绿地面积(第 40 名),住宿和餐饮业零售总额(第 40 名),限额以上批发、零售、住宿和餐饮业企业个数(第 40 名),公园绿地面积(第 40 名),批发、零售、住宿和餐饮业从业人数(第 40 名),地区生产总值(第 40 名),社会消费品零售总额(第 40 名),公共汽车、电车客运量(第 41 名),公路运输客运量(第 41 名),剧场、影剧院个数(第 41 名)等 21 个。

综合以上数据可以得出,池州在城市休闲化发展进程中表现较弱的指标有住宿餐饮业规模、交通客运规模、文化设施建设等方面。这说明池州在住宿餐饮业、交通体系和城市自然生态环境等配套设施的建设尚需进一步完善,进一步满足居民精神文化休闲方面的需要。

第三部分

专题研究

第五章 如何打造三亚邮轮旅游目的地

——岸上观光产品规划视角

第一节 绪 论

一、研究背景

作为海南统筹区域协调发展"三极一带一区"的重要一极,三亚在海南省改革开放和经济发展中发挥着重要作用[1]。三亚是中国唯一的国际化热带滨海旅游城市,是世界一流海岛休闲度假旅游目的地的重要组成部分,更是国际经济合作与文化交流的重要平台,具有得天独厚的地缘优势、港口优势、资源优势、交通优势和人文优势。

近年来,随着旅游产业占比的不断上升,邮轮旅游业发展迅速,已成为旅游业中较有活力、盈利能力较强的产业[2]。从邮轮产品的总体属性来看,邮轮旅游主要包括船上活动和岸上旅游活动[3],而邮轮航线的吸引力很大程度上取决于岸上产品的供给情况,全面提升港口岸上产品的质量、数量是全面提升邮轮产品吸引力的关键[4]。

三亚发展邮轮旅游具有独特的自然地理优势和政府政策优势[5],但目前三亚邮轮旅游的发展还存在着邮轮航线单一、岸上旅游活动开发不足等问题[6]。三亚邮轮市场发展潜力巨大,对邮轮岸上旅游产品的深入挖掘能够引发三亚旅游的新热点和三亚邮轮产业的持续发展。从邮轮港口建设来看,三亚在注重始发港和母港建设发展的同时,还要重视挂靠港的建设发展,努力提升岸上旅游产品的吸引力和景点质量。从岸上旅游活动规划来看,岸上旅游资源的可达性至关重要,这决定了邮轮岸上旅游活动在时间方面的可行性。为此,本研究以三亚凤凰岛国际邮轮港为例,基于三亚游客偏好、岸上旅游资源空间分布、景点评分与热度、景点可达性、停留时间、线路主题性等因素,规划出较为合理且具有吸引力的三亚岸上旅游活动线路,提升三亚岸上旅游资源的综合竞争力以及邮轮岸上旅游活动的吸引力,为邮轮港口城市岸上旅游资源开发与旅游产品规划提供借鉴。

二、文献综述

在三亚旅游资源的相关研究上,尹丽等人提出三亚旅游资源主要吸引物是以滨海景观为主体的海湾景点和自然景观[7];耿松涛等人提出三亚以观光度假旅游产品为主[8];汪晓春等人提出三亚旅游资源相较于海南其他城市旅游资源更加有优势、吸引力更强[9]。官俊宏在对三亚的海洋旅游发展现状研究时,发现三亚旅游产品存在诸如旅游纪念品缺乏地域特色、缺乏城市品牌形象和文化内涵等问题[10]。王欣欣等人对游客到三亚旅游的决策影响因素进行研究,提出三亚高质量的旅游接待能力、齐全的公共服务配套设施、四通八达的交通较大影响游客旅游决策[11]。

在邮轮岸上产品研究方面,Teye 等认为除了交通、住宿、餐饮、船上娱乐外,涉及城市观光、潜水等项目的停靠港口岸上游览活动也是邮轮产品的重要组成部分[3]。但由于邮轮停靠时间有限,岸上旅游活动产品也有一定的时间限制。孙晓东等人提出从邮轮岸上产品活动时间来看,国际邮轮旅游岸上产品的时间花费一般在 3 小时至 5 小时之间[4],平均持续时间为 4.73 小时,99.3％的岸上产品持续时间在 14 小时之内[12]。何梦艳等人在其对邮轮旅游体验感知研究中提出岸上行程是邮轮旅游中唯一负面评价高于正面评价的活动,主要源于岸上时间短、安排不合理等[13]。所以在有限的岸上游览时间内,要提供给邮轮游客最佳的岸上产品体验,必须要了解游客三亚旅游感知、偏好及其他特点。但是在搜集文献时发现,在游客对三亚旅游资源偏好方面的研究上,文献比较匮乏。

随着网络技术的发达,游客可以在网络上发表旅游评价,分享旅游攻略,在线进行旅游相关的交流。阎有兵等人表示由于网络的匿名性等特点,游客在网络上交流时更易表达真实的情感和态度,所以随着网络数据采集技术的进步以及文本分析方法的日益成熟,结合文本数据挖掘游客特征、分析游客偏好行为已经成为趋势[14]。裘希等人通过网络文本数据对生态旅游游客特征及其消费偏好行为进行了研究[15]。谭红日等人基于网络文本分析了大连市旅游目的地形象感知[16]。赵春艳等人基于网络文本对影响游客满意度的因素进行了分析[17]。这些学者利用网络数据对游客情感进行了研究,在一定程度上增强了使用网络文本数据的可靠性和可行性。基于此,本研究拟通过采集三亚游客的网络游记,对游客旅游行为进行分析,进而得出游客对三亚旅游资源的偏好以及其他相关特征。

第二节　数据来源与研究方法

一、数据来源

本研究中的景点信息来源于三亚市旅游和文化广电体育局官方网站(http://lwj.sanya.gov.cn)公布的 A 级旅游景点名单以及携程旅行网公

布的相关热门景点(https://vacations.ctrip.com)。在此基础上,以携程上三亚各景点的评分和热度为依据,初步筛选出评分在 4.0 及以上且热度高于 5.0 的景点 55 处(如表 5-1 所示),其中包括蜈支洲岛、亚龙湾热带天堂森林公园、鹿回头风景区、南山文化旅游区等 11 个 A 级景区和后海村、百福岛、三亚千古情、椰梦长廊等 44 个热门未评级景点。同时以三亚四处著名湾区为划分依据,将这 55 处景点归为四块区域,分别为海棠湾、亚龙湾、大东海和三亚湾。

表 5-1　三亚热门景点信息

区域	景　点	级　别	评分	热度
海棠湾	蜈支洲岛	5A	4.6	9.6
	后海村	热门未评级	4.5	7.6
	三亚亚特兰蒂斯水世界	热门未评级	4.8	9.7
	三亚亚特兰蒂斯 C 秀	热门未评级	4.6	8.2
	三亚亚特兰蒂斯海豚小岛	热门未评级	4.9	6.5
	三亚国际免税城	热门未评级	4.3	7.2
	亚特兰蒂斯失落的空间水族馆	热门未评级	4.4	9.3
	皇后湾	热门未评级	4.4	5.4
	三亚海昌梦幻海洋不夜城	热门未评级	4.3	7.6
	水稻国家公园	4A	4.3	7.2
	海棠湾红树林动力滑翔伞飞行基地	热门未评级	4.6	5.0
	三亚海棠湾塔赫跳伞基地	热门未评级	5.0	6.6
	艇盟豪华游艇俱乐部	热门未评级	5.0	7.9
	法拉第游艇俱乐部	热门未评级	5.0	6.7

续　表

区域	景　　点	级　别	评分	热度
亚龙湾	亚龙湾热带天堂森林公园	4A	4.5	9.3
	百福岛	热门未评级	4.8	6.4
	亚龙湾国际玫瑰谷	3A	4.1	6.3
	亚龙湾海底世界	热门未评级	4.0	6.7
	太阳湾路	热门未评级	5.0	5.4
	百花谷商业街	热门未评级	4.1	6.1
	潜小猪龙仔岛	热门未评级	5.0	5.5
	亚龙湾珊瑚礁潜水	热门未评级	4.6	7.6
	亚龙湾爱立方滨海乐园	热门未评级	4.5	6.4
	秀都·魔幻	热门未评级	4.8	5.1
	鹿回头风景区	4A	4.6	8.5
	小东海	热门未评级	4.5	5.9
	半山半岛帆船港	热门未评级	4.5	5.9
	情人桥	热门未评级	4.6	5.2
大东海	第一市场	热门未评级	4.1	7.5
	三亚千古情	热门未评级	4.7	8.6
	凤凰岭海誓山盟景区	3A	4.6	7.2
	临春岭森林公园	热门未评级	4.6	7.2
	九级浪尾波冲浪俱乐部	热门未评级	4.9	6.4
	躁浪尾波冲浪俱乐部	热门未评级	5.0	6.4

续 表

区域	景 点	级 别	评分	热度
大东海	小猫钓鱼海钓俱乐部	热门未评级	4.9	5.8
	三亚游艇旅游中心	热门未评级	4.6	6.4
	三亚热带雨林广场	热门未评级	4.6	5.6
	大东海海水浴场	热门未评级	4.5	5.4
三亚湾	西岛	4A	4.4	8.6
	南山文化旅游区	5A	4.7	8.9
	大小洞天	5A	4.6	8.2
	天涯海角	4A	4.5	8.7
	三亚红色娘子军演艺公园	3A	4.9	6.3
	天涯镇(蓝白小镇)	热门未评级	4.0	6.4
	三亚湾红树林度假世界	热门未评级	4.6	6.3
	三亚红树林公园	热门未评级	4.9	5.4
	三亚丝路欢乐世界	热门未评级	4.9	6.3
	椰梦长廊	热门未评级	4.4	7.4
	三亚梦幻水上乐园	热门未评级	4.6	6.4
	三亚风情街	热门未评级	4.3	6.2
	半岭温泉	热门未评级	4.5	6.0
	三亚海洋探索世界	热门未评级	4.2	6.0
	海月广场	热门未评级	4.4	5.1
	三亚梦幻星空馆	热门未评级	4.5	5.1
	凤凰岛直升机基地	热门未评级	4.5	7.0

通过八爪鱼软件爬取了携程网站上 618 条有关三亚的热门游记,包括浏览数、喜欢数、游览时间、人均消费金额、结伴亲友、游记内容等信息,同时还抓取了皇家加勒比邮轮官网(www.royalcaribbean.com)在售的 3 295 条岸上旅游产品数据,包括产品类型、岸上游览时间、岸上消费金额等信息。从携程提供的三亚游记内容中可以分析出游客在三亚旅游的偏好;从皇家加勒比邮轮提供的岸上产品信息中可以计算获得游客在不同类型岸上产品上的平均花费时间和平均花费金额,为三亚岸上游览线路的时间安排、景点安排等提供参考。

二、研究方法

(一)内容分析法

内容分析法是对文本和其他符号进行测量、分析和推论的一种社会科学研究方法[18]。研究对象包括文本、图片以及其他符号,通过对材料的分析能够客观揭示各事物之间发展的联系。在目前学术研究过程中,内容分析法常与社会网络分析方法结合使用。语义网络分析图由节点和连接节点的弧两部分构成,节点表示事物、状态、情绪等,弧表示其之间的语义联系关系[19]。通过观察社会网络分析图中节点与节点之间连线,连线之间连接的紧密程度,可以得到三亚旅游的内部结构。本研究使用 ROST Content Mining 6.0 软件作为工具对从携程所采集到的三亚游记文本数据进行分析。

(二)可达性分析

为便于直观地比较三亚岸上各旅游景点的可达性水平,进一步筛选出可达性较高的景点,从而提高游客的游旅比[20](游旅比是旅游行程逗留时间与交通时耗的比值,用公式表示为 $R = T_b / T_a$,其中 R 为游旅比,

T_a 为旅游线路中的交通时间，T_b 为旅游线路中的游览时间），通过计算可达性系数对 55 个景点的通行时间进行归一化处理。各景点的平均通行时间主要参考高德地图中采用驾车方式时所用的最短时间，起始点为三亚凤凰岛国际邮轮港，终点为各个岸上旅游景点。可达性系数为单个景点平均可达时间与区域内 55 个旅游景点通行时间的平均值之比，公式如下。

$$A_i' = A_i / \left(\sum_{i=1}^{n} A_i / n \right)$$

其中，A_i' 为景点 i 的可达性系数；A_i 为景点 i 的平均通行时间；n 为景点的总数。A_i' 值越小，表示景点 i 可达性越好，反之越差；$A_i' < 1$ 表明该景点可达性优于区域内景点可达性的平均水平；$A_i' = 1$ 表明该景点可达性与区域内景点可达性平均水平相同；$A_i' > 1$ 表明该景点可达性低于区域内景点可达性的平均水平。

3. 空间信息可视化

通过 ArcGIS 10.8 软件对三亚 55 处岸上热门景点的空间分布进行可视化处理，从而更能清晰地分析出三亚热门旅游景点的空间分布特征。

第三节 三亚邮轮旅游岸上产品旅游线路规划

一、三亚旅游产品热度：游客感知分析

三亚热门旅游资源种类较为丰富，为了进一步了解前往三亚游玩的游客行为以及游客对三亚热门旅游资源的偏好，本研究接下来使用 ROST Content Mining 6.0 软件对从携程所采集到的三亚游记文本数据

进行分析,从而更深入地了解游客对三亚旅游资源的情感偏好、行为特征等,为规划出更符合三亚游客需求的三亚邮轮岸上旅游路线做好铺垫。

（一）数据预处理

在进行数据分析之前,阅读整理每篇游记,将游记中的图片、网址、出行路线等不相关或者无意义语句进行删除;将字数低于 500 的游记进行删除,共得到 618 篇游记,共计 657 万字左右。由于游记篇幅较长,为保证所分析游记的精华性,在数据处理时又对剩余游记进行筛选,以游记的浏览量为关键字进行降序排序,提取浏览量超过 5 000 的游记 389 篇,共计 305 万字左右。

在进行分词和提取词频时,考虑到游客表达习惯或者写作习惯有所不同,比如游客称呼"亚龙湾热带天堂森林公园"时,可能会写作"亚龙湾天堂森林公园""天堂森林公园"等,为了统一景点名称和旅游活动,依次建立了自定义词表、归并词群表。并且在提取词频时对一些语气词和无实际意义的词进行了过滤,建立了过滤词表等。最后,将文本导入软件中,依次生成了高频词汇表、社会网络和语义网络分析图以及其他图表。

（二）游客行为特征分析

对精选出的 389 篇游记中的游客基本特征进行统计分析,其主要内容如表（表 5-2）。将游客基本特征分为出游季节、出游月份、出游天数、出游伙伴、人均划分五项内容。其中出游季节在冬季的游客占比为 33%,其次是夏季、秋季和春季。三亚旅游最受欢迎的旅游季节是冬季。在出游月份中,10 月、11 月、12 月出游人数较多,是出游的黄金月份。在出游天数中,选择出游时间为 5 天的人数最多,人数占比为 31%,选择 1~2 天游玩时间的游客比较少。在出游伙伴的选择上,有 46% 的人选择和朋友出游,7% 的人选择个人出游,占比最少。另外值得关注的一点是,选择家庭式出游也就是选择亲子和父母出游的人数也比较多,占比为 25%。在旅游人均花费中,85%的人均花费超过 3 000 元,其中人均花费在3 000～5 000 元的游客占比为 62%。

表 5-2 三亚游客基本行为特征描述统计表

出游月份	出游季节	出游天数	出游伙伴	人均花费/元
2 月:5%	春:17%	1 天:4%	夫妻:11%	3 000 以下:15%
3 月:5%		2 天:1%		
4 月:7%		3 天:16%	情侣:11%	
5 月:9%	夏:22%	4 天:19%		
6 月:6%		5 天:31%	父母:8%	3 000～5 000:62%
7 月:7%		6 天:13%		
8 月:8%	秋:28%	7 天:9%	亲子:17%	
9 月:9%				
10 月:11%		7 天以上:7%	个人:7%	5 001 以上:23%
11 月:12%	冬:33%			
12 月:13%			朋友:46%	
1 月:8%				

(三)旅游要素识别:词频分析

在词汇表中,选取了词汇频数排名前100的词汇(如表5-3所示),通过观察其中的词汇特点,可以将词汇类别分为旅游景点类、交通出行类、美食餐饮类、情感表达类、旅游活动类、自然资源类六个大类。在旅游景点方面出现频次较多的主要是以几大湾区和岛屿为主的词汇,依次是亚龙湾、三亚湾、海棠湾、蜈支洲岛、大东海等。在交通出行方面出现频次较多的词汇依次是凤凰机场、飞机、出租、步行。可见游客前往三亚大多是乘坐飞机于凤凰机场落地,其次在前往景点时可能多以出租车的方式出行,另外推测在沙滩或者海边时,多以步行为主。在美食餐饮方面出现较多的词汇是海鲜、椰子、水果、豆腐、文昌鸡等。三亚是热门海滨旅游城市,海鲜是一大特色;另外由于三亚的热带气候,当地盛产椰子等水果,游客热衷品尝用椰子等做成的美食;文昌鸡出现频次也较多,虽是文昌特产,但在三亚也广受游客青睐。在游客心理感受方面出现频次较多的是特色、方便、美丽、丰富、超级、美好、热情、可爱、自由等。可见游客到三亚旅游感受最多也是极为关注的点就是特色,另外三亚完备的基础设施、丰富的旅游资源也极大提升了游客的出游体验,使游客对三亚旅游产生正面的评价。在旅游活动方面出现频次较多的词汇依次是拍照、购物、潜水、冲浪、吃饭、表演、观光、电影等。三亚知名景点较多,也是诸多网红、情侣及其他游客热衷的拍照打卡地;其次是购物,三亚的离岛免税政策以及限购额度放宽之后,三亚更是成为广大游客的购物天堂;潜水和冲浪等体验型项目以及三亚完备的海上活动设备对于游客来说有很强的吸引力。在自然资源方面,游客提及频数较多的词汇依次是沙滩、大海、海水、海洋、阳光、海湾、海岛、海风、海浪、沙子等。众所周知,三亚作为知名滨海旅游城市,在滨海旅游资源上具有得天独厚的优势,阳光、海水、沙滩更是三亚城市旅游形象的名片,这也是到三亚游客体验滨海旅游的原因之一。

表5-3　三亚旅游高频词汇表

序号	词汇	频数	序号	词汇	频数	序号	词汇	频数
1	三　亚	9 332	4	亚龙湾	2 898	7	沙　滩	1 960
2	酒店	7 230	5	海　南	2 794	8	度　假	1 847
3	海　鲜	3 456	6	景　点	2 269	9	旅　游	1 829

序号	词汇	频数	序号	词汇	频数	序号	词汇	频数
10	椰子	1 626	31	美丽	633	52	网上	419
11	三亚湾	1 318	32	海洋	626	53	建筑	409
12	海棠湾	1 284	33	天涯海角	604	54	南海观音	388
13	拍照	1 218	34	潜水	603	55	超级	387
14	蜈支洲岛	1 189	35	阳光	601	56	西岛	384
15	大东海	1 106	36	感受	595	57	海湾	383
16	特色	1 068	37	自然	574	58	海岛	382
17	海边	1 031	38	风景	565	59	阳台	376
18	水果	944	39	自助	563	60	公园	373
19	热带	925	40	海口	559	61	海风	362
20	购物	878	41	海上	556	62	南山	361
21	大海	836	42	飞机	551	63	冲浪	358
22	海水	834	43	丰富	549	64	蓝天	350
23	海景	821	44	免税城	503	65	第一次	341
24	方便	814	45	豆腐	485	66	吃饭	335
25	广场	738	46	美味	471	67	表演	331
26	新鲜	721	47	文化	450	68	椰梦长廊	327
27	门票	711	48	风格	445	69	豪华	322
28	下午	703	49	亚特兰蒂斯	442	70	美好	319
29	鹿回头	695	50	天气	431	71	海浪	319
30	免费	650	51	凤凰	422	72	文昌鸡	314

续 表

序号	词汇	频数	序号	词汇	频数	序号	词汇	频数
73	南山景区	302	83	观 光	263	93	出 门	238
74	出 租	301	84	人小洞天	262	94	心 情	238
75	蓝 色	297	85	招 牌	261	95	爱 情	236
76	小朋友	290	86	老 板	259	96	电 影	229
77	步 行	278	87	可 爱	258	97	自 由	228
78	景 色	274	88	精 致	257	98	沙 子	224
79	天 空	272	89	家 庭	253	99	动 物	222
80	热 情	270	90	分界洲岛	251	100	傍 晚	217
81	消 费	269	91	天 涯	246			
82	私 人	264	92	安 静	242			

（四）旅游要素关系：语义网络分析

在词频分析的基础上，得出三亚游客在旅游过程中提及频次较多的词汇，但是无法得知这些词汇之间存在怎样的结构关联。所以为了进一步挖掘高频词汇之间的关联，以及对本研究内容进行更加精准的分析，本研究将游记的文本文档导入 ROST Content Mining 6.0 软件中，进行语义网络和社会网络分析，得出下图（图 5-1）。将该图分为四层内容，分别是核心层、次核心层、次外围层、外围层。

分析结果表明，核心层词汇出现了三亚、酒店、亚龙湾、三亚湾、海棠湾、大东海、度假、沙滩。从核心层词汇的共现关系来看，三亚和度假的共现频次较高，表明三亚作为知名度假胜地的旅游形象已经深入人心。另外，三亚与亚龙湾、三亚湾、大东海共同出现的频次也较多，表明亚龙湾、

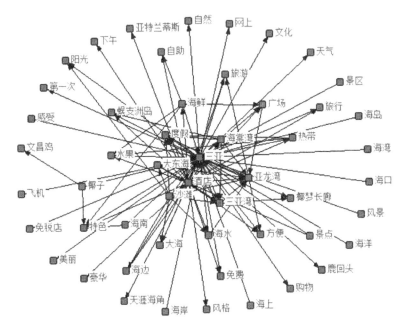

图 5-1　三亚旅游高频词汇语义网络图

海棠湾、三亚湾、大东海则形成了三亚旅游的名片。除此之外,沙滩与亚龙湾、三亚湾、大东海等词汇共现频次较高,可见,几大湾区的沙滩资源受到游客较多的关注,但是值得关注的一点是沙滩并没有与海棠湾共同出现,也从侧面表现出,海棠湾在沙滩产品的打造上可能略有不足。酒店与三亚、度假、亚龙湾共现次数较高;同时酒店与方便、景点、风格、豪华、特色等词汇的直接关联度也较高,这表明对三亚过夜游客来说,酒店的住宿体验极大关乎旅游体验,游客在选择酒店的过程中以方便为主,特别是注重酒店与景点之间的方便程度;另外游客也比较注重酒店的装修风格,以有特色为主;前面游客特征描述中提到,游客人均花费超过 3 001 元的达到 85%,可见在酒店选择上可能有不少游客会选择豪华酒店入住。

在次核心词汇上出现了蜈支洲岛、水果、热带、海水、广场、海鲜、方便、椰梦长廊,这些词汇对核心层的内容进行了进一步拓展。从共现关系来看,次核心词汇与核心词汇之间关系较为紧密,其中蜈支洲岛和三亚、海棠湾、酒店共现频次较多,表明游客出游时,可能直接从酒店出发前往蜈支洲岛,在蜈支洲岛这条旅游路线的规划上常与海棠湾景区景点相关联。另外,海水与三亚、亚龙湾共现频次较高;表明海水在三亚的自然资源中比较重要,且亚龙湾与其他几大湾区的滨海自然资源相比,更加突出;热带与三亚、水果、度假之间关系比较紧密,表明三亚独特的热带海洋性季风气候让三亚旅游体验更具特色;广场与亚龙湾、海鲜之间联系比较紧密,共现次数较多,表明亚龙湾广场、海月广场、大东海广场等广场类观光游览资源受游客关注较多;其次海鲜是滨海旅游特色美食之一,售卖和加工海鲜类的广场也是游客必到的场所之一。方便与酒店、三亚、亚龙湾之间共现频次较高,但是与三亚湾、海棠湾、大东海、蜈支洲岛等湾区和岛屿之间并没有共现,可见这个旅游景点没有让游客体会到方便之处,在旅游路线和交通设施的规划和建设上,还需要不断加强。椰梦长廊与三亚、三亚湾之间的共现频次较高,表明椰梦长廊对于游客来说,在游客三亚旅行感知地位中比较突出,并且椰梦长廊常与三亚湾景区路线相关联。

在次外围词汇中出现了特色、免费、椰子、自助、阳光、海边等词汇。在共现关系中,可以看出特色与海鲜、椰子、阳光、酒店、海南等同时出现的频次较高,表明游客在三亚的旅游体验中比较关注美食、酒店和自然资源方面的特色,除此之外,阳光、海边、大海等词汇与核心层次词汇沙滩的共现也频次较高,表明,在游客选择滩地型景观时,比较注重自然风光的享受,但同时出游体验也受到天气的影响。其次,自助与酒店和海鲜的共现频次也较高,即在品尝海鲜美食过程中多以自助为主,在酒店餐饮方面也是多以自助餐为主。

外围词汇中出现了鹿回头、天涯海角、亚特兰蒂斯、免税店、购物、第一次、网上、飞机、美丽、下午、海岸、海岛、豪华、风格、风景等。虽然这些词汇之间并没有共同出现,但是这些词汇与核心词汇三亚、酒店多次共现,能够在一定程度上表明游客的旅游行为、感知和偏好。三亚和第一次、网上多次共现,表明不少游客是初次来三亚旅游,且在进行旅游活动之前多在网上查找信息或进行订购;三亚与免税店、购物多次共现,表明游客到三亚的旅游动机之一是去免税店进行购物,所以在旅游路线的规划设计过程中,免税店可以进行着重考虑;其次美丽、海岸、海岛、风景、自然、文化等词汇也多次与三亚共同出现,表明游客对于三亚的整体印象比较好,游客到三亚旅游不仅是为了品尝美食、欣赏风景,对文化体验方面的关注度也在增加;另外,酒店与下午多次共现,表明游客可能多在下午去欣赏海景、沙滩漫步,进行一系列的旅游活动。

综上所述,三亚是一个旅游资源丰富且极具特色的海滨旅游城市。根据上述分析得到游客到三亚旅游的动机、感知、偏好以及其他旅游活动特征,并且参照三亚热门旅游景点,对三亚岸上旅游资源进行划分。在地文景观类资源中,主要以滩地型景观为主,代表旅游资源有亚龙湾、三亚湾、海棠湾、大东海、椰梦长廊、天涯海角等;其次是岛区类资源,代表旅游资源有蜈支洲岛、凤凰岛、西岛等。在建筑设施类资源中,主要以景观林场为主,代表资源包括亚龙湾热带天堂森林公园、鹿回头公园;其次,以康体游乐休闲度假地为主,代表资源包括三亚亚特兰蒂斯水世界、三亚海昌梦幻海洋;另外,文化活动场所也受到不少游客的关注,其中代表资源有南山文化旅游区、三亚千古情;除此之外,还有不少游客比较关注免税购物,在这类资源中关注比较多的是特色店铺、市场,代表资源是三亚国际免税城、第一市场。最后注重体验感的游客也会偏好社会与商贸活动场所,代表资源包括凤凰岛直升机基地、亚龙湾珊瑚礁潜水、九级浪尾波冲浪俱乐部等。在旅游购物类资源上,游客比较偏好的是海鲜和水产品,其中代表资源主要有椰子、椰子制食品、文昌鸡等。在人文活动类资源上,游客关注比较多的资源是黎族"三月三",其次在现代节庆方面,代表资源主要是天涯海角国际婚庆节、世界小姐总决赛、三亚美食文化周等。

二、经验借鉴：国际邮轮港口岸上产品特征分析

邮轮岸上旅游产品规划与普通的旅游线路规划不同,要考虑到时间、消费、景点与邮轮港口之间的距离等等因素,因此首先需要对现有邮轮岸上旅游产品的特征进行分析,从而有针对性地进行规划。

皇家加勒比作为世界第二大邮轮公司,其邮轮产品涉及全球十余个目的地、超过四百个港口[12],航线已遍布全球,游客也来自全球各地。皇家加勒比是最早进入中国市场的邮轮品牌之一,也是目前在中国发展速度较快、市场占有率较高的邮轮品牌[21],因此其岸上旅游产品具有一定的代表性,产品特征具有一定的参考价值。

通过对皇家加勒比3 000 余个岸上产品分析发现,国际邮轮港口岸上观光产品类型主要分为冒险之旅(Active Adventures)、家庭之旅(Family Connections)、皇家挑战之旅(Royal Tour Challenge)、文化景观之旅(Culture And Sights)、烹饪乐趣(Culinary Delights)、探索之旅(Caring Discoveries)和多日冒险之旅(Multi-Day Adventures)等七大类(如表5-4所示),每个类型中包含多个旅游产品要素。其中,冒险之旅(62.50%)在产品数量上总体占比最高,说明冒险类的岸上旅游产品较多,侧面反映出这类产品较受游客欢迎,游客偏好具有刺激性的岸上旅游项目。这与Mahadevan 和 Chang 的研究结果一致,他们通过选择实验法分析得出大部分邮轮游客都是新奇事物的爱好者,会寻求与现状不同的体验,甚至是追求一些刺激类项目的结论[22]。家庭之旅(19.24%)的占比相对文化景观之旅、烹饪乐趣来说也较高,这表明家庭类的岸上旅游体验项目也较受

欢迎。辛欣等人借助问卷和评论大数据情感倾向分析进行了邮轮游客的偏好分析,结果表明有一类邮轮游客出游的主要动机是陪伴家人,体验与家人一起游玩的感觉[23]。此外,岸上旅游产品多为一日旅游产品,多日产品占比不足1%。虽然多日行程安排为2~3天,但人均花费却是单日行程安排的8~9倍。这会在很大程度上削弱部分邮轮游客所感知到的邮轮旅游是物有所值的。而 Mahadevan 等人研究发现邮轮游客较为重视邮轮旅游是否物有所值[24]。因此,选择多日岸上旅游产品的游客较少。从平均游览时间来看,皇家加勒比在售的邮轮岸上旅游产品的游览时间多为4个小时左右,平均花费多为每人100美元左右。

表 5~4 皇家加勒比岸上产品基本信息

产品类型	岸上产品数量	岸上花费时间范围(小时)	岸上平均花费时间(小时)	岸上花费范围(USD)	岸上平均花费(USD)
冒险之旅	2 037	1.25~9	3.78	49.75~1 359	109.27
家庭之旅	627	1.5~6.5	4.09	49.75~339	99.86
皇家挑战之旅	11	2~4.5	3.59	65.75~129.75	94.18
文化景观之旅	300	1.25~5.5	4.73	33~219	101.64
烹饪乐趣	254	1.5~8.5	4.24	39.75~339	176.47
探索之旅	12	3.5~7.5	4.92	49~189	121.04
多日冒险之旅	18	8~71	38.03	369~1 995.75	898.28

根据皇家加勒比邮轮所有在售岸上产品的基本信息,同时结合其在各区域的热卖航线,归纳出大多数邮轮岸上旅游产品的整体特征,即岸上旅游产品行程多为一日游线路,时间通常安排在4~7个小时,线路大多涉及4个以内的旅游景点,交通、餐饮、购物、门票等岸上活动费用大概在

600 元人民币。因此三亚邮轮岸上旅游产品可以以规划 4～7 小时的一日线路为主,基本设计原则如表 5－5 所示。

表 5－5 岸上邮轮产品基本设计原则

线路类型	一日游线路
时间范围	4～7 小时
岸上目的地数量	4 个以内,2～4 个更佳
岸上目的地选择	热度和评分较高,可达性系数小于 1

三、资源开发可能性:岸上资源可达性分析

(一)岸上资源空间分布特征

利用 ArcGIS 10.8 对三亚 55 个岸上热门旅游景点的空间分布进行可视化处理,如图 5－2 所示。由于景点较多,为了使空间分布图更加清晰,故仅在图中标出部分旅游景区的名称。从图中可以看出三亚大部分热门旅游资源主要分布在沿海区域,而内地区域分布较少。三亚热门旅游资源空间分布虽然呈现出非均衡性的特征,但其沿海分布的特征较为有利于发展邮轮岸上旅游活动。

(二)岸上资源可达性分析

岸上旅游资源的可达性是规划邮轮岸上产品的重要考虑因素,为便于直观地比较三亚岸上各旅游景点的可达性水平,进一步筛选出可达性较高的景点,从而提高游客的旅游比,将 55 处岸上旅游景点按三亚的四大海湾区域进行划分,并计算相应的可达性系数。从表 5－6 中可以看出,区域内景点的平均可达时间约为 33 分钟,其中最快能到达的景点是凤凰岛直升机基地,空间可达性水平最高;最慢到达的景点是在三亚湾区域的

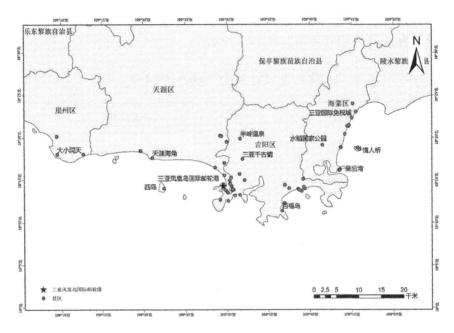

图5-2 热门旅游景点空间分布

大小洞天,空间可达性水平最低。虽然各个景点的可达性系数高低不一致,但53处景点的平均通行时间都在一个小时以内,仅有大小洞天的平均通行时间为62分钟、三亚海洋探索世界的平均通行时间为61分钟,且各区域景点分布较为集中,能够满足邮轮岸上活动2小时车程的常规范围。总体来看,海棠湾区域的景点可达性普遍都较低,大东海区域的景点可达性普遍都较高。

表5-6 公路交通方式下三亚55个岸上景点的可达性系数

区域	景　　点	级　　别	A_i/min	A_i'
海棠湾	蜈支洲岛	5A	55	1.65
	后海村	热门未评级	55	1.65
	三亚亚特兰蒂斯水世界	热门未评级	51	1.53

续 表

区域	景　　点	级　　别	A_i/min	A_i'
海棠湾	三亚亚特兰蒂斯C秀	热门未评级	53	1.59
	三亚亚特兰蒂斯海豚小岛	热门未评级	54	1.62
	三亚国际免税城	热门未评级	50	1.50
	亚特兰蒂斯失落的空间水族馆	热门未评级	52	1.56
	皇后湾	热门未评级	54	1.62
	三亚海昌梦幻海洋不夜城	热门未评级	45	1.35
	水稻国家公园	4A	40	1.20
	海棠湾红树林动力滑翔伞飞行基地	热门未评级	50	1.50
	三亚海棠湾塔赫跳伞基地	热门未评级	51	1.53
	艇盟豪华游艇俱乐部	热门未评级	53	1.59
	法拉第游艇俱乐部	热门未评级	54	1.62
亚龙湾	亚龙湾热带天堂森林公园	4A	38	1.14
	百福岛	热门未评级	49	1.47
	亚龙湾国际玫瑰谷	3A	34	1.02
	亚龙湾海底世界	热门未评级	41	1.23
	太阳湾路	热门未评级	36	1.08
	百花谷商业街	热门未评级	38	1.14
	潜小猪龙仔岛	热门未评级	40	1.20
	亚龙湾珊瑚礁潜水	热门未评级	41	1.23
	亚龙湾爱立方滨海乐园	热门未评级	41	1.23
	秀都·魔幻	热门未评级	35	1.05

续 表

区域	景 点	级 别	A_i/min	A_i'
亚龙湾	鹿回头风景区	4A	17	0.51
	小东海	热门未评级	21	0.63
	半山半岛帆船港	热门未评级	22	0.66
	情人桥	热门未评级	9	0.27
大东海	第一市场	热门未评级	10	0.30
	三亚千古情	热门未评级	22	0.66
	凤凰岭海誓山盟景区	3A	16	0.48
	临春岭森林公园	热门未评级	15	0.45
	九级浪尾波冲浪俱乐部	热门未评级	14	0.42
	躁浪尾波冲浪俱乐部	热门未评级	13	0.39
	小猫钓鱼海钓俱乐部	热门未评级	16	0.48
	三亚游艇旅游中心	热门未评级	12	0.36
	三亚热带雨林广场	热门未评级	16	0.48
	大东海海水浴场	热门未评级	16	0.48
三亚湾	西岛	4A	34	1.02
	南山文化旅游区	5A	51	1.53
	大小洞天	5A	62	1.87
	天涯海角	4A	36	1.08
	三亚红色娘子军演艺公园	3A	32	0.96
	天涯镇(蓝白小镇)	热门未评级	43	1.29
	三亚湾红树林度假世界	热门未评级	24	0.72

区域	景　　点	级　　别	$A_i/\min$	A'_i
三 亚 湾	三亚红树林公园	热门未评级	17	0.51
	三亚丝路欢乐世界	热门未评级	31	0.93
	椰梦长廊	热门未评级	18	0.54
	三亚梦幻水上乐园	热门未评级	27	0.81
	三亚风情街	热门未评级	7	0.21
	半岭温泉	热门未评级	33	0.99
	三亚海洋探索世界	热门未评级	61	1.84
	海月广场	热门未评级	12	0.36
	三亚梦幻星空馆	热门未评级	7	0.21
	凤凰岛直升机基地	热门未评级	4	0.12

这 55 处景点的可达性系数处于 0.12～1.87 之间,极差值达 1.75,内部差距较为明显。其中,可达系数小于 1 的景点个数为 25 个,占比 45%,包括大东海区域的鹿回头风景区、小东海、半山半岛帆船港、情人桥、第一市场、三亚千古情等 14 个景点,三亚湾区域的椰梦长廊、三亚湾红树林度假世界、三亚红树林公园、三亚丝路欢乐世界、三亚红色娘子军演艺公园、三亚梦幻水上乐园等 11 个景点。该类景点适合规划半日左右的岸上旅游活动。可达性系数大于 1 的景点个数为 30,占比 55%,包括海棠湾区域的蜈支洲岛、后海村、三亚亚特兰蒂斯水世界、水稻国家公园、海棠湾红树林动力滑翔伞飞行基地等 14 个景点;亚龙湾区域的百福岛、亚龙湾国际玫瑰谷、亚龙湾海底世界等 10 个景点;三亚湾区域的西岛、南山文化旅游区、大小洞天、天涯海角等 6 个景点。显然,这类景点适合规划一日或多

日岸上旅游活动。

四、线路规划：三亚邮轮旅游岸上产品设计

根据三亚旅游资源分类和岸上旅游资源的可达性系数,筛选出可达性系数小于1的旅游资源,尽量避免资源种类的重复。最后筛选出凤凰岛直升机基地、三亚风情街、三亚梦幻星空馆、情人桥、第一市场、海月广场、凤凰岭海誓山盟景区、大东海海水浴场、鹿回头风景区、三亚红树林公园、椰梦长廊、小东海、半山半岛帆船港、三亚千古情、三亚湾红树林度假世界、三亚梦幻水上乐园、三亚丝路欢乐世界等17个旅游景点。从游客前往三亚游玩的行为特征分析中可以看出,游客喜欢与家人、朋友一起旅行。因此,分别从与父母、孩子出行的家庭之旅,夫妻、情侣一起出行的浪漫之旅,与朋友出行的体验之旅的角度出发,规划出8条主题线路(如表5-7所示),构建三亚岸上旅游资源体系。

表 5 - 7　不同主题下 8 条岸上旅游线路信息

家庭之旅(与父母)					
线路 1 三亚凤凰岛国际邮轮港→第一市场→大东海海水浴场→ 鹿回头风景区→三亚凤凰岛国际邮轮港　时间:6.5 小时					
起点名称	终点名称	景点停留时间	交通方式	交通时间	线路满意度
三亚凤凰岛国际邮轮港	第一市场	1.5 小时	大巴	去程:28 分钟	4.57
第一市场	大东海海水浴场	2 小时	大巴		
大东海海水浴场	鹿回头风景区	2 小时	大巴	回程:17 分钟	
鹿回头风景区	三亚凤凰岛国际邮轮港	—	大巴		

线路 2

三亚凤凰岛国际邮轮港→第一市场→海月广场→三亚千古情→
三亚凤凰岛国际邮轮港　时间：6.0 小时

起点名称	终点名称	景点停留时间	交通方式	交通时间	线路满意度
三亚凤凰岛国际邮轮港	第一市场	1.5 小时	大巴	去程：43 分钟	
第一市场	海月广场	1 小时	大巴		4.40
海月广场	三亚千古情	1.5 小时	大巴	回程：22 分钟	
三亚千古情	三亚凤凰岛国际邮轮港	—	大巴		

家庭之旅（与孩子）

线路 1

三亚凤凰岛国际邮轮港→海月广场→三亚丝路欢乐世界→
三亚凤凰岛国际邮轮港　时间：5.0 小时

起点名称	终点名称	景点停留时间	交通方式	交通时间	线路满意度
三亚凤凰岛国际邮轮港	海月广场	1 小时	大巴	去程：36 分钟	
海月广场	三亚丝路欢乐世界	2.5 小时	大巴		4.65
三亚丝路欢乐世界	三亚凤凰岛国际邮轮港	—	大巴	回程：31 分钟	

线路 2

三亚凤凰岛国际邮轮港→三亚红树林公园→三亚湾红树林度假世界→
三亚凤凰岛国际邮轮港　时间：5.0 小时

起点名称	终点名称	景点停留时间	交通方式	交通时间	线路满意度
三亚凤凰岛国际邮轮港	三亚红树林公园	0.5 小时	大巴	去程：29 分钟	4.75
三亚红树林公园	三亚湾红树林度假世界	3 小时	大巴		
三亚湾红树林度假世界	三亚凤凰岛国际邮轮港	—	大巴	回程：24 分钟	

浪漫之旅(情侣、夫妻)

线路 1
三亚凤凰岛国际邮轮港→三亚风情街→情人桥→凤凰岭海誓山盟景区→
三亚凤凰岛国际邮轮港　时间：6.5 小时

起点名称	终点名称	景点停留时间	交通方式	交通时间	线路满意度
三亚凤凰岛国际邮轮港	三亚风情街	2.5 小时	大巴	去程：22 分钟	4.50
三亚风情街	情人桥	0.5 小时	步行		
情人桥	凤凰岭海誓山盟景区	2.5 小时	大巴	回程：16 分钟	
凤凰岭海誓山盟景区	三亚凤凰岛国际邮轮港	—	大巴		

线路 2
三亚凤凰岛国际邮轮港→鹿回头风景区→小东海→半山半岛帆船港→
三亚凤凰岛国际邮轮港　时间：7.0 小时

起点名称	终点名称	景点停留时间	交通方式	交通时间	线路满意度
三亚凤凰岛国际邮轮港	鹿回头风景区	3 小时	大巴	去程：32 分钟	4.53

续　表

起点名称	终点名称	景点停留时间	交通方式	交通时间	线路满意度
鹿回头风景区	小东海	2小时	大巴	去程：32分钟	
小东海	半山半岛帆船港	0.5小时	大巴	回程：22分钟	4.53
半山半岛帆船港	三亚凤凰岛国际邮轮港	—	大巴		

休闲之旅（与朋友）

线路1
三亚凤凰岛国际邮轮港→凤凰岛直升机基地→三亚风情街→
鹿回头风景区→三亚凤凰岛国际邮轮港　时间：6.5小时

起点名称	终点名称	景点停留时间	交通方式	交通时间	线路满意度
三亚凤凰岛国际邮轮港	凤凰岛直升机基地	1.5小时	大巴	去程：24分钟	
凤凰岛直升机基地	三亚风情街	1.5小时	步行		4.47
三亚风情街	鹿回头风景区	2.5小时	大巴		
鹿回头风景区	三亚凤凰岛国际邮轮港	—	大巴	回程：17分钟	

线路2
三亚凤凰岛国际邮轮港→三亚梦幻星空馆→三亚梦幻水上乐园→
椰梦长廊→三亚凤凰岛国际邮轮港　时间：7.0小时

起点名称	终点名称	景点停留时间	交通方式	交通时间	线路满意度
三亚凤凰岛国际邮轮港	三亚梦幻星空馆	2小时	大巴	去程：55分钟	4.50

续　表

起点名称	终点名称	景点停留时间	交通方式	交通时间	线路满意度
三亚梦幻星空馆	三亚梦幻水上乐园	3 小时	大巴	去程: 55 分钟	
三亚梦幻水上乐园	椰梦长廊	0.5 小时	大巴	回程: 27 分钟	4.50
椰梦长廊	三亚凤凰岛国际邮轮港	—	大巴		

与父母出行的家庭之旅包括两条线路: ① 第一市场→大东海海水浴场→鹿回头风景区; ② 第一市场→海月广场→三亚千古情。这两条线路中含有三亚特色市场第一市场,可以带父母逛三亚的集市,购买水果、海鲜等;大东海海水浴场可以给父母带来沙滩海水的独特体验;海月广场具有一定的生活气息,傍晚会有不少人在广场上跳舞散步,可以让父母在这里获得休闲的感受;三亚千古情景区具有丰富的文化内涵,父母在这里可以体验到三亚深厚的文化。

与孩子出行的家庭之旅包括: ① 海月广场→三亚丝路欢乐世界; ② 三亚红树林公园→三亚湾红树林度假世界。海月广场和三亚红树林公园可以让孩子体验到三亚的自然风光,而三亚丝路欢乐世界和三亚湾红树林度假世界可以让孩子游玩各种娱乐项目,乐园里面的许多娱乐设施都适合亲子游戏。

情侣或夫妻一起的浪漫之旅包括: ① 三亚风情街→情人桥→凤凰岭海誓山盟景区; ② 鹿回头风景区→小东海→半山半岛帆船港。浪漫之旅的两条线路安排的情人桥、凤凰岭海誓山盟景区、鹿回头风景区都是拥有爱情传说和典故的旅游资源,适合情侣一起前往。小东海可以满足游客前往三亚享受沙滩的旅游需求,半山半岛帆船港比较适合情侣一起拍照打卡。

　　与朋友一起的体验之旅包括：① 凤凰岛直升机基地→三亚风情街→鹿回头风景区；② 三亚梦幻星空馆→三亚梦幻水上乐园→椰梦长廊。在凤凰岛直升机基地、三亚梦幻水上乐园可以体验到直升机带来的独特体验以及各种各样刺激的水上项目，适合朋友一起游玩；三亚风情街可供朋友一起吃饭玩耍；鹿回头风景区、三亚梦幻星空馆适合朋友一起拍照打卡。

　　此外，在可达性系数大于1的景点中，有不少是热度和评分都很高的热门旅游资源。筛选热度高于8.0且可达性系数大于1的景点可以得到亚龙湾热带天堂森林公园、亚特兰蒂斯失落的空间水族馆、亚特兰蒂斯C秀、亚特兰蒂斯海豚小岛、三亚国际免税城、天涯海角、南山文化旅游区、大小洞天、蜈支洲岛和西岛。其中亚特兰蒂斯失落的空间水族馆、亚特兰蒂斯C秀、亚特兰蒂斯海豚小岛都位于三亚亚特兰蒂斯度假区。为了满足游客想要前往这些景区游玩的需求，单独设计出四条特色旅游线路：① 三亚凤凰岛国际邮轮港→亚龙湾热带天堂森林公园→亚特兰蒂斯度假区→三亚国际免税城；② 三亚凤凰岛国际邮轮港→天涯海角→南山文化旅游区→大小洞天；③ 三亚凤凰岛国际邮轮港→蜈支洲岛；④ 三亚凤凰岛国际邮轮港→西岛。游客可前往这些线路里的任何一处景点游玩，到了固定的时间跟随前来接客的大巴回到三亚凤凰岛国际邮轮港即可。

第四节　建议与结论

一、建议

（一）积极与国内国际港口展开合作

在航线拓展上，三亚应积极发挥地理位置优越、基础设施完备、通关政策方便、风光气候宜人、岸上观光产品丰富等优势,打造成为极具吸引力的邮轮码头。具体做法:一、积极联合国内城市港口,主要与沿海城市深圳、广州、厦门、上海、天津、大连,包括香港、澳门、台湾在内的城市,进行资源区分;与具有特色优势的城市港口进行宣传和销售等方面的捆绑合作;二、稳步打通国际港口,加强与"亚洲邮轮之都"新加坡达成战略合作,由点到线,逐步提高知名度;进而与更多的东南亚、东北亚国家达成战略合作,吸引更多游客入境旅游。

（二）提高可达性较高的岸上旅游资源质量

通过分析三亚知名旅游景点分布位置,发现三亚知名度较高的景区主要分布在海棠湾、亚龙湾以及三亚湾距离凤凰岛邮轮码头比较远的区域,距离凤凰岛邮轮码头比较近的三亚湾和大东海所分布的景点知名度则相对低些,A级景点也较少。在一定程度上说明,景点质量有待提高。为了更大限度地利用三亚的旅游资源,则需要针对性地提升三亚湾和大东海区域旅游资源吸引力,改善景点质量。

（三）改善路网交通系统

三亚热度高的景点比较分散,从凤凰岛邮轮港到达高热度旅游景点的时间均在一个小时左右。所以加强邮轮港到热门景点的可达性尤为重要,特别是陆路和水路系统网的密切结合。打造以凤凰岛港为中心,能够辐射至四周高热度旅游景点的快速直达交通圈,以便能够使游客快速前往亚特兰蒂斯水世界、蜈支洲岛、亚龙湾热带天堂森林公园、南山文化旅游区等高热度旅游景点,提高游客满意度。

（四）加强多类型旅游资源宣传

在游客对三亚旅游资源偏好的分析中可看出,游客对滩地型景观资源的偏好较高,但其他优质旅游资源对游客的吸引力不强。在旅游资源的宣传方面,虽然要以三亚的地缘优势为核心主打滩地型景观资源,但是也要加强多种类型优质旅游资源的宣传,如:三亚的黎苗槟榔谷等民族文化旅游资源、海角天涯等贬谪文化旅游资源、红色娘子军等红色文化旅游资源。

（五）加强热门景区旅游资源保护

距凤凰岛邮轮港较近的滩地型景观资源,主要是大东海、小东海、椰梦长廊,但是不少游客在游玩的过程中提出水质不佳等问题,降低了游客的体验感,这对于吸引入境游客来说,是极为不利的。而亚龙湾和海棠湾的水质较好,吸引了不少游客前往体验滩地型景观资源。所以三亚在大力发展旅游经济的同时,也要加强对旅游资源的保护,注重海水治理,加强自然资源保护。

二、结论与展望

本文以三亚凤凰岛国际邮轮港为例,采用文本分析、空间可视化等方法,探究了三亚游客的旅游偏好和行为特征、三亚岸上旅游资源的空间分布以及空间可达性,并基于旅游资源的评分、热度和可达性系数,规划了8条岸上主题旅游活动产品线路以及4条特色旅游线路。研究结果如下:

三亚55处热门旅游资源主要分布在沿海区域,呈集聚型分布;内陆区域分布较少,整体呈现出非均衡性的特征,但其沿海分布的特征较为有利于发展邮轮岸上旅游活动。三亚岸上旅游资源主要集中在亚龙湾、海棠湾、三亚湾、大东海四块区域。从游客对三亚岸上旅游资源的偏好来看,主要是滩地型景观、岛区、景观林场、康体游乐休闲度假地、文化活动场所、特色店铺、市场、商贸活动场所几大类。

通过考虑三亚游客偏好与行为特征、景点热度和评分、景点可达性、景点资源类型和景点停留时间等因素,最终为三亚凤凰岛国际邮轮港规划了 8 条岸上主题旅游活动产品,以及 4 条特色旅游线路。其中 8 条主题线路如下。

与父母出行的家庭之旅:① 第一市场→大东海海水浴场→鹿回头风景区;② 第一市场→海月广场→三亚千古情;与孩子出行的家庭之旅:① 海月广场→三亚丝路欢乐世界;② 三亚红树林公园→三亚湾红树林度假世界。

情侣或夫妻一起的浪漫之旅:① 三亚风情街→情人桥→凤凰岭海誓山盟景区;② 鹿回头风景区→小东海→半山半岛帆船港。

与朋友一起的体验之旅:① 凤凰岛直升机基地→三亚风情街→鹿回头风景区;② 三亚梦幻星空馆→三亚梦幻水上乐园→椰梦长廊。

4 条特色旅游线路包括:① 三亚凤凰岛国际邮轮港→亚龙湾热带天堂森林公园→亚特兰蒂斯度假区→三亚国际免税城;② 三亚凤凰岛国际邮轮港→天涯海角→南山文化旅游区→大小洞天;③ 三亚凤凰岛国际邮轮港→蜈支洲岛;④ 三亚凤凰岛国际邮轮港→西岛。

虽然本研究考虑了三亚游客偏好、旅游资源类型、旅游资源可达性等因素,但仍存在不足之处。

第一,只爬取了携程上的三亚游客游记数据。单一旅游 APP 上的游记数据并不能代表全部三亚游客的旅游偏好和旅游行为,以后的研究可以综合各类旅游网站的文本数据以及图片、视频等非结构化数据,从而更加准确地了解三亚游客的旅游偏好和行为特征。

第二,普通游客的三亚旅游偏好可能与邮轮游客的旅游偏好有所差异,仅以普通游客的偏好为依据来规划邮轮游客的岸上旅游活动,可能不一定能完全满足邮轮游客的岸上旅游需求。未来的研究可以针对邮轮游客的偏好需求和行为特征分析,总结出邮轮游客的岸上游览活动偏好和行为。

第三,仅以高德地图APP的实时交通规划时间为往返程交通时间依据,可能会由于实际交通路况的拥堵程度不同等情况,导致规划交通时间与实际可达性之间存在一定的差异。未来的研究可以将交通道路速度分为周末期间道路交通拥堵速度和工作日期间道路交通畅通速度,从而测算出往返程交通时间区间,更好地规划邮轮游客的三亚岸上旅游活动。

参考文献

[1] 郑红梅,申军.三亚建设现代化热带滨海城市优势凸显[N].消费日报,2022-05-16(A02).

[2] Xiaodong Sun, Xuegang Feng, Dinesh Gauri. The Cruise Industry in China: Efforts, Progress and Challenges [J]. International Journal of Hospitality Management, 2014,42：71-84.

[3] Teye V B, Leclerc D. Product and service delivery satisfaction among North American cruise passengers[J]. Tourism Management, 1998,19(2)：153-160.

[4] 孙晓东,武晓荣,冯学钢.邮轮航线设置的基本特征与规划要素研究[J].旅游学刊,2015,30(11)：111-121.

[5] 唐丽圆.三亚邮轮旅游的发展研究[J].旅游纵览(下半月),2018(24)：76+78.

[6] 裴盈盈.基于PEST的三亚邮轮旅游产业环境分析[J].经贸实践,2017(4)：148.

[7] 尹丽,颜欣,田良.基于网络文本分析的旅游目的地形象感知研究——以三亚市为例[J].特区经济,2019(1)：100-102.

[8] 耿松涛,薛建.海口与三亚旅游形象差异化研究[J].商业研究,2015(4)：183-186.

[9] 汪晓春,李江风,张祚.海南省旅游重心演变及空间分异研究[J].世界地理研究,2018,27(4)：156-166.

[10] 官俊宏.三亚海洋旅游发展现状及对策研究[J].现代营销(信息版),2020(6)：176-177.

[11] 王欣欣,朱海冰. 影响游客到三亚旅游的决策因素调查研究[J]. 现代商业,2022
(8)：54 - 57.

[12] 孙晓东,倪荣鑫. 国际邮轮港口岸上产品配备与资源配置——基于产品类型的实
证分析[J]. 旅游学刊,2018,33(7)：63 - 78.

[13] 何孟艳,张言庆,吴明玉. 基于网络文本分析的邮轮旅游体验感知研究[J]. 旅游
论坛,2017,10(6)：51 - 62.

[14] 阎友兵,郭亮宏. 基于网络文本的红色旅游游客情感特征研究——以韶山风景名
胜区为例[J]. 湘潭大学学报(哲学社会科学版),2020,44(3)：131 - 136.

[15] 袭希,刘琢,于欢. 生态旅游游客特征及其消费偏向行为研究——基于网络游记
文本数据的情感分析[J]. 价格理论与实践,2022(3)：143 - 146＋205.

[16] 谭红日,刘沛林,李伯华. 基于网络文本分析的大连市旅游目的地形象感知[J].
经济地理,2021,41(3)：231 - 239.

[17] 赵春艳,陈美爱. 基于网络文本分析的游客满意度影响因素分析[J]. 统计与决
策,2019,35(13)：115 - 118.

[18] 彭增军. 媒介内容分析法[M]. 北京：中国人民大学出版社,2012.

[19] 谭红日,刘沛林,李伯华. 基于网络文本分析的大连市旅游目的地形象感知[J].
经济地理,2021,41(3)：231 - 239.

[20] 李山,王慧,王铮. 中国国内观光旅游线路设计中的游时研究[J]. 人文地理,
2005,20(2)：51 - 56.

[21] 陈文杰. 皇家加勒比邮轮公司在华营销策略研究[D]. 上海：上海外国语大
学,2014.

[22] Renuka Mahadevan, Sharon Chang. Valuing shipscape influence to maximise
cruise experience using a choice experiment [J]. International Journal of
Hospitality Management, 2017, 67(10)：53 - 61.

[23] 辛欣,马珑鑫,田旭冬,曲延瑞,刘伟. 基于评论大数据聚类的中国邮轮游客用户
画像构建[J]. 装饰,2022(2)：40 - 45.

第六章 郊野公园游憩者休闲调适与主观幸福感关系研究

第一节 绪 论

一、研究背景

党的十九大以来主要矛盾的变化使得实现居民对美好生活的需求成为社会发展的主要目标。《中共中央关于党的百年奋斗重大成就和历史经验决议》中围绕使人民获得感、幸福感、安全感更加充实、更加保障、更可持续提出新理念新部署新要求，幸福感提升已经成为社会发展的主要目标。但现今社会尤其是在一线城市，居民压力问题突出，幸福感程度低，已经成为制约城市发展的严重问题，而休闲作为提升人民幸福感的重要方式，在缓解压力和提升幸福感上休闲发挥着重要作用。可以说，休闲现已经成为城市居民生活的重要组成部分，城市的休闲化程度也正在成为衡量城市居民美好生活的重要表现形式。

自疫情发生以来，经济下行影响的裁员危机，不确定和突发因素对常规工作和生活的干扰等都使得人民在工作和生活中的角色出现更多的冲突、混乱或者模糊，居民面临的压力更加复杂多变，人们更加迫切需要通过暂时休闲来实现自我恢复。而休闲活动的范围和选择受到严重影响,人们的休闲需求表现出明显的"内化"特征,短距离"微旅行""市郊游"等应运成为城市居民休闲的主要方式。为满足人们逐渐"内化"休闲需求,文旅部推出实施城市一刻钟便民生活圈建设,推进打造国家级休闲城和街区系列等休闲生活空间建设举措。郊野公园也凭借其便利休闲的空间特点,自然优美的环境优势,成为疫情下居民休闲游憩的选择热点。

在此背景下,本文选择郊野公园游憩者作为研究对象,以上海 8 个郊野公园作为案例地,通过对个体的角色压力感知、休闲调适作用和主观幸福感的测量,深层次分析郊野公园游憩者的休闲调适层次维度在缓解压力和提升幸福感中的作用路径,以期为城市郊野公园建设和居民幸福感的提升提供参考。

二、研究基础

认知交互理论是 Lazarus & Folkman 在 1984 年提出的,该理论认为压力是人与环境之间的一种动态交互过程,个体在对所面对情形、个人资源和应对能力做出评估后的压力反应,被认为是可能危及个体健康的情形。认知交互理论认为压力的产生主要取决于个体在面对压力源时的认知评价和应对反应,主要包括四个阶段:① 潜在压力源,即能够产生压力的事件;② 对潜在压力源的认知评价,包括初级评价"我有麻烦吗"和次级评价"我可以做什么";③ 应对策略,面对压力场景应当采取的方式措施;④ 应对的反应,压力应对可能带来的个体健康增进,幸福感提升等[1]。

Iwasaki & Mannell(2000)在心理压力调适理论基础上提出休闲调适理论,该理论认为在压力源的影响下,人会产生对心理压力的调适需求,希望通过休闲参与熨平来自生理、心理和社会方面的压力冲击，最终使得心理保持平静，重新获得健康的状态。休闲调适的作用路径主要通过休闲调适信念（leisure coping beliefs）和休闲调适策略（leisure coping stratcgies）两个维度体现，其中前者有包括休闲自主（leisure autonomy）和休闲友谊（leisure friendship）两个心理层面的子维度；后者包括休闲陪伴（leisure companionship）、休闲缓和调适（leisure palliative coping）和休闲情绪增强（leisure mood enhancement）三个行为层面的子维度。即个体能够通过在休闲过程中实现自我、获得社会支持、增进友谊等缓和压力和情绪，促进身心健康[1]。

自我决定理论（self-determination theory）是由 Deci 在 1985 年提出的，是指个体根据自身的心理需要，在结合外部环境的基础上自主地做出的行为选择，认为这种行为的主要目的是满足人的内在心理需要，获得自我发展或自我实现。自我决定理论将人的行为目标分为内部目标和外部目标两种。内部目标（intrinsic goals）是由人们对进步和发展的需要而引起的，包括对自我成长、社会关系、身体健康等发展的追求，这在一定程度上反映了人对自我发展的追求。外部目标（extrinsic goals）是指人在外部社会情形影响下会倾向做出的符合个人特质的行为目标，包括对金钱、名声、外表等内容的追求，表现出个体对外在价值和社会赞许的渴望。同时，自我决定理论也认为内部目标实现能够提升个体幸福感，而过多地看重和追求外部目标则和更低的幸福感相关[2]。

---

① Yoshi Iwasaki, Roger C. Mannell G. Hierarchical Dimensions of Leisure Stress Coping [J]. Leisure Sciences, 2000,22(3): 163-181.

② Deci E L, Ryan R. Handbook of Self-Determination Research[M]. Rochester, NY: University of Rochester Press, 2002,185.

第二节　研究设计

一、研究假设与模型构建

(一)角色压力与休闲调适

处于压力中的个体会通过参与休闲活动来缓解压力,即休闲是应对压力的重要手段[1]。Lazarus 提出压力调适是压力适应、健康和幸福理论研究中的核心概念,人们对压力事件的有效应对是人们实现健康幸福生活的关键[2]。Iwasaki 在研究中提出休闲调适理念,指出休闲是压力调适的基本途径,当个体暴露在工作、生活等压力情形中时休闲的调适功能会促使人们从事不同形态的休闲活动来缓解压力[3],其中休闲的缓冲功能和应对过程同样重要[4],并提出休闲调适量表,为后期的量化研究奠定了理论[5]。Xinran Y 等从公园的休闲参与动机出发,指出压力是促进休闲参与的重要诱因[6]。张圆刚等同样指出压力源会促使人们产生休闲调适行为,即压力对休闲调适有正向促进作用,且在乡村户外游憩环境下进行了检验[7]。Cheng 等指出休闲参与能够促进个体获得有效的支持从而实现工

① Aimee Kimball, Valeria J. Freysinger. Leisure, Stress, and Coping: The Sport Participation of Collegiate Student-Athletes[J]. Leisure Sciences, 2014, 25(2): 115-141.
② Lazarus R S. Coping theory and research: Past, present, and future. Psychosomatic Medicine[J]. 1993, 55: 234-247.
③ Yoshi Iwasaki. Counteracting stress through leisure coping: A prospective health study[J]. Psychology, Health & Medicine, 2006, 11(2): 209-220.
④ Iwasaki Y, Smale B J A. Longitudinal analyses of the relationships among life transitions, chronic health problems, leisure, and psychological well-being[J]. Leisure Sciences, 1993, 25(2): 111-128.
⑤ Yoshi Iwasaki. Examining Rival Models of Leisure Coping Mechanisms[J]. Leisure Sciences, 2003, 25(2): 183-206.
⑥ Xinran Y Lehto, Ounjoung Park, Xiaoxiao Fu, Gyehee Lee. Student life stress and leisure participation[J]. Annals of Leisure Research, 2014, 17(2): 200-217.
⑦ 张圆刚,黄业坚,程静静,余向洋,陈希. 城市居民压力源对幸福感的影响研究——基于乡村旅游休闲参与的角度[J]. 地理研究,2019,38(4): 971-987.

作和生活的平衡①。李翠翠等在文章中指出缓解压力是促使人们前往郊野公园的主要目的②。Gu 等以上海郊野公园为例指出在城市化的居民公共休闲挑战中,郊野公园的功能和吸引力是城市公园不可取代的,并指出郊野公园在城市绿地空间建设和便利居民休闲中扮演着重要角色③。对于日常压力较大,闲暇时间较少的城市居民,前往郊野公园游玩更是最为便捷有效回归自然的方式。因此,本文在郊野公园休闲参与背景下提出,角色压力会促使个体产生休闲调适以应对压力,并基于此提出以下假设。

H1:角色压力对休闲调适有正向影响

H1a:角色压力对休闲自主有正向影响

H1b:角色压力对休闲友谊有正向影响

H1c:角色压力对休闲陪伴有正向影响

H1d:角色压力对休闲缓和调适有正向影响

H1e:角色压力对休闲情绪增强有正向影响

(二)休闲调适与主观幸福感

国内外关于休闲调适的研究普遍认为休闲调适策略对个体的心理健康有积极影响,Coleman 和 Iso-Ahola 等开创性提出休闲健康模型,指出休闲调适的缓冲器作用④。Andrew 等提出休闲调适有利于压力环境下的自我恢复⑤,

① Tien-Ming Cheng, Shu-Yun Chang, Wei-Hsiang Lien. Work-leisure balance: Perceived organizational leisure support[J]. Journal of Leisure Research, 2021, 52(2): 202 – 226.
② 李翠翠,徐程扬,章志都,等. 北京市居民对郊野公园建设的满意度分析[J]. 北京林业大学学报(社会科学版),2010,9(2): 68 – 72.
③ Gu Xiaokun, Tao Siyuan, Dai Bing. Factors influencing residents' access to and use of country parks in Shanghai, China[J]. Cities, 2020, 97: 102 – 150.
④ Coleman D, Iso-Ahola S E. Leisure and Health: The Role of Social Support and Self Determination [J]. Journal of Leisure Research, 1993, 25: 111 – 128.
⑤ Andrew Denovan, Ann Macaskill. Stress, resilience and leisure coping among university students: applying the broaden-and build theory[J]. Leisure Studies, 2017, 36(6): 852 – 865.

能够实现对个体心理上的缓和治疗[①]。在此基础上,有学者开始探讨休闲调适对幸福感的促进作用,认为休闲调适能够通过对健康的提升能够提高居民的幸福感。Paul 等将休闲调适对心理健康的促进作用上升到精神幸福领域,指出休闲在提升精神幸福感上的作用[②]。Tsaur 等以酒店员工为研究对象,检验了休闲调适在工作压力和幸福感之间的中介作用[③]。谭家伦等指出,人们在重压下往往会选择回归自然来实现对现实生活的短暂逃避,通过休闲调适来减缓压力,促进身心健康[④]。徐曼等指出,压力应对方式对健康和居民幸福感有显著影响[⑤]。Berger 等指出休闲能够缓解个体心理上的负面情绪,增进健康,提升幸福感[⑥];Heetae 指出,在工作-休闲冲突的背景下,休闲能够缓解其冲突所带来的负面情绪,从而提升客体的主观幸福感[⑦]。Yigitcanlar 等指出城市的绿地建设能够给居民带来积极情绪,从而提高生活满意度[⑧]。吴亚云指出游憩者在郊野公园的游玩会使其产生地方依恋的心理,从而增强其休闲体验,使其获得生活幸福感等更高层次的积极意义[⑨]。因此,本文认为郊野公园内的休闲调适行为对

① Susan L. Hutchinson, Andrea D. Bland, Douglas A. Kleiber. Leisure and Stress-Coping: Implications for Therapeutic Recreation Practice[J]. Therapeutic Recreation Journal Special Issue, 2008, 13(1): 9 - 23.

② Paul Heintzman, Roger C. Mannell. Spiritual Functions of Leisure and Spiritual Well-Being: Coping with Time Pressure[J]. Leisure Sciences: An Interdisciplinary Journal, 2010, 25(2): 207 - 230.

③ Tsaur Sheng-Hshiung, Tang Ya-Yun. Job stress and well-being of female employees in hospitality: The role of regulatory leisure coping styles[J]. International Journal of Hospitality Management, 2012, 31(4): 1038 - 1044.

④ 谭家伦,汤幸芬,宋金平. 乡村旅游游客生活压力知觉、休闲调适策略与健康之关系[J]. 旅游学刊, 2010,25(2): 66 - 71.

⑤ 徐曼,柴云,李涛,卢丽,刘冰. 城乡居民幸福感影响因素多重线性回归和路径分析[J]. 中国健康心理学杂志. 2015,23(12): 1823 - 1828.

⑥ Berger B G, Motl R W. Exercise and mood: A selective review and synthesis of research employing the profile of mood states[J]. Journal of Applied Sport Psychology, 2002, 12(1): 69 - 92.

⑦ Cho Heetae. Work-Leisure Conflict and Well-Being: The Role of Leisure Nostalgia[J]. Leisure Sciences,2020(4): 1 - 22

⑧ Yigitcanlar Tan, Kamruzzaman Md, Teimouri Raziyeh. Association between park visits and mental health in a developing country context: The case of Tabriz, Iran[J]. Landscape and Urban Planning, 2020, 199: 103 - 120.

⑨ 吴亚云. 游憩场所地方依恋干扰因素研究——以深圳郊野公园为例[J]. 中国健康心理学杂志. 2015,23(12): 1823 - 1828.

主观幸福感有促进作用,且休闲调适的作用能够体现在休闲调适信念和休闲调适策略的细分维度上,基于此提出以下假设。

H2:休闲调适对主观幸福感有正向影响

　H2a:休闲自主对主观幸福感有正向影响

　H2b:休闲友谊对主观幸福感有正向影响

　H2c:休闲陪伴对主观幸福感有正向影响

　H2d:休闲缓和调适对主观幸福感正向影响

　H2e:休闲情绪增强对主观幸福感正向影响

（三）压力-休闲调适-幸福感的构建模型

本文在国内外学者的研究基础上,结合认知交互理论、休闲调适理论和自我决定理论构建压力-休闲调适-幸福感结构模型,如图 6-1所示。

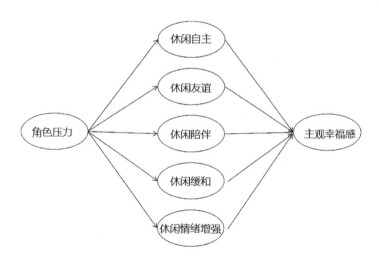

图 6-1　压力-休闲调适-幸福感的构建模型

二、问卷设计

本研究初始量表设计主要包括五个部分,第一部分是对角色压力的测量,测量内容包括角色冲突、角色模糊、角色超载 3 个维度,共包括 13 个题项;第二部分是对休闲调适的测量,该部分包括休闲自主、休闲友谊、休闲陪伴、休闲缓和调适和休闲情绪增强 5 个维度题项设计,共包括 48 个题项;第三部分是对主观幸福感的设计,测量内容包括积极情绪、消极情绪、生活满意度 3 个维度,共包括 11 个题项;第四部分是对郊野公园休闲参与的测量,包括地点和时间选择偏好、参与频率、参与时长、休闲同伴、重游意愿 6 个题项;第五部分是对人口学变量信息的测量,包括性别、年龄、收入、职业类型等 7 个题项。本研究除第五部分外所有量表的测度均采用李克特五级量表(1 表示"非常不同意",5 表示"非常同意")来衡量。具体问卷设计及参考见表 6-1。

表 6-1　问卷设计及参考

变　量	测　量　维　度		题项	来　源
角色压力	角色冲突(RC)		8	借鉴李超平等修正后的 RHL 量表
	角色模糊(RO)		6	
	角色负荷(RA)		3	
休闲调试	休闲调试信念	休闲自主(LA)	14	借鉴国外学者 Iwasaki 等开发的休闲调适量表,并对其进行翻译-回译
		休闲友谊(LF)	16	
	休闲调试策略	休闲陪伴(LC)	6	
		休闲缓和调适(LP)	6	
		休闲情绪增强(LM)	6	
主观幸福感	生活满意度(LS)		3	借鉴的是张圆刚等在 Cheng 等研究基础上改进后的量表
	积极情绪(PM)		4	
	消极情绪(NM)		4	

三、预调研数据收集与分析

由于本研究问卷中部分题项是外文文献翻译过来，所以在正式调研之前，首先通过预调研对各维度测量题项的信度和效度进行检验，根据检验结果对初始问卷的题项和结构进行优化调整。

（一）预调研数据收集

预调研采用线上线下两种方式同时进行，时间为 2021 年 12 月 4 日和12 月 5 日。线下主要前往浦江郊野公园发放问卷，收到问卷 43 份；线上主要通过"问卷星"生成问卷链接，将问卷链接通过社交网络转发（如：微信、QQ），收到问卷 59 份。预调研收到问卷 102 份，在剔除无效问卷（① 大面积分值一样；② 部分题项残缺；③ 问卷答题时间过短）后剩余有效问卷 79 份，有效率为 77.45%。本研究在调查对象自愿参与的情况下进行。

（二）预调研问卷信度分析

将收集到的问卷数据导入到 SPSS 23.0 中，并对问卷中的人口学基本信息进行描述性统计分析，分析结果显示，男女比例基本相当，未婚群体偏多，以 41 周岁以下群体为主，受教育程度多为大专或本科以上学历，较多为企业职员，于社会工作现状基本一致，总体来说，预调研样本情况基本能够代表社会整体分布情况。之后对预调研数据进行信效度检验。首先通过 SPSS 的转换功能将反向问项得分转为正向化的数据得分，之后对处理后的整体问卷数据进行分析，根据分析结果，基于一定的原则对初始问卷进行调整。

针对信度检验结果：一般认为，当 Cronbach α 值大于 0.6 时信度通过检验，表示问卷可以接受；当 Cronbach α 值介于 0.7～0.8 之间时表明信度较好；当 Cronbach α 值高于 0.8 时，说明问卷整体信度高。此外，信度检验中的修正后总相关系数(CITC)值最好大于 0.5,当 CITC 值<0.3 应考虑对题项进行删除;且当结果中"题项已删除的 α 系数"值明显高于现有 Cronbach α 系数的题项也应根据值的大小依次删除后重新分析。

对量表整体进行信度检验,整体问卷的 Cronbach α 系数为 0.936,问卷整体信度较好。之后对潜在变量进行信度分析:① 对于角色压力量表的整体 Cronbach α 系数为 0.838,问卷整体信度良好,但对于题项"我的职责有明确的界定"的 CITC 值明显小于 0.3,且删除后 Cronbach α 系数会明显增加为 0.864,因此在正式问卷中考虑对该题项进行删除;② 对于休闲自主量表的整体 Cronbach α 系数为 0.754,问卷整体信度较好,题项"对我来说,休闲是可以自我决定的活动""我很难决定在空闲时该做什么""我感到我的休闲受到限制""休闲并没有让我有精力去处理一些问题"的 CITC 值明显小于 0.3,题项删除后 Cronbach α 系数由原来的 0.754 增加到 0.875,因此考虑删除;③ 对休闲友谊量表的整体 Cronbach α 系数为 0.908,问卷整体信度良好,对于题项"休闲时,我并没有得到同伴情感上的支持"的 CITC 值明显小于 0.3,题项删除后 Cronbach α 系数由原来的 0.908 增加到 0.936,因此考虑删除;④ 休闲陪伴量表的整体 Cronbach α 系数为 0.845,问卷整体信度良好,在删除题项"休闲时缺乏同伴让我无法应对压力"问项后的 Cronbach α 系数由原来的 0.845 增加到 0.854,因此考虑删除;⑤ 休闲缓和调适量表的整体 Cronbach α 系数为 0.742,问卷整体信度较好,其中对于题项"休闲是让我保持忙碌的重要方式"的 CITC 值小于 0.3,因此考虑删除,题项删除后 Cronbach α 系数由原来的 0.742 增加到 0.745;⑥ 休闲情绪增强量表的整体 Cronbach α 系数为 0.632,问卷整体信度一般,对于题项"休闲并没有让我的心情变好""休闲让我感觉很痛苦"的 CITC 为小于 0.3,因此考虑删除,题项删除后 Cronbach α 系数由原来的 0.632 增加到 0.864;⑦ 对于主观幸福感量表 Cronbach α 系数为

0.815，问卷整体信度良好，对于所有题项校正项总计相关性（CITC）值明显都大于 0.3，且此项如若删除后 Cronbach α 系数会无明显增加。因此，在正式问卷中删除 10 个题项。

对问卷中的题项进行调整后，对量表整体和潜在变量再次进行信度分析。结果显示：问卷整体信度为 0.936，问卷整体信度良好；角色压力、休闲调适信念、休闲调适策略、主观幸福感的 Cronbach α 系数分别为 0.864、0.949、0.889，潜变量信度良好。其中休闲调适信念和休闲调适策略变量的子维度休闲自主、休闲友谊、休闲陪伴、休闲缓和、休闲情绪等增强量表的 Cronbach α 系数分别为 0.864、0.875、0.936、0.854、0.745、0.864，变量的子维度信度表现良好。

（三）预调研问卷效度分析

对调整后的问卷进行效度检验。针对效度检验结果，当结果中的 KMO 值大于 0.5，且 Bartlett 球形度检验结果显著时表示可以接受，其中 KMO 值越接近于 1 越适合做因子分析[①]。

结果显示，预调研问卷整体的 KMO 值为 0.629，在提取 7 个主成分后的累计方差贡献率达到 62.58%，说明问卷整体效度可以接受。对潜变量进行分析：① 角色压力量表的 KMO 值大于 0.795，在提取 3 个主成分后的累计方差贡献率达到 72.78%，且因子分析结果与预期基本一致，因此不作调整；② 休闲调适信念量表的 KMO 值大于 0.885，在提取 2 个主成分后的累计方差贡献率达到 53.81%，因子分析结果与预期稍有偏差，但鉴于预调研样本量较少，且偏差题项在两个维度的因子载荷相差不大，因此对问项先做保留处理，待正式问卷数据出来后再做取舍；③ 对于休闲调适策略量表角的 KMO 值大于 0.787，在提取 3 个主成分后的累计方差贡

---

① Joseph F Hair, William C Black, Rolph E. Anderson, Ronald L Tatham. Multivariate Data Analysis (5th Edition) [M]. New Jersey: Prentice Hall, 2009.

献率达到 66.36%,但题项"我缓解压力的方法之一就是参与社交类休闲活动"的因子载荷小于 0.4,对其删除后二次因子分析结果基本符合预期,因此对该题项进行删除,其他不作调整;④ 对于主观幸福感量表的 KMO 值大于 0.831,在提取 3 个主成分后的累计方差贡献率达到 77.72%,因子分析结果与预期基本一致,因此不作调整。

第三节 实证分析

一、案例地选取

以"上海郊野公园"为关键词在携程和大众点评平台搜索,对上海市 8 家郊野公园在三个平台的关注度和点赞数汇总后差别显著(见图 6-2),其中浦江郊野公园和青西郊野公园关注度高。因此,选取两家郊野公园作为代表进行实地问卷发放。考虑到调研的普适性和疫情下问卷发放的局限性,本研究同样采用线上方式收集问卷,通过网络对参与过郊野公园休闲活动的游憩者进行问卷调研。

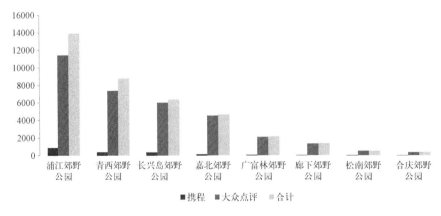

图 6-2 上海市 8 家郊野公园关注度对比

二、正式调研数据收集

基于对预调研分析结果,对初始量表中的题项进行删除后结合预调研的访谈结果和做题倾向,对问卷中题项的表达和排版进行优化,最终形成正式量表。正式量表中角色压力保留 12 个题项;休闲调适信念保留 25 个题项(休闲自主 10 个题项,休闲友谊 15 个题项);休闲调适策略保留 13 个题项(休闲陪伴 4 个题项、休闲缓和 5 个题项、休闲情绪增强 4 个题项),主观幸福感保留原有 11 个题项不变,综上问卷量表部分有 61 个题项。此外,对郊野公园休闲参与测量的题项有 6 个,包括选择倾向、时间倾向、参与时长、参与频率等 6 个题项;个人基本信息设置有包括年龄、性别、收入等在内的 7 个题项,详细问卷信息见附件。

正式数据收集同样采用线上和线下两种方式,时间为 2021 年 12 月 11 日和 12 月 21 日,共计 10 天。线下主要在周末前往浦江郊野公园和青西郊野公园进行问卷实地发放,两地分别准备有问卷 120 份,共计 240 份。为感谢大家的支持和配合,给予参与问卷调查的居民赠送防疫口罩一份。线下调研共收回问卷 203 份,其中有效问卷 187 份。线上主要通过"问卷星"生成问卷链接,将问卷链接通过社交网络转发(如:微信、QQ、微博等平台转发),收到问卷 421 份,在剔除无效问卷(① 大面积分值一样;② 部分题项残缺;③ 问卷答题时间过短;④ 没有去过郊野公园的游客)后剩余有效问卷 368 份。两种渠道共收集问卷 624 份,有效问卷 555 份,有效率 88.9%。

三、正式调研样本分析

(一)样本统计学分析

将收集到的数据合并整理后录入 SPSS 23.0,并对样本人口学基本信息进行描述性统计分析,分析结果如表 6-2。

表 6-2　正式调研样本人口基本特征($N=555$)

变量	类　别	人数	占比	变量	类　别	人数	占比
性别	男	257	46.3%	收入情况	2 000 元及以下	88	15.9%
	女	298	53.7%		2 001~5 000 元	99	17.7%
婚姻情况	已婚	242	43.6%		5 001~8 000 元	143	25.8%
	未婚	306	55.1%		8 001~12 000 元	117	21.1%
	其他	7	1.3%		12 001 元以上	108	19.5%
子女情况	是	201	36.2%	职业情况	政府/机关干部/公务员	87	15.7%
	否	354	63.8%		企业职员	190	34.2%
年龄	小于 18 周岁	0	0%		专业技术人员（医生/律师/教师/记者等）	82	14.8%
	18~29 周岁	298	53.8%		学生	78	14.1%
	30~41 周岁	144	25.9%		个体经营者/承包商	15	2.7%
	42~53 周岁	85	15.3%		农林牧渔劳动者	4	0.7%
	54~65 周岁	24	4.3%		自由工作者	40	7.2%
	大于 65 周岁	4	0.7%		离退休人员	6	1.1%
受教育程度	初中及以下	31	5.6%		其他	53	9.5%
	高中或中专	43	7.7%				
	大专或本科	253	45.6%				
	研究生及以上	228	41.1%				

可以看到,正式调研的人口学统计特征中男女差别不大,其中女性偏多一点,这与在郊野公园休闲参与上的偏好上的性别差异有一定关系,总体来说满足调研需求;在婚姻和子女情况上,已婚人口较少,占比 43.6%,未婚人口占比 55.1%,有子女占比 36.2%,无子女占比 63.8%,数量分布

符合社会规律,基本具有代表性;在年龄分布上,样本大多处于 41 周岁以下,占比达到 79.6％,41～52 周岁占比为 15.3％,也就是说约有 94.9％的调研对象处于普遍工作年龄的范围,基本符合调研要求;受教育程度上,主要是高学历人群,大专或本科以上学历,占比共计 86.7％,基本符合城市居民就业特征;从收入来看,各收入层次分布较为均匀,但主要还是月收入在 5 000 元以上;职业情况还是以企业、公务员和专业技术人员为主,基本包括主要就业人群,且这类人群收入较为稳定、生活方式较为规律,参与休闲的概率也会更大。总的来说,正式调研样本基本满足研究要求,具有一定代表性。

（二）探索性因子分析

对问项中的反向题项进行正向化处理,通过 SPSS 23.0 软件自有的主成分分析法对收集到的问卷数据进行探索性因子分析,由于休闲调适信念和休闲调适策略量表中是国外翻译而来,且在预调研时的主成分提取效果不是很好。因此,在对量表整体进行分析之前先对潜在变量进行探索性因子分析。

通过对角色压力量表进行探索性因子分析,可以看到该量表的 KMO 值为 0.852,Bartlett 的球形度检验值结果显著,表明该问卷样本数据效度良好,适合做进一步做因子分析。如表 6 - 3 所示。

表 6 - 3　角色压力量表的 KMO 和 Bartlett 的球形度检验

KMO 值		0.852
Bartlett 球形度检验	近似卡方	4 034.563
	df	66
	p 值	0.000

采用最大方差法进行主成分分析,以特征值大于 1 为代表在正交选

代 4 次后收敛,共提取到 3 个公因子,累计方差解释率达到 74.342%,高于 60% 的临界标准值,且因子提取结果与预设的角色模糊、角色冲突和角色超载维度一致。

根据大样本问卷数据对休闲调适信念量表进行探索性因子分析,分析结果如表 6-4 所示。可以看到,到该量表的 KMO 值为 0.932,Bartlett 的球形度检验中 p 值小于 0.001,表明该问卷样本数据效度良好,适合做进一步做因子分析。

表 6-4 休闲调适信念量表的 KMO 和 Bartlett 的球形度检验

KMO 值		0.932
Bartlett 球形度检验	近似卡方	8 757.351
	df	300
	p 值	0.000

进一步采用最大方差法进行正交处理提取 2 个公因子,在分析结果中休闲自主部分题项中落在了休闲友谊维度,休闲友谊维度中部分题项落在了休闲自主维度,因子聚合结果与预期不符,进而对量表结构进行进一步修正。针对主成分提取结果,经过对单个题项的反复删除和调整后,在删除"休闲能让我更好地认识自己""休闲时,我的同伴会聆听我的个人感受""于我而言,休闲是培养友情的一种方式""休闲时,我从情感上得到了同伴的支持""休闲时,我的同伴帮助我重获良好的感觉""休闲时,我得到了同伴的尊重""休闲时,同伴让我感受到自己的价值"题项后,最大方差法正交处理 3 次迭代后收敛,得到预设结果,累积方差解释率64.519%,满足要求。

根据样本数据对休闲调适策略量表进行探索性因子分析,分析结果如表 6-5 所示。可以看到,到该量表的 KMO 值为 0.901,Bartlett 的球形度检验值显著,表明该问卷样本数据效度良好,适合做进一步因子分析。采用最大方差法进行主成分分析,提取特征值大于 1 的公因子,在正交迭代 5 次后收敛,共提取到 3 个公因子,累计方差解释率达到 69.413%,满足要求,且因子提取结果与预设的休闲陪伴、休闲缓和调适、休闲情绪增强维度一致。

表 6-5 休闲调适策略量表的 KMO 和 Bartlett 的球形度检验

KMO 值		0.901
Bartlett 球形度检验	近似卡方	4 191.687
	df	78
	p 值	0.000

对主观幸福感量表的样本数据进行探索性因子分析,分析结果如表 6-6 所示。可以看到,到该量表的 KMO 值为 0.871,Bartlett 的球形度检验值显著,表明该问卷样本数据效度良好,适合做进一步因子分析。之后,采用最大方差法进行正交处理,提取特征值大于 1 代表公因子,在正交迭代 5 次后收敛,共提取到 3 个公因子,累计方差解释率达到 79.397%,且因子提取结果与预设的积极情绪、消极情绪和生活满意度维度一致,因子分析结果满足要求。

表 6-6 主观幸福感量表的 KMO 和 Bartlett 的球形度检验

KMO 值		0.871
Bartlett 球形度检验	近似卡方	4 540.085
	df	55
	p 值	0.000

在对量表中部分问项做删除处理后,对量表整体进行效度检验。处

理结果见表 6-7。可以看到,整体量表的 KMO 值为 0.931,Bartlett 的球形度检验 p 值小于 0.001,表明该问卷样本数据效度良好,适合做进一步做因子分析。采用最大方差法进行正交处理,提取特征值大于 1 代表公因子,在正交迭代 11 次后收敛,共提取到 11 个公因子,累计方差解释率达到74.735%,问卷整体效度良好,且最终提取出的公因子满足问卷预设。

表 6-7　整体量表的 KMO 和 Bartlett 的球形度检验

KMO 值		0.931
Bartlett 球形度检验	近似卡方	23 632.775
	df	1 770
	p 值	0.000

(三)一阶验证性因子分析

通过探索性因子分析对问卷整体进行进一步调整,根据调整后结果进一步进行验证性因子分析,对模型中潜在变量的信效度和适配度进行检验。由于本模型中涉及二阶模型,为方便模型测量,这里选用 SPSS 和 AMOS 对一阶变量进行检验,用 AMOS 和 Smart PLS 对二阶变量进行检验。

对于潜在变量的信效度进行检验,适配标准有:① 对于信度分析结果 Cronbach α 系数,当 α 值大于 0.6 时问卷可以接受,且当 α 大于 0.8 时,问卷的可信度极高;② 对于组合信度检验选取 CR 和 AVE 的值,其中当 CR 值大于 0.7,且 AVE 值大于 0.5,此时表明量表的收敛度较好[1],且当 CR 高于

---

① Anderson J C, Gerbing D W. Structural equation modeling in practice: A review and recommended two-step approach[J]. Psychological Bulletin, 1988, 103(3): 411-42.

0.6 时，AVE 在 0.4 以上可以接受[①]；③ 对于模型的适配度检验选取指标和适配标准见表 6-8；④ 对于判别效度检验结果，当潜在变量对应的 AVE 值大于该变量与任意变量相关系数的平方时，证明该变量的判别效度较好。

表 6-8 模型适配度指标选取和标准

指标选取	χ^2/df	RMSEA	GFI	NFI	CFI	NNFI
适配标准	<3	<0.05	>0.9	>0.9	>0.9	>0.9

对一阶模型进行验证性因子分析，如表 6-9 所示。可以看到，量表中所有一阶变量的 Cronbach α 系数均大于 0.6，且绝大多数指标值大于 0.8，满足量表信度条件。因此，证明该问卷中各量表的内部一致性较为理想符合进一步分析标准。进而对量表的结构效度进行检验，可以看到，量表中单个题项的标准化因素负荷量的最小值为 0.584>0.5，且均在 $p<0.001$ 水平上显著；对于一阶变量的 CR 值介于 0.859 和 0.941 之间，均大于 0.7，满足标准要求；AVE 的值均大于 0.4，且大多处于 0.5 以上。因当 CR 大于 0.6 时，AVE 大于 0.4 可以接受，总的来说，量表分析结果符合本研究要求。

表 6-9 一阶模型组合信度检验

潜在变量	题项	标准化因素负荷量	SMC	T 值	CR	AVE	Cronbach α 系数
角色模糊（RA）	RA1	0.750	0.563	—	0.862	0.611	0.861
	RA2	0.717	0.514	16.241***			
	RA3	0.841	0.707	18.912***			
	RA4	0.812	0.659	18.388***			

---

① Fornell, Larcker D F. Evaluating structural equation models with unobservable variables and measurement error[J]. Journal of marketing research, 1981: 39-50.

潜在变量	题项	标准化因素负荷量	SMC	T 值	CR	AVE	Cronbach α 系数
角色冲突（RC）	RC1	0.761	0.579	—	0.827	0.617	0.823
	RC2	0.872	0.760	17.851***			
	RC3	0.715	0.511	16.040***			
角色超载（RO）	RO1	0.840	0.706	—	0.925	0.714	0.923
	RO2	0.914	0.835	20.800***			
	RO3	0.849	0.721	19.913***			
	RO4	0.885	0.783	21.470***			
	RO5	0.725	0.526	19.696***			
休闲自主（LA）	LA1	0.675	0.456	—	0.893	0.481	0.893
	LA2	0.668	0.446	15.043***			
	LA4	0.636	0.404	14.871***			
	LA7	0.697	0.486	14.182***			
	LA8	0.663	0.440	15.510***			
	LA9	0.738	0.545	14.777***			
	LA11	0.750	0.563	16.402***			
	LA12	0.701	0.491	16.652***			
	LA14	0.707	0.500	15.597***			
休闲友谊（LF）	LF6	0.691	0.477	—	0.899	0.499	0.893
	LF9	0.744	0.554	13.403***			
	LF10	0.777	0.604	16.954***			
	LF11	0.670	0.449	17.714***			

续　表

潜在变量	题项	标准化因素负荷量	SMC	T 值	CR	AVE	Cronbach α 系数
休闲友谊（LF）	LF12	0.658	0.433	15.231***	0.899	0.499	0.893
	LF13	0.611	0.373	14.947***			
	LF14	0.743	0.552	13.862***			
	LF15	0.722	0.521	16.924***			
	LF16	0.726	0.527	16.440***			
休闲陪伴（LC）	LC1	0.801	0.642	—	0.857	0.601	0.857
	LC2	0.743	0.552	18.454***			
	LC3	0.846	0.716	21.539***			
	LC4	0.702	0.493	17.228***			
休闲缓和（LP）	LP1	0.612	0.375	—	0.835	0.507	0.838
	LP2	0.613	0.376	11.897***			
	LP4	0.753	0.567	13.808***			
	LP5	0.794	0.630	14.291***			
	LP6	0.765	0.585	13.958***			
休闲情绪增强（LM）	LM1	0.776	0.602	—	0.885	0.658	0.885
	LM2	0.823	0.677	20.611***			
	LM3	0.836	0.699	20.994***			
	LM6	0.809	0.654	20.185***			
积极情绪（PM）	PM1	0.896	0.803	—	0.929	0.766	0.929
	PM2	0.888	0.789	30.729***			
	PM3	0.869	0.755	29.296***			
	PM4	0.848	0.719	27.847***			

续　表

潜在变量	题项	标准化因素负荷量	SMC	T 值	CR	AVE	Cronbach α 系数
消极情绪(NM)	NM1	0.910	0.828	—	0.918	0.739	0.915
	NM2	0.945	0.893	36.564***			
	NM3	0.845	0.714	28.765***			
	NM4	0.722	0.521	21.322***			
生活满意度(LS)	LS1	0.761	0.579	—	0.792	0.567	0.915
	LS2	0.684	0.341	13.136***			
	LS3	0.883	0.780	18.556***			

注: *** 表示在 $p < 0.001$ 水平下显著; ** 表示在 $p < 0.01$ 水平下显著; * 表示在 $p < 0.05$ 水平下显著。

（四）二阶验证性因子分析

在对模型的组合信度检验后,借助 AMOS 软件进行对二阶模型的适配度进行检验,并通过 Smart PLS 软件对二阶模型的组合信度和判别效度进行分析。

根据探索性因子分析结果,角色压力变量可由二阶因子角色模糊、角色冲突和角色超载表示,根据获取到的问卷数据通过 AMOS 对其一阶和二阶模型的适配度进行比较分析,模型的适配度进行检验如表 6-10 所示。

表 6-10　角色压力二阶模型适配度检验

指标选取	χ^2	χ^2/df	RMSEA	GFI	NFI	CFI
适配标准	/	<3	<0.08	>0.9	>0.9	>0.9
一阶模型	192.372	2.829	0.071	0.944	0.952	0.964
二阶模型	194.718	2.822	0.071	0.947	0.952	0.963

角色压力共包含有 3 个变量 12 个测量项,其中角色模糊(4 个测量项)、角色冲突(3 个测量项)、角色超载(5 个测量项)。通过模型适配检验分析结果可以看到二阶模型与一阶模型相比在模型适配度上除 χ^2/df 的值稍降外差别不大,根据 Doll 的目标系数算法,当 T 值(一阶模型卡方值除以二阶模型卡方值)接近于 1 时,二阶模型可以取代一阶模型。对于角色压力模型 T 值计算结果为 0.987,即二阶模型能够在 98.7% 的程度上解释一阶模型。鉴于一阶模型相对于二阶模型更加简单,本文将以基于角色压力二阶模型开展以下研究。

根据探索性因子分析结果,主观幸福感变量可由二阶因子积极情绪、消极情绪和生活满意度表示,根据获取到的问卷数据通过 AMOS 对其一阶和二阶模型的适配度进行比较分析,模型的适配度进行检验如表 6-11 所示。

表 6-11　主观幸福感二阶模型适配度检验

指标选取	χ^2	χ^2/df	RMSEA	GFI	NFI	CFI
适配标准	/	<3	<0.08	>0.9	>0.9	>0.9
一阶模型	172.760	3.085	0.079	0.947	0.961	0.970
二阶模型	177.385	2.729	0.070	0.958	0.970	0.978

主观幸福感共包含有 3 个变量 11 个测量项,其中积极情绪(4 个测量项)、消极情绪(4 个测量项)、生活满意度(3 个测量项)。通过验证性因子分析结果可以看到二阶模型的 χ^2/df 的值满足适配标准,且在 RMSEA、GFI、NFI、CFI 上的取值也优于一阶模型。根据 Doll 的目标系数算法,主观幸福感模型的 T 值计算结果为 0.994,接近于 1。即二阶模型能够在 97.4% 的程度上解释一阶模型。鉴于此,本研究更适合用二阶模型来开

展分析。将问卷数据导入到 Smart PLS 3.0 中,通过软件中的构面与效度

分析,结果见表 6 - 12。

表 6 - 12　二阶变量组合效度分析结果

二阶变量	Cronbach α 系数	rho_A	组合信度 (CR)	平均抽取变异量 (AVE)
角色压力(RS)	0.828	0.849	0.866	0.518
主观幸福感(SWB)	0.876	0.903	0.899	0.550

可以看到,对于二阶变量角色压力和主观幸福感其 Cronbach α 系数

和 CR 值均大于 0.7 标准,AVE 满足大于的 0.5 标准,满足后续分析需求。

(五)判别效度分析

采用 Smart PLS 3.0 对最终测量的二阶模型的判别效度进行检验,来

确定不同潜在变量之间存在区别,从而确定最优的收敛结果。分析结果

见表 6 - 13。

表 6 - 13　判别效度检验

	SWB	LF	LM	LP	LA	LC	RS
SWB	**0.742**						
LF	0.451	**0.734**					
LM	0.448	0.548	**0.862**				
LP	0.305	0.48	0.615	**0.777**			
LA	0.441	0.541	0.722	0.583	**0.734**		
LC	0.467	0.61	0.652	0.532	0.605	**0.835**	
RS	0.138	0.25	0.294	0.341	0.282	0.281	**0.719**

可以看到,结构模型各潜在变量对变量本身 AVE 值的算术平方根均大于潜在变量相互间的相关系数的平方。因此,在本研究中各潜在变量间判别效度较好,证明该量表题项是最优聚合。

（六）结构模型分析

在对变量进行一阶和二阶验证性因子分析后,依据问卷数据借助 AMOS 22.0 软件对压力-休闲调适-幸福感结构模型整体进行评价。初始运行结果显示 $\chi^2/df = 3.177$,接近但并未满足模型适配标准;RMSEA＝0.063,GFI＝0.905,NFI＝0.900,CFI＝0.815。检验值基本满足适配标准,但仍有修正空间,因此采用 MI 系数法对整体模型进行逐条修正（见图 6-3）,修正后的 $\chi^2/df = 2.358$,相较之前明显减小,小于可接受值 3 以下,满足模型适配标准;对于代表替代性的指数 RMSEA＝0.50,CFI＝0.945,取值满足模型拟合要求;对于适合度指标 GFI＝0.918,NFI＝0.952,取值属于适配标准区间。总体来说压力-休闲调适-幸福感结构模型各项指标达到理想水平,整体模型可以接受。

表 6-14　压力-休闲调适-幸福感结构模型整体评价

指标选取	χ^2	χ^2/df	RMSEA	GFI	NFI	CFI
适配标准	/	<3	<0.08	>0.9	>0.9	>0.9
初始模型评价	4 288.733	3.177	0.063	0.905	0.900	0.815
修正后模型评价	3 142.925	2.358	0.050	0.918	0.952	0.945

四、假设检验与路径分析

（一）假设检验

结构方程模型可以用于模型检验和变量间路径分析。鉴于 Smart

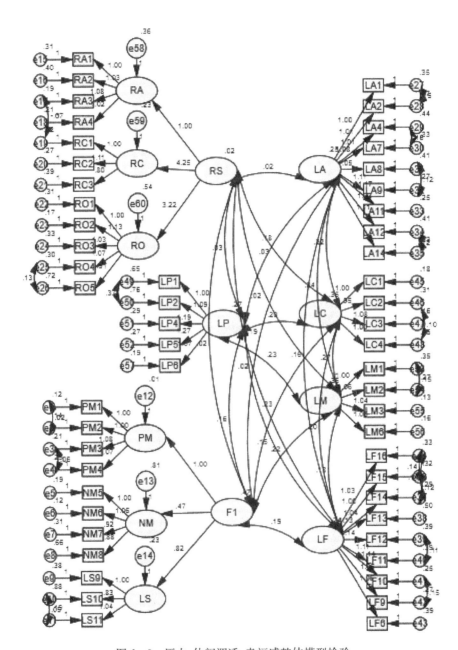

图 6 - 3 压力-休闲调适-幸福感整体模型检验

PLS 3.0 在二阶模型分析上的便利和有效性,本研究采用该软件对假设的结构方程模型进行检验,分析结果如表 6-15。

表 6-15 结构模型路径检验

	初始样本(O)	T 统计量($|O/STDEV|$)	p 值
休闲友谊→主观幸福感	0.208	3.366	0.001**
休闲情绪增强→主观幸福感	0.146	2.142	0.033*
休闲缓和→主观幸福感	−0.076	1.3	0.194
休闲自主→主观幸福感	0.149	2.158	0.031*
休闲陪伴→主观幸福感	0.195	3.016	0.003**
角色压力→休闲友谊	0.25	4.396	0.000***
角色压力→休闲情绪增强	0.294	5.679	0.000***
角色压力→休闲缓和	0.341	7.944	0.000***
角色压力→休闲自主	0.282	5.073	0.000***
角色压力→休闲陪伴	0.281	5.152	0.000***

注:*** 表示在 $p<0.001$ 水平下显著;** 表示在 $p<0.01$ 水平下显著;* 表示在 $p<0.05$ 水平下显著。

可以看到,角色压力与休闲自主有显著正向相关,其路径系数为 0.282,在 $p<0.001$ 水平下显著,假设 H1a 得到验证。角色压力与休闲友谊曾显著正向相关,其路径系数为 0.25,在 $p<0.001$ 水平下显著,假设 H1b 得到验证。角色压力与休闲陪伴曾显著正向相关,其路径系数为 0.281,在 $p<0.001$ 水平下显著,假设 H1c 得到验证。角色压力与休闲缓和调适曾显著正向相关,其路径系数为 0.341,在 $p<0.001$ 水平下显著,假设 H1d 得到验证。角色压力与休闲情绪增强曾显著正向相关,其路径

系数为 0.294,在 $p<0.001$ 水平下显著,假设 H1b 得到验证。即人们在处于压力环境下会有参与休闲活动的意愿,且在休闲参与中获得的友谊、情绪调节等对缓解压力有一定效果。

此外,休闲友谊对主观幸福感有显著正向影响,路径系数为 0.208,在 $p<0.01$ 水平下显著,假设 H2b 得到支持;休闲陪伴对主观幸福感有显著正向影响,路径系数为 0.195,在 $p<0.01$ 水平下显著,假设 H2c 得到支持;休闲自主对主观幸福感有显著正向影响,路径系数为 0.149,在 $p<0.05$ 水平下显著,假设 H2a 得到支持;休闲情绪增强对主观幸福感有显著正向影响,路径系数为 0.146,在 $p<0.05$ 水平下显著,假设 H2e 得到支持;休闲缓和对主观幸福感有负向影响,但影响结果并不显著,假设 H2d 未得到支持。即通过休闲参与带来的友谊、陪伴和自我实现等对人们幸福感的增加有一定的作用。但是通过休闲来暂时逃避问题并不促进人们幸福感的提升,而仅仅只是人在压力环境中得到片刻放松。

(二)路径分析

在路径系数分析中,路径系数越高,变量间的影响关系越深,路径系数见图 6-4。可以看到,在角色压力对休闲调适五个维度的路径分析中,休闲缓和路径系数最高,为 0.341;其次是休闲情绪增强,路径系数为 0.294,休闲自主的路径系数为 0.282,排在第三;休闲陪伴与休闲自主接近,路径系数为 0.281;排在第四,最后是休闲友谊,路径系数为 0.250。这在一定程度上表明了人们在面对压力时的首要选择暂时逃避,使尖锐的压力问题得到缓解,寻求片刻放松。也说明了休闲参与能够促进压力下人们情绪的缓解,使得人们的积极情绪得到增强。同时也表明处在压力下的人们通过休闲调节认识自我是更为重要的目的,而休闲中的友谊支持和陪伴则是帮助缓解压力的一种途径。

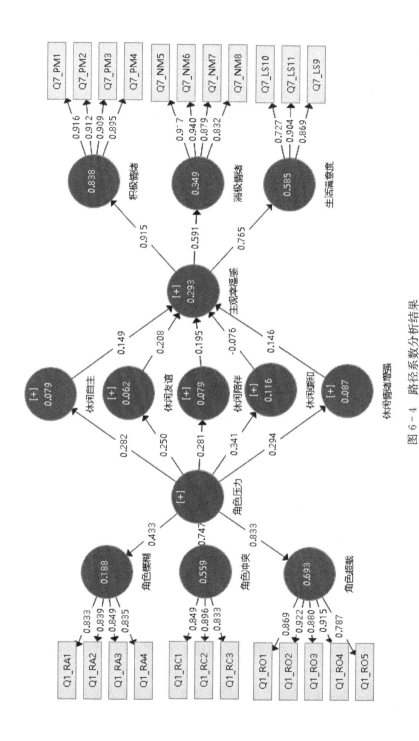

图 6 - 4　路径系数分析结果

在休闲调适对主观幸福感的路径分析中,可以看到,路径系数排序与角色压力刚好相反,其中休闲友谊路径系数最高,为 0.208;其次是休闲陪伴,路径系数为 0.195;休闲自主排在第三,路径系数为 0.149;休闲情绪增强与之接近,路径系数为 0.146;休闲缓和路径系数为 −0.076。这在一定程度上表明了,休闲中的社交关系对幸福感提升的作用效果更加显著,且自我的实现和积极情绪的增加也在一定程度上能够提升人的主观幸福感,但通过逃避来缓和压力并不会对个体主观幸福感的提升起到帮助。

第四节 结论与展望

一、研究结论

本文通过对上海郊野公园游憩者的实证研究,对假设检验和路径分析的结果进行进一步分析和阐释,得到以下结论:

第一,休闲自主是指人们相信通过休闲参与能够重获自由和自信。研究结果表明,角色压力与休闲自主之间有显著正向相关关系,在一定程度上表明了居民相信通过郊野公园的休闲参与能够带来获得自我的发展,产生自我效能感。这在一定程度上支持了 Ewart 等指出的休闲活动参与可以提升自我效能感的情绪调节维度,帮助人们更好地面对困难和克服这些阻碍[①]。休闲自主与主观幸福感之间也存在显著正向相关关系,在一定程度上表明了通过郊野公园休闲参与获得的个体发展对能够促进

---

① Ewart C K, Taylor C B, Reese L B, et al. Effects of early postmyocardial infarction exercise testing on self-perception and subsequent physical activity [J]. The American Journal of Cardiology, 1983, 51(7): 1076 − 1080.

城市居民幸福感的提升,在一定程度上支持了 Ryan 提出的自我效能感的提升能够起到增进主观幸福感的作用①。在三者关系的路径分析中都排在第三位,表明了休闲自主在缓解压力和提升幸福感有重要的促进作用,即人们相信通过休闲参与能够重获自由和自信,休闲活动的参与可以帮助人们应对压力更好地认识自己。

第二,休闲友谊是指人们相信在休闲活动参与过程中能够得到家人或朋友的情感支持、信息支持、尊重支持和有形援助,代表了休闲中的基于同伴的社会支持因素,能够促进社交友谊的发展。研究结果表明,角色压力对休闲友谊有显著正向相关关系,在一定程度上表明了人们认为休闲过程中的社会支持对压力有明显的缓解作用,证明了社会支持研究相关的缓冲作用模型,认为社会支持在一定程度上可以缓冲压力事件对个体身心健康的影响。休闲友谊与主观幸福感之间也存在显著正向相关关系,在一定程度上证明了休闲中的社交和友谊能够提高个体对幸福感的感知,当人们面临应激生活事件时,社会支持能够为个体带来他需要的物质或信息帮助,从而降低个体所面对的焦虑,获得喜悦和放松,提高个体主观幸福感。在三者关系的路径分析中,角色压力与休闲友谊的路径系数最低,而休闲友谊与主观幸福感的路径系数最高,休闲友谊在主观幸福感和角色压力之间的路径系数排名差异表明了休闲中的社会支持等因素对压力的缓解效果弱于对幸福感的促进效果,可能因为休闲中的社交一方面会给个体带来积极情绪,另一方面休闲中的社交需求也会给个体带来一定的压力,产生负向情感。但总的来说,休闲中的友谊和支持对个体压力缓解和幸福感提升有积极作用。

第三,休闲陪伴代表了人们认同社交类休闲活动是应对压力的一种

① Ryan R.M, Diener E.L, Self-determination theory and the facilitation of intrinsic motivation, social development, and well-being[J], The American Psychologist, 2000, 55(1): 68-78.

方法。研究结果表明,角色压力对休闲陪伴有显著正向相关关系,表明了处于压力环境中的个体会偏向参与到有朋友或家人参与的社交类休闲活动当中,这在一定程度上是个体对休闲友谊的信念在休闲行为上的表现,相信友谊陪伴会缓解压力且确实通过社交休闲获得了压力的缓解。休闲陪伴与主观幸福感之间也存在显著正向相关关系,表明了休闲陪伴实现了对压力的缓和作用,能够减轻压力的不良影响,提高幸福感。这在一定程度上验证了社会支持的主效应模型,即支持和陪伴会直接提高个体的健康水平和主观幸福感。在三者关系的路径分析中,角色压力与休闲陪伴的路径系数排在第四,而休闲陪伴与主观幸福感的路径系数排在第二,表明了休闲中的社交因素在缓解压力和促进主观幸福感上的作用差异。

第四,休闲缓和代表了人们是通过休闲暂时逃避压力问题,进而实现对压力的缓解。研究结果表明:角色压力对休闲缓和有显著正向相关关系,表明了人们参与休闲活动很重要的一个原因就是逃避压力。休闲缓和与主观幸福感之间甚至存在负向关系,虽然这个关系并不显著,但也表明了休闲缓和并不会促进幸福感提升,甚至会负向影响对幸福感的感知。在一定程度上验证了休闲动机研究中 Iso-Ahola 等提到的逃避动机,认为部分休闲需求是基于逃避压力而产生的,其目的仅是为了满足自身低层次的生理需要,这也表明了基于逃避的休闲缓和很难实现自我发展和个体幸福感的提升。在三者关系的路径分析中,角色压力与休闲缓和的路径系数排在第一,且是正向相关关系,而休闲缓和与主观幸福感的路径系数最末,且是负向相关,表明逃避是解决压力的有效途径,但逃避暂时性放松并不会改变现状,甚至会反向影响个体的幸福感。

第五,休闲情绪增强主要是指人们认同休闲能够帮助自我获得积极情绪。研究结果表明:角色压力对休闲情绪增强有显著正向相关关系,表明了处在压力下的人们通过休闲的参与能够感知到自己的情绪在向好的方向发展,本研究在一定程度上验证了休闲调适作为压力应对的方式在情绪调节和缓解压力上的重要性。休闲情绪增强与主观幸福感之间也存在显著正向相关关系,在一定程度上表明通过休闲参与带来的积极情绪体验对个体主观幸福感的提升有显著作用效果,验证了汤冬玲等学者提出的积极情绪体验可以促进主观幸福感的提升。在三者关系的路径分析中,角色压力与休闲情绪增强的路径系数排在第二,而休闲情绪增强与主观幸福感的路径系数排在第四,表明了休闲带来的情绪作用在压力缓解和主观幸福感上的效果不同。

总的来说,角色压力和休闲调适五个维度之间存在显著正向相关关系,即人们在处于压力环境下会有参与休闲活动的意愿,且在休闲参与中获得的友谊、情绪调节等对缓解压力有一定效果。且通过路径分析发现在角色压力和休闲调适两者关系中,个体层面的因素相比社交层面更加重要,且相比有形的物质支持,心灵上的陪伴会更加有效。同时,休闲参与带来的友谊、陪伴和自我实现等对人们幸福感的增加有一定的作用,休闲中的社交关系对幸福感提升的作用效果更加显著,且自我的实现和积极情绪的增加也在一定程度上能够提升人的主观幸福感,但是通过休闲来暂时逃避问题并不促进人们幸福感的提升。

二、研究启示

通过以上针对郊野公园休闲参与情境对压力的调适作用研究中,得出了休闲对于调适人们内心压力,提高身心健康有着积极的影响,且在不同维度的休闲调适作用在缓解压力和提升幸福感上的作用路径和效果不同。因此如何让休闲空间更好的影响人们的身心,需要关注居民实际需求。所以本研究基于休闲调节心理的功能出发,为构建舒适化、休闲化的郊野公园休闲功能空间建设提出以下建议。

首先,打造多样化休闲空间,注重个体需求。研究结果表明人们参与休闲更多的是为了逃避压力,且在休闲中更加关注个体,注重自我的发展。因此,就个体发展而言,郊野公园在满足大众休闲需要的同时培育个人休闲体验空间,提供可以选择打造供个人发呆或者冥想的个人空间,使个人能够实现片刻的逃避,在感悟大自然美好的同时更好地实现自我恢复,更好的找寻自我。此外,休闲中的友谊和陪伴对城市居民幸福感提升有较高影响。因此,就社会幸福感提升而言,郊野公园的空间规划同样要注重社交功能的实现,在保证环境可持续发展的同时提供开放性的社交互动空间,可以包括静态的团体休闲空间以及动态的社交互动体验空间,通过空间功能的优化来满足大众对团体社交休闲的需求,借助大自然包容探索空间建设的多种可能。总的来说,郊野公园的发展应要求休闲空间建设不仅仅以参观为主,而应该注重功能的多样化,尽可能满足不同个体的需求,使郊野公园能够给游客带来需求上更大的满足,更深入地沉浸在大自然中,实现自我恢复,提升个体幸福感。

其次,助推多元化业态融合,丰富空间功能。研究结果表明郊野公园在缓解压力,情绪增强方面有积极促进作用。因此,郊野公园的建设应该关注个体需求,为人们在郊野公园的游玩提供更加有价值、有意义、有帮助的业态,尽可能满足人们心灵深处的需求。现在我们已全面进入休闲时代,休闲和旅游已经是全域的概念,就现有郊野公园建设而言,其业态分布更偏向满足游玩游憩者的生活需求(食、住、行等),而就心理需求层面的建设场所减少。因此,就郊野公园功能建设而言,其业态分布应该关注业态整合,以优美的自然环境为依托,助推产业融合,丰富郊野公园的空间业态。如:可以利用郊野公园在促进个体心理恢复中的优势,开设心灵驿站,为处在焦虑中的个人提供心理咨询服务等,在增加经济效益的同时也可以拓展郊野公园本身的社会功能,且心灵驿站的建设同样可以在整体社会起到宣传、教育和警醒作用,促进个人更加关注自己的心理健康问题,在促进自然空间与功能空间和谐发展的同时,形成更加健康的社会环境,提升社会整体幸福感。

最后,跟进完善配套设施,便利休闲参与。就上海而言,在调研时不少居民表示自己在郊野公园上的选择较少,虽有前往郊野公园的意愿,且由于路程限制,更倾向选择偏向市区的城市公园,这就意味着居民前往郊野公园游憩的需要不能轻易实现。上海郊野公园现有 8 座,针对郊野公园数量少,地处偏远,搭乘公共交通前往不方便等问题,可以就便利休闲参与角度,着重关注大众需求,从规划建设和基础设施完善入手,搭建更加便民的休闲空间。首先,可以继续推进上海郊野公园建设,规划方案应照顾到每一个行政区,丰富且便利居民休闲选择,使居民在家门口就可以享受到富有野趣的自然风光,提升居民幸福感。其次,在郊野公园大力宣传的同时,也应该适度推出便民服务。如增加交通专线,提供公交直达等便民服务,为居民郊野公园休闲参与提供更多机会。

参考文献

[1] 曾瑶,齐童. 北京市郊野公园游憩设施及游憩者行为偏好研究[J]. 首都师范大学学报(自然科学版),2012,33(1):62-66.

[2] 李超平,张翼. 角色压力源对教师生理健康与心理健康的影响[J]. 心理发展与教育,2009,25(1):114-119.

[3] 王卫平,薛朝霞,牛利,王冰. 应对方式在工作压力与心理健康之间的中介作用机制[J]. 中国卫生统计,2012,29(3):330-332.

[4] 郑建君. 基层公务员角色压力、工作倦怠与生活满意度的关系——基于Bootstrap方法的中介模型检验[J]. 江西师范大学学报(哲学社会科学版),2016,49(5):51-58.

［5］赵宏杰,吴必虎. 台资企业台籍人员职业倦怠、休闲调适策略与休闲知觉自由关系之研究［J］. 人文地理,2013,28(5)：129－138.

［6］Roger Sue. 休闲［M］. 北京：商务印书馆,1996.

［7］楼嘉军. 论休闲与休闲时代［M］. 上海：上海交通大学出版社,2013.

［8］吴珩洁. 大台北地区民众休闲满意度与幸福感之研究［D］. 台北：台湾师范大学,2002.

［9］蒋奖,秦明,克燕南等. 休闲活动与主观幸福感［J］. 旅游学刊,2011(9)：4－78.

［10］王心蕊,孙九霞. 城市居民休闲与主观幸福感研究：以广州市为例［J］. 地理研究,2019,38 (7)：1566－1580.

［11］Tinsley H E A, Tinsley D J. A theory of the attributes, benefits, and causes of leisure experience ［J］. Leisure Sciences，1986(8)：1－45.

［12］张菁文. 高雄县某国中学生休闲满意度、情绪调整与幸福感之相关研究［D］. 台北：台湾师范大学,2007.

［13］Yoshi Iwasaki. The impact of leisure coping beliefs and strategies on adaptive outcomes ［J］. Leisure Studies, 2003，22(2)：93－108.

［14］Yoshi Iwasaki, Ingrid E Schneider. Leisure, Stress, and Coping：An Evolving Area of Inquiry［J］. Leisure Sciences, 2003，25(2－3)：107－113.

［15］李超平,张翼. 角色压力源对教师生理健康与心理健康的影响［J］. 心理发展与教育,2009,25(1)：114－119.

［16］Deci E L，Ryan R. Intrinsic motivation and self-determination in human behavior ［M］. New York：Plenum，1985.

［17］Linda Trenberth, Philip Dewe. The importance of leisure as a means of coping with work related stress：An exploratory study［J］. Counselling Psychology Quarterly, 2002, 15(1)：59－72.

［18］Yoshi Iwasaki, Roger C. Mannell G. Hierarchical Dimensions of Leisure Stress Coping［J］. Leisure Sciences, 2000, 22(3)：163－181.

［19］Gu Xiaokun，Tao Siyuan，Dai Bing. Spatial accessibility of country parks in Shanghai，China［J］. Urban Forestry & Urban Greening，2017，27：373 - 382.

［20］吴明隆，结构方程模型——AMOS 的操作与应用［M］，重庆：重庆大学出版社，2010.

［21］Doll W J，Xia W，Torkzadeh G. A confirmatory factor analysis of the end-user computing satisfaction instrument. MIS Quarterly，1994，18(4)：453 - 461.

第七章 世界旅游城市评价指标体系构建与应用研究

第一节 绪 论

一、研究背景

旅游城市是全球旅游产业链中的必要交通节点、特色空间形态、见证了人类文明发展的轨迹,蕴藏着诸多景观吸引物与文化遗产。2021 年是"十四五"开局之年,诸多城市在旅游规划中明确提出建设世界一流旅游目的地、世界一流旅游城市、世界级旅游城市或者世界著名旅游城市等新的战略目标。例如上海市分别于 2018 年和 2021 年,印发《关于促进上海旅游高品质发展加快建成世界著名旅游城市的若干意见》《"十四五"时期深化世界著名旅游城市建设规划》,提出将上海建设成世界著名旅游城市,提升文化软实力。苏州于 2021 年发布《苏州市"十四五"文化和旅游融合发展规划》,提出苏州市文化和旅游融合发展的目标之一是建设世界旅游目的地城市,推动旅游体系接轨国际。广州提出《广州扩建世界级旅游目的地三年行动计划(2021—2023)》,拟建世界级旅游目的地,桂林也提出要建设世界级旅游城市。于是,我们有必要明确世界旅游城市(及其相关提法)的建设要求和标准,从而指引这些城市朝着公认的目标建设发展。

学术界对世界著名旅游城市的建设与发展有一定研究,但多为应用型研究,理论或规律归纳较少。旅游、城市、公共治理等领域的学者从城市、旅游城市、国际旅游城市等方面开始探讨,研究视角包括世界旅游城市的定义、评价指标体系;世界著名旅游城市的标准化解读、发展模式比较、城市品牌,以及城市与旅游动态发展的辩证协调关系等,描述性或政策层面的思考较多,实证研究或理论推导较少。且已有的学术文献关于回答"什么是世界旅游城市""如何评价和衡量世界旅游城市",世界旅游城市是否必须是世界城市等问题尚未形成一致看法。

在世界旅游城市评价指标体系这个研究分支下,现有的研究在方法中存在局限性。具体表现为获得指标权重的方法多为德尔菲法和层次分析法,受专家的主观影响较大,指标权重因专家团队背景差异存在显著不同。同时,在实证分析中,现有的研究所选取的案例城市多为国内城市之间的相互比较,忽视了国内与国外城市的全球比较,范围较窄,对世界旅游城市发展的指导作用有限。此次研究试图采取主客观结合的评价方法,利用国内外城市的实证检验,对世界旅游城市的评价指标进行科学研判。

我们首先梳理了城市与旅游发展的动态辩证关系,发现以城市发展为引领,实现旅游品质和保障水平整体提升的世界旅游城市建设路径;以及以独特的旅游与文化吸引物为引领,带动城市基础设施建设的又一发展路径;提出兼顾两者、综合性强、便于操作实施的指标体系。其次,研究结合层次分析法(AHP)的主观经验价值与熵值法的客观信息熵价值,通过综合赋权确定权重。我们收集整理了上海、纽约、伦敦、巴黎大区四个城市 2015—2019 年的相关数据对评价标准进行检验。同时对各自发展水平进行纵向自我比较和横向相互比较,发现我国城市与公认的世界旅游城市间的差距,提出以旅游产业能级提升和城市发展能级提升的两条路径,为各类城市打造世界旅游城市提供务实的路径建议。

二、文献综述

(一)世界旅游城市的概念演变

世界旅游城市是引领城市旅游发展的标杆,除了拥有国际级的吸引物以外,其旅游产业发展与管理水平世界领先,旅游与城市可持续发展深度融合,旅游特色在城市整体形象中地位突出。Newman 根据世界旅游城市复杂的经济和社会结构以及多中心的空间形式,将世界旅游城市定义为"多功能和多中心城市",它有能力创建非常规路线,游客和当地居民可以共同创建新的旅游景点。他提出的定义强调了世界旅游城市是多功能的,能够吸引大量的游客,拥有丰富的历史资产、标志性建筑,同时也是优秀的文化中心[1]。宋金平认为世界旅游城市是国际旅游城市发展的高级阶段,旅游活动等级高、旅游功能强、旅游城市形象突出、具有较高知名度是这一阶段的主要特征。Maxim 总结了 Ashworth 和 Mailand 对世界旅游城市的定义,认为世界旅游城市,可以指那些依靠旅游业获得其全球形象的城市,如威尼斯;或指那些因环境而产生旅游业的世界城市,如纽约[2]。

宋金平根据城市定位将世界旅游城市分为综合型和特色型世界旅游城市。经济职能、政治职能、文化职能、旅游职能均为综合型世界旅游城市的城市职能,旅游是其主要职能之一[3]。褚劲风认为世界著名旅游城市是具有世界性影响的、城市品牌形象鲜明、旅游业为城市重要职能之一的世界城市;该定义与综合性世界旅游城市相吻合[4]。特色型世界旅游城市是旅游职能为该城市最主要的功能或旅游产业为该城市的战略支柱性产业。他将特色型旅游城市分为历史文化型、文化艺术型、自然风景型三种类型。Tayor 和 Derudder 的观点与特色型世界旅游城市相似,认为城市能够最大限度地提高对游客和本地居民的吸引力,能够向消费者提供优质的旅游服务,创新和独特的旅游产品,旅游城市的市场份额应在全球旅游市场占有一定比例,游客满意度较高,可持续地利用旅游业所涉及的相关资源[5],他对城市的规模和综合功能并未提出特定要求。

综合前人研究的观点,此研究认为世界旅游城市是具备世界级旅游吸引物、世界一流的基础设施条件,支配着国际旅游流的流向,是旅游创新的发源地。它具有多种功能,并展现出各种特征,影响城市旅游业的发展。它们是游客访问一个国家的主要门户,其成功直接影响目的地经济发展[6]。它具有"超越地理界限的影响力",包括集聚性影响力和扩散性影响力[7];它是旅游城市发展到成熟水平后的形态,以良好的旅游环境为基础、以现代化产业为支撑、以旅游产业为重要职能,在经济、政治、文化等各个方面具有国际影响力的旅游目的地和客源地,同时也是旅游活动的集散中心[8]。

（二）世界旅游城市的相关评价指标分析

世界旅游城市联合会发布的《世界旅游城市发展报告（2013）》提出了世界旅游城市发展指数（TCDI, Tourism City Development Index）,来评价旅游城市发展的综合水平。它由五个一级指标和二十四个二级指标组成,一级指标为旅游景气指数、旅游发展潜力指数、旅游吸引力指数、旅游行业支持力指数和网络人气指数。该指标聚焦城市发展中的旅游业表现,覆盖有形和无形吸引力[9]。张广瑞认为一个发达的国际旅游城市应具备完善的旅游基础设施和服务设施,按照国际惯例为游客提供方便,旅游吸引物独特且具有广泛吸引力,社会环境友好文明。旅游基础设施包括交通设施、住宿设施和购物设施。国际交通与城市间交通决定城市的可进入性,城市内部交通表明旅游者在城市内活动的便利程度。国际旅游城市提供的住宿设施应满足游客的多种需求。通过出入境手续的简化、提供多样化旅游信息渠道、建设城市标识系统为游客提供便利。加强对知名景点和尚未开发景点的宣传和保护工作,打造国际水平的博物馆,使旅游吸引物充分吸引游客。清洁的环境、安全的氛围和友好的人民是创建文明社会环境的必备要素[10]。Henderson 探讨全球性城市与国际旅游业之间的关系,确定了人均国民生产总值、社会支持、交通、预期寿命、社会自由等关键变量[11]。显然这个指标侧重城市整体发展对旅游业的反哺。Maitland 和 Newman 以纽约、伦敦、巴黎、柏林和悉尼为案例城市,从各个城市的国内旅游业、国际旅游业、旅游业占国内生产总值比重、旅游就业人数、旅游景点、文化设施等多面分析了各个城市的旅游开发实践水平。在分析这些城市的旅游业时,作者分析了旅游业占国内生产总值的比重,本地游客和外国游客数量及消费支出,游客平均逗留时间和访问频率,旅游业就业人数占全部就业人数的比重,商务旅游支出占总旅游支出的比重,商务旅游游客的平均花费,国际会议数量等指标[12]。

林巧以杭州为个案,分析杭州作为国际旅游城市应具备的功能,她认为国际旅游城市应该同时满足直接功能需求和隐含功能需求。城际功能与城市内功能是直接的功能需求,满足城市交通、信息传递、住宿、餐饮、观光、购物、会议和展览等要求;治安安全、城市绿化、公共秩序、城市金融服务是隐含的功能。她的指标兼顾了有形表征和无形的城市软实力[13]。李志刚、宾宁所提出的国际旅游城市建设标准共包括 8 个方面,60 个小项,主要观点是城市经济实力强,能够支持旅游业的发展;城市规划中突出旅游功能,城市基础设施建设能够满足旅游业发展需要;社会人文环境良好,城市中的居民和游客感受到城市的亲和力;城市在自然、文化、环境等方面具备可持续发展能力;城市通过旅游产品和各项活动吸引游客,提供专业的旅游服务;城市秩序良好、旅游业相关部门协调发展;城市形象鲜明、品牌突出;推动城市数字化进程、培养旅游人才、成立旅游研究结构[14]。朱梅、魏向东构建的国际旅游城市评价指标体系包括城市旅游业国际竞争力体系和城市环境国际化支持力体系两方面。旅游业国际化指标包括5个二级指标。竞争力指标下,旅游业绩指标中旅游外汇收入占旅游总收入比重权重最高;旅游资源和旅游产品指标中旅游资源区位优势权重最高;旅游服务接待能力指标中入境游客购物花费占总游客花费比重权重最高;旅游人才指标中旅游行业员工英语普及率指标权重最高;旅游营销指标中国际旅游市场认可度指标权重最高。城市环境支持力细分为经济环境、公共设施、社会环境、生态环境、国际交流5个二级指标,生态环境支持力的权重最高,认为在建设国际旅游城市中,环境具有重要作用。与李志刚和宾宁的研究相比,该指标强调了城市相关指标对旅游发展的支撑和关联作用[15]。于萍从地理学视角构建的评价指标体系包括五个维度,旅游资源质量、吸引力、保护力度为旅游资源吸引力的构成要素,食住行游购娱和信息化水平共同构成旅游基础服务水平指标,城市安全、应急服务和环境质量是城市外围服务指数指标的构成要素,签证便利程度、国际航班数量为旅游通道特征指标,国际游客数量和消费、游客满意度等为游客特征指标[16],游客特征指标中仅选取了国际游客指标,缺少对国内游客指标的考量。马莉娟选取国内十个旅游城市,构建了以环境、社会、经济、旅游支持四个子系统为一级指标,环境质量、资源禀赋、公共休闲、城市发展、文明安全、经济总量、关联协调、要素配备、管理创新和旅游体验共十一个二级指标的指标体系[17]。也有研究用剧院数量、票房收入和观众人次三个指标对比了纽约百老汇、伦敦西区和上海演艺大世界的文化生产力[18]。

第二节　世界旅游城市指标
体系构建

一、指标内涵

　　本文重新归纳整理六类一级指标，分别是经济相关指标、旅游相关指标、酒店与会议相关指标、文化相关指标、交通相关指标、环境相关指标。从城市发展和旅游产业的辩证视角审视旅游城市，对特定类型展开实证研究，基于城市、国际旅游城市、世界旅游城市已有的评价指标体系，本文选取了以往研究中经济指标中的 GDP、人均 GDP、世界 500 强企业的数量；旅游指标中选取了以往研究中入境游客数量和入境游客消费，国内游客数量和国内游客消费，旅游产业占国内生产总值的比重，同时本文加入了对国内游客人均消费和入境游客人均消费的考量，本文认为旅游资源这一指标不够聚焦，因此采用旅游景点这一指标；在酒店与会议相关指标中，选取了以往研究中酒店数量和客房数量、星级酒店的数量、客房出租率、国际会议的数量，同时本文加入了平均房价、每间客房产生的实际收入这两个指标；文化指标中，选取了以往研究中世界遗产地数量、博物馆数量、同时加入剧院数量、电影院数量这两个指标；交通指标，依照以往研究的思路，将交通分为公共交通和机场两个二级指标；环境指标中，借鉴以往研究中绿地空间和空气质量两个二级指标。初次构建完成的指标体系共有 6 个一级指标，16 个二级指标，43 个三级指标。本文邀请了八位专家，包括六位国内专家和两位国外专家，这八位专家均在世界旅游城市领域做过系列相关研究。与八位专家进行深度访谈，探讨指标的合理性，听取专家的意见,以及考虑实证研究数据的可获得性和可比性,对指标进行删除和修改,最终确立的指标体系包括 6 个一级指标,16 个二级指标,29 个三级指标。

二、指标衡量

第一,经济指标。分为国内生产总值和企业两个二级指标进行衡量。国内生产总值采用国内生产总值总量和国内人均生产总值两个三级指标衡量;企业指标采用城市等级评价中常用的世界 500 强企业的数量来进行衡量。

第二,旅游指标。分为国内旅游、入境旅游、旅游业与产业、旅游景点四个二级指标。国内旅游与入境旅游分别用游客数量、游客消费、游客人均支出衡量,分为国内游客数量、国内游客消费、国内游客人均消费及入境游客数量、入境游客消费、入境游客人均消费。世界旅游城市依赖于旅游业对国内生产总值的贡献,因此旅游业与产业指标采用旅游产业占国民生产总值的比重这一指标进行衡量。世界旅游城市吸引游客的原因往往是其旅游景点的广度和深度,因此用标志性旅游景点数量这一指标衡量世界旅游城市在旅游景点方面的吸引力。

第三,酒店与会议指标。酒店供应指标分为酒店数量、客房数量、星级酒店的数量三个三级指标;酒店表现是对世界旅游城市酒店绩效的衡量,酒店入住率、酒店平均房价、酒店每间客房产生的实际收入这三个指标在已有研究中引用频率高,参考值明确,本文采用这三个指标对酒店绩效进行测量;举办国际会议的数量是世界旅游城市竞争力的重要体现,因此本文用举办国际会议的数量进行会议指标的衡量。

第四,文化指标。世界旅游城市中博物馆、剧院、电影院是世界旅游城市文化竞争力的体现,本文采用博物馆数量、剧院数量、电影院数量、世界遗产地数量对文化指标进行衡量。

第五,交通指标。分为公共交通和机场两个二级指标,公共交通指标进一步细分为公交车年客运总量、地铁年客运总量;机场指标进一步细分为国际机场的数量、国际机场的年旅客总量、机场旅客中国际旅客的数量,国际旅客的数量可以区分机场在国际客运上的竞争力。

第六,环境指标。分为绿地空间和空气质量两个二级指标,由于各个城市对绿地空间的定义不同,本文统一采用公共绿地面积所占比例这一指标进行比较。空气质量采用国际上通用的 PM2.5 指标进行衡量。

三、指标赋权

(一)综合赋权法

第一,层次分析法。T.L. Saaty 于 20 世纪 70 年代提出层次分析法(AHP)[19]。其基本原理是将一个复杂的研究问题进行分解,按照各级元素的分配关系形成有序结构,通过构造判断矩阵进行两两比较,找出元素间的相对重要性,层次分析法是主观赋权法中最常用的方法[20-21]。层次分析法可以分为构造判断矩阵、计算各层次指标单排序权重、计算组合排序权重、一致性检验等步骤。

第二,熵值法。美国数学家、信息论创始人 Shannon 将信息熵的概念引入到信息论中[22]。在信息系统中,信息熵是信息无序程度的量度。将熵值法引入指标评价中,指标的变异程度大,信息熵越小,提供的信息量越大,则权重越大[23]。若指标间差异很小或者指标基本无变化,那么指标的影响性越小,重要性越低,权重越小。

熵值法的具体操作步骤如下。

首先,对数据进行标准化处理。指标的数值在量纲和数量级上存在差异,为了使得指标具备可比性,需要对指标进行标准化处理,同时需要区分指标大小对整个指标体系的意义。指标分为正向指标和负项指标,当指标的值越大,对系统发展越有利,为正向指标,反之则为负向指标。在本文构建的指标体系中,空气质量 PM2.5 的值越小,空气质量越高,对建设世界旅游城市越有利,因此该指标为负向指标,其余指标均为正向指标。

正向指标计算方法

$$X_{ij} = \frac{X_{ij} - \min(X_j)}{\max(X_j) - \min(X_j)}$$

负向指标计算方法

$$X_{ij} = \frac{\max(X_j) - X_{ij}}{\max(X_j) - \min(X_j)}$$

其中,X_{ij} 为指标值,$\min(X_j)$ 为该指标中的最小值,$\max(X_j)$ 为该指标的最大值。

其次,计算第 i 个样本第 j 项指标的比重,标准化的数据值为 P。

$$p_{ij} = \frac{y_{ij}}{\sum_{i=1}^{m} y_{ij}}, P = \{p_{ij}\}_{m,n}$$

根据熵值理论,计算第 j 项指标的信息熵值 e_j 及差异性系数 g_i 为

$$e_j = \frac{-1}{\ln m} \sum_{i=1}^{m} P_{ij} \ln P_{ij}, \ 0 \leqslant e_j \leqslant 1$$

$$g_i = 1 - e_j$$

再次,确定指标权重并计算综合指标权重如下。

$$W_j = \frac{g_i}{\sum_{j=1}^m g_j} , \ R_i = \sum_{i=1}^m W_j P_{ij}$$

最后,根据指标权重和经过规范化处理的数据,计算综合得分。

第三,综合赋权法。综合赋权方法广泛应用于多领域的学术研究中[24-28],本文将层次分析法与熵值法权重相互结合,计算指标综合赋权权重。假设最终得到的综合权重为 W_j,理论上应该尽量接近层次分析法计算权重 W_j 及熵值法计算权重 w_j[29]。然后,基于相对信息熵最小化求解以下问题。

$$\min F = \sum_{j=1}^n \widetilde{\omega}_j (\ln \widetilde{\omega}_j - \ln W_j) + \sum_{j=1}^n \widetilde{\omega}_j (\ln \widetilde{\omega}_j - \ln \omega_j)$$

$$\text{s. t. } \sum_{j=1}^n \widetilde{\omega}_j = 1, \ \widetilde{\omega}_j \gg 0$$

其中,W_j 为层次分析法计算出的指标权重,w_j 为熵值法计算出的指标权重。根据拉格朗日乘数法,求解最优综合赋权权重为

$$\widetilde{\omega}_j = \sqrt{W_j w_j} \Big/ \sum_{j=1}^n \sqrt{W_j w_j}$$

其中,$\widetilde{\omega}_j$ 为综合权重。

(二) 综合赋权结果

首先,我们汇报层次分析法的权重结果。本研究邀请国内外六位专家参与调查问卷的填写,基于专家对各个指标重要性的看法,研究分别对每一层级的指标进行两两比较,借助 Yaahp 软件,依次按照层次分析法的步骤计算权重。一级指标中的旅游指标 A_2(0.339 9)、文化指标 A_4(0.226 8)、酒店与会议指标 A_3(0.175 8)的重要性位于前三位,占总权重的 74.25%,说明专家认为在世界旅游城市的构建中,这三个指标的重要性和贡献程度高。环境指标 A_6(0.142 9)排在第四位,专家认为不能忽视环境对世界旅游城市建设的作用。层次分析法结果如表 7-1 所示。

表 7-1　层次分析法指标权重与排序

I	权重	排序	II	权重	排序
经济指标 A₁	0.048 5	6	国内生产总值 B₁	0.042 5	12
			企业 B₂	0.006 1	16
旅游指标 A₂	0.339 9	1	国内旅游 B₃	0.125 8	2
			入境旅游 B₄	0.076 8	6
			旅游业与产业 B₅	0.056 7	7
			旅游景点 B₆	0.080 7	5
酒店与会议指标 A₃	0.175 8	3	酒店供应 B₇	0.010 7	14
			酒店表现 B₈	0.111 9	3
			会议 B₉	0.053 2	10
文化指标 A₄	0.226 8	2	博物馆与世界遗产地 B₁₀	0.155 1	1
			剧院 B₁₁	0.050 5	11
			电影院 B₁₂	0.021 3	13
交通指标 A₅	0.066 0	5	公共交通 B₁₃	0.011 0	14
			机场 B₁₄	0.055 0	8
环境指标 A₆	0.142 9	4	绿地空间 B₁₅	0.089 3	4
			空气质量 B₁₆	0.053 6	9

熵值法经过对数据的标准化处理,从数据本身所蕴含的信息得出结论。依照熵值法原理本研究将 2015—2019 年上海、纽约、伦敦、巴黎大区四个旅游城市相关指标的原始数据进行标准化处理、构造判断矩阵、计算信息熵和差异性系数、计算单指标权重和综合权重,最终结果如表 7-2所示。

表 7-2 熵值法指标权重与排序

Ⅰ	排序	Ⅱ	排序	Ⅲ	权重	排序
经济指标 A_1 (0.077 7)	5	国内生产总值 B_1(0.052 3)	10	国内生产总值总量 C_1	0.026 7	20
				人均国内生产总值 C_2	0.025 6	22
		企业 B_2 (0.025 3)	14	世界 500 强企业的数量 C_3	0.025 3	23
旅游指标 A_2 (0.281 0)	1	国内旅游 B_3 (0.106 3)	2	国内游客数量 C_4	0.042 2	6
				国内游客消费 C_5	0.034 8	13
				国内游客人均消费 C_6	0.029 2	19
		入境旅游 B_4 (0.096 7)	4	入境游客数量 C_7	0.026 2	21
				入境游客消费 C_8	0.022 0	28
				入境游客的人均消费 C_9	0.048 5	4
		旅游业与产业 B_5(0.052 8)	9	旅游业占国内生产总值的比重 C_{10}	0.052 8	3
		旅游景点 B_6 (0.025 3)	14	标志性旅游景点的数量 C_{11}	0.025 3	23
酒店与会议指标 A_3 (0.220 5)	2	酒店供应 B_7 (0.080 1)	6	酒店数量 C_{12}	0.034 0	14
				客房数量 C_{13}	0.022 9	27
				星级酒店的数量 C_{14}	0.023 2	26
		酒店表现 B_8 (0.104 6)	3	入住率 C_{15}	0.029 6	18
				平均房价 C_{16}	0.036 9	11
				每间客房产生的实际收入 C_{17}	0.038 0	10

续　表

Ⅰ	排序	Ⅱ	排序	Ⅲ	权重	排序
酒店与会议指标 A_3(0.220 5)	2	会议 B_9 (0.035 8)	12	举办国际会议的数量 C_{18}	0.035 8	12
文化指标 A_4 (0.166 6)	4	博物馆与世界遗产地 B_{10} (0.075 0)	7	博物馆数量 C_{19}	0.043 6	5
				世界遗产地数量 C_{20}	0.031 5	16
		剧院 B_{11} (0.061 5)	8	剧院数量 C_{21}	0.061 5	1
		电影院 B_{12} (0.030 0)	13	电影院的数量 C_{22}	0.030 0	17
交通指标 A_5 (0.193 7)	3	公共交通 B_{13} (0.083 3)	5	公交车年客运总量 C_{23}	0.024 3	25
				地铁年客运总量 C_{24}	0.059 0	2
		机场 B_{14} (0.110 3)	1	国际机场数量 C_{25}	0.038 5	9
				年旅客总量 C_{26}	0.032 2	15
				国际旅客的数量 C_{27}	0.039 7	7
环境指标 A_6 (0.060 6)	6	绿地空间 B_{15} (0.038 7)	11	公共绿地面积比例 C_{28}	0.038 6	8
		空气质量 B_{16} (0.021 9)	16	PM2.5 C_{29}	0.021 9	29

　　基于综合赋权方法,将层次分析法指标权重与熵值法指标权重计算得到综合指标权重。一级指标的综合赋权结果见表 7 - 3。综合赋权结果,一级指标的权重总排序为:旅游指标、酒店与会议指标、文化指标、交通指标、环境指标、经济指标。

　　国内旅游 B_3(0.124 0)、酒店表现 B_8(0.116 0)、博物馆与世界遗产地数量 B_{10}(0.115 7)、入境旅游 B_4(0.092 4)、机场 B_{14}(0.083 6)、绿地空间 B_{15}

（0.063 0）这 6 个二级指标的权重较高。酒店供应 B_7（0.031 4）、电影院数量 B_{12}（0.031 4）、企业 B_2（0.031 4）这三个指标所占权重非常小。二级指标权重综合赋权结果见表 7-4。

表 7-3　一级指标综合赋权结果

一级指标	AHP	排序	熵值法	排序
经济指标 A_1	0.048 5	6	0.077 7	5
旅游指标 A_2	0.339 9	1	0.281 0	1
酒店与会议指标 A_3	0.175 8	3	0.220 5	2
文化指标 A_4	0.226 8	2	0.166 6	4
交通指标 A_5	0.066 0	5	0.193 7	3
环境指标 A_6	0.142 9	4	0.060 6	6

表 7-4　二级指标综合赋权结果

二级指标	AHP	排序	熵值法	排序
国内生产总值 B_1	0.042 5	12	0.052 3	10
企业 B_2	0.006 1	16	0.025 3	14
国内旅游 B_3	0.125 8	2	0.106 3	2
入境旅游 B_4	0.076 8	6	0.096 7	4
旅游业与产业 B_5	0.056 7	7	0.052 8	9
旅游景点 B_6	0.080 7	5	0.025 3	14
酒店供应 B_7	0.010 7	14	0.080 1	6
酒店表现 B_8	0.111 9	3	0.104 6	3
会议 B_9	0.053 2	10	0.035 8	12

续　表

二级指标	AHP	排序	熵值法	排序
博物馆与世界遗产地 B_{10}	0.155 1	1	0.075 0	7
剧院 B_{11}	0.050 5	11	0.061 5	8
电影院 B_{12}	0.021 3	13	0.030 0	13
公共交通 B_{13}	0.011 0	14	0.083 3	5
机场 B_{14}	0.055 0	8	0.110 3	1
绿地空间 B_{15}	0.089 3	4	0.038 7	11
空气质量 B_{16}	0.053 6	9	0.021 9	16

第三节　指标应用与检验

一、案例地简介

本研究最终选用世界旅游城市联合会(WTCF)发布的《世界旅游城市发展报告(2018)》中综合排名前三位的世界著名旅游城市作为研究对象,分别是伦敦、巴黎大区、纽约,为上海建设世界旅游城市提供建议,四座城市 2019 年旅游发展现状的比较见表 7-5。上海市是国际经济、金融、贸易、教育、旅游、文化和交通中心,是中国主要旅游城市之一。据统计,2019 年上海市共接待游客总数 37 038.23 万人次,其中入境游客 897.23 万人次,实现旅游外汇收入 83.76 亿元;国内游客 3.61 亿人次,实现国内旅游收入 4 789.30 亿元,旅游业增加值占全市国内生产总值的比重超过 6%,已成为推动上海经济发展的支柱型产业和提升人民群众生活品质的幸福产业。

表 7 - 5　案例地 2019 年旅游业发展水平比较

城市	旅游接待人次/万	入境旅游人次/万	国内旅游人次/万	旅游总收入/亿元	城 市 特 点
伦敦	31 471.3	2 171.3	29 300	2 924.9	世界全球城市之一,对艺术、教育、娱乐、时尚、旅游等领域产生重大影响,也是世界顶级旅游目的地城市
巴黎大区	5 020	2 220	2 800	1 683.95	欧洲和世界贸易的十字路口,世界著名旅游城市
纽约	6 730	1 410	5 320	6 268.94	世界文化、金融和媒体之都,是重要的外交中心
上海	3 7038.23	897.23	36 100	4 873.6	上海市是国际经济、金融、贸易、教育、旅游、文化和交通中心,是中国主要旅游城市之一

　　纽约市是世界文化、金融和媒体之都,是重要的外交中心,是世界著名旅游城市之一。据统计,2019 年纽约市共接待游客总数 6 730 万人次,其中入境游客 1 410 万人次,实现旅游外汇收入 1 457.23 亿元;国内游客 5 320 万人次,实现国内旅游收入 1 811.71 亿元,旅游业就业人数占私营部门总就业人数的比重超过 10%,且旅游业从业人员大多数是纽约市居民,旅游业是推动纽约市经济发展的重要组成部分。

　　伦敦市是世界全球城市之一,对艺术、教育、娱乐、时尚、旅游等领域产生重大影响,也是世界顶级旅游目的地城市。据统计,2019 年伦敦市共接待游客总数 31 471.3 万人次,其中入境游客 2 171.3 万人次,实现旅游外汇收入 1 383.58 亿元;国内游客 2.93 亿人次,实现国内旅游收入 1 541.32亿元。旅游业是仅次于金融服务业的城市经济中第二重要部门,占国内生产总值的比重超过10％。

巴黎大区位于欧洲和世界贸易的十字路口,巴黎盆地的中心,是法国十三个大都市区之一,它包括巴黎及周边地区。它是法国最大的城市和欧洲第二大城市。2020年人口为1 229万。据统计,2019年巴黎大区共接待游客总数5 020万人次,其中入境游客2 220万人次,实现旅游外汇收入1 120.06亿元;国内游客2 800万人次,实现国内旅游收入563.89亿元。

二、综合赋权结果的实证检验

根据二级指标的综合权重,研究采用上海、纽约、伦敦、巴黎大区的标准化数据,分别计算出四个城市每一年的得分和五年平均得分,最终结果见表7-6。总体结果表明,五年间伦敦在四个城市中始终处于首位,纽约和巴黎大区处于中间位置,且相差不大;上海虽然落后,但增长趋势显著,与其他三座城市的差距不断缩小。

表 7-6 上海、纽约、伦敦、巴黎大区综合得分

城市/年份	2015	2016	2017	2018	2019	平均值
上 海	0.515 7	0.576 3	0.596 5	0.460 9	0.542 3	0.538 3
纽 约	1.130 6	1.085 0	1.062 3	1.081 3	1.138 7	1.099 6
伦 敦	1.382 6	1.328 7	1.335	1.364 6	1.340 7	1.350 4
巴黎大区	1.005 0	0.936 0	0.968 9	0.976 4	0.973 3	0.971 9

2015—2017年上海市的综合得分处于上升通道,2018年明显的下滑,2019年开始触底反弹。相反,纽约2015—2017年得分下滑,2018—2019年有所扭转。伦敦和巴黎大区这五年间没有明显的上升或者下降,处于比较匀速的发展状态。具体趋势见图7-1。

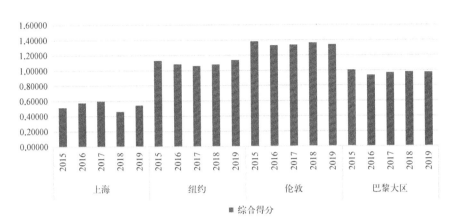

图7-1 上海、纽约、伦敦、巴黎五年间综合得分变化趋势

(一)各座城市的表现与差异

总体而言,伦敦市的优势体现在旅游指标、酒店与会议指标、交通指标、环境指标中;纽约市的优势体现在旅游指标、酒店与会议指标、经济指标中;巴黎大区的优势体现在文化指标、酒店与会议指标、经济指标中;上海市的优势体现在旅游指标、交通指标、环境指标上,五年的均值已经超过巴黎大区,与伦敦和纽约的差距也在逐年缩小。如表7-7、图7-2所示。

表7-7 一级指标中上海、纽约、伦敦、巴黎的排序

指标/排序	1	2	3	4
旅游指标	伦敦	纽约	上海	巴黎大区
酒店与会议指标	纽约	伦敦	巴黎大区	上海
文化指标	巴黎大区	伦敦	纽约	上海
交通指标	伦敦	纽约	上海	巴黎大区
环境指标	伦敦	纽约	上海	巴黎大区
经济指标	纽约	伦敦	巴黎大区	上海

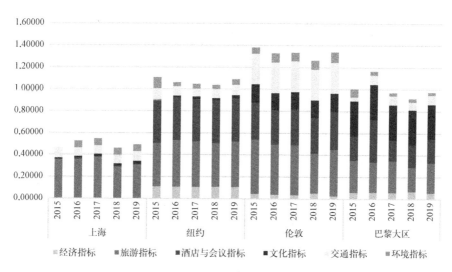

图7-2　上海、纽约、伦敦、巴黎五年间在各个指标上的得分

（二）上海的差距与原因

上海市与伦敦、纽约、巴黎大区主要差距体现在经济指标、酒店与会议指标、文化指标中，由于经济指标所占权重很小，因此本文认为酒店与会议指标、文化指标是主要差距所在。上海市旅游指标综合得分超过巴黎大区，与纽约和伦敦仍有差距。本研究以2019年的原始数据为例进行进一步的分析，结论如下。

一是上海市纳入统计的酒店数量、客房数量、星级酒店的数量远小于其他三座城市。上海市2019年酒店的入住率为65.6%，纽约市2019年的酒店入住率为86.2%；上海市2019年酒店的平均房价为754元，纽约市2019年的酒店平均房价为1 759.71元，相当于上海的三倍；上海市2019年酒店每间客房产生的实际收入为494.62元，纽约市2019年酒店每间客房产生的实际收入为1 517.64元。主要原因在于：纽约市从国内和国际两个市场推动游客数量的增加，商务和休闲旅客的增多带动酒店业的发展；纽约市向游客提供多种住宿类型，尤其是注重满足经济型和商务型旅客的需求,对酒店进行翻新和改造,酒店容量的增长,尤其是曼哈顿以外的街区和行政区,对于推动游客更长的入住率和入住时间发挥作用。酒店业的改造和供应增加的同时又促进旅游业的发展。在举办国际会议次数这一指标中,2019 年上海举办的国际会议数为 87 场,超过了纽约举办的国际会议次数 57 场,但是与巴黎大区 2019 年举办的国际会议次数 237 场依然存在较大差距。2019 年,巴黎大区共举办 237 场国际会议,符合国际会议协会(ICCA)的标准,是 2019 年最受欢迎的国际会议目的地城市。巴黎大区成为最受欢迎的国际会议目的地城市,与其拥有足够大的会议空间密不可分,巴黎会议中心是欧洲最大的会议中心。

二是在文化指标中,博物馆与世界遗产地的数量权重尤其重要。2019 年,伦敦市以 173 座博物馆居于四个城市之首,巴黎大区以 5 个世界遗产地居于首位。世界文化遗产是提升城市吸引物能级的关键手段,巴黎大区拥有枫丹白露宫及园林、凡尔赛宫及园林、塞纳河畔、普罗万中世集镇(自然与文化双重)、勒·柯布西耶的建筑作品;伦敦拥有伦敦塔、邱园皇家植物园、威斯敏斯特教堂和格林威治海事博物馆;纽约坐拥自由女神像、古根海姆博物馆;上海市目前依然没有世界遗产地,缺少世界级文化地标。

第四节 结论与建议

一、结论

本文借鉴以往研究,提出世界旅游城市的评价维度和指标,利用层次分析法与熵值法进行综合赋权确定指标权重,选取上海、纽约、伦敦、巴黎四座城市作为样本,以 2015—2019 年的五年连续数据,实证检验指标体系,通过比较指标体系发现上海与国际样本城市的差距。结果表明,旅游指标(0.319 3)、酒店与会议指标(0.203 4)、文化指标(0.200 9)的权重之和为 0.723 6,在建设世界旅游城市具有非常高的比重和重要性。相对而言,交通指标(0.116 8)、环境指标 A6(0.096 1)权重较为接近;经济指标(0.063 4)权重最小,仅占总权重的 6.34%,在建设世界旅游城市重要性较低。总体结果表明,五年间伦敦在四个城市中始终处于首位,纽约和巴黎大区处于中间位置,且相差不大;上海虽然落后,但增长趋势明显。2015—2017 年,上海的综合得分处于上升通道,2018 年有较明显的下滑,2019 年又触底反弹。相反,纽约 2015—2017 年得分下滑,2018—2019 年有所扭转。伦敦和巴黎大区这五年间没有明显的上升或者下降,处于比较匀速的发展状态。

可喜的是,上海在旅游、交通和环境指标上的五年均值已然超过巴黎大区,与伦敦和纽约的差距也在逐年缩小。这得益于上海国内旅游人次和消费能级的同步增长、内外部交通运输总量的不断扩容、人均绿地面积和空气质量的显著增加与优化。可见,旅游产业对城市经济发展水平的依赖和感应程度较高,上海打造世界著名旅游城市离不开城市整体社会、经济和环境水平的提升。当然,上海与其他三座城市的主要差距体现在经济、酒店与会议、文化三个方面。由于经济指标所占权重很小,课题组认为酒店与会议和文化是主要的差距所在。

旅游城市作为一个目的地,代表了不同产品和服务的组合。世界旅游城市的管理需要从系统的角度出发,管理、规划、发展、市场营销、品牌建设应一脉相承。世界旅游城市要有自己的特质,上海是一个传统与现代形成鲜明对比、东西方文化融合的城市,世界旅游城市应该更关注游客体验中所传递文化的真实性,避免同质化。重视游客意见,旅游城市是如何呈现给游客的需要更多的关注和研究,在社交媒体上,由游客(用户)生成的文本、内容和视频反映了游客对他们所访问城市的印象。这些信息容易被提取,但是目前我们似乎没有充分利用这些有价值的信息。

二、启示

第一,通过两种不同的途径建设世界旅游城市。成为世界旅游城市,可以有两种途径。一是其本身已经是世界城市,或者发展较好的综合型城市,这一类城市建设成为世界旅游城市的路径是通过其本身优越的地理位置、强大的经济实力、完善的基础设施、便利的交通条件、优美的环境和丰富的文化资源,带动其旅游业的发展。二是当城市本身的综合实力并不是足够强大,如桂林、张家界、苏州等城市,在建设世界旅游城市的过程中,应该突出其旅游资源本身,以旅游资源和文化资源为着手,通过其独特的、不可替代的旅游资源吸引游客,通过发展旅游带动城市的发展。

第二,上海市要提升酒店与会展产业供给效能。我们应全面梳理上海市住宿设施和床位数,将民宿、共享住宿、房车营地等新型住宿形式和业态供给纳入文旅统计口径。把握市场供给总量和结构,便于统筹规划布局和规范治理方式。

第三,充分挖掘文化资源,打造世界级文化地标。通过参考案例地经验,以"一江一河"为空间载体,串联起中国近代工业文明发祥地的建筑遗存和人文遗留,选取有代表性的工业遗迹,配合城市更新的最新实践与技术,整合提炼后申请加入世界文化景观遗产预备名单。另一路径是推进2008 年列入中国文化遗产预备名单的"江南水乡"申遗工作,同时全面梳理上海的各类博物馆与剧院资源与数量。

第四,优化产业结构,逐步恢复入境旅游,实现国内国际旅游市场的均衡发展。以会议、展览、赛事等引入商务型国际游客以外,逐渐探索国际散客友好型城市,主要包括:① 深入挖掘境外游客需求,尤其关注其对中国传统文化和当代社会热点的诉求;② 提供多主流语种的旅行 APP 解决方案,帮助海外游客了解上海的旅游资源、服务设施、热门活动等;③ 邀请海外博主在国际平台上直播独自游上海的经历和体验,不断贡献原创的内容,打造一个互动的上海旅游者社区平台;④ 可以考虑利用各种重大事件来提高上海在全球、特别是年轻人心中的品牌价值,成为独树一帜的世界城市;⑤ 发挥"夜上海"的魅力,打造"不夜城"的都市旅游品牌,吸引境外游客,开发多元化的、文旅融合的夜间经济业态。

三、研究不足

第一,本文所构建的指标体系依然存在不足。世界旅游城市指标体系的构建涉及多个方面和多个领域,本文构建的指标体系不够完整,指标体系的构建没有考虑游客的声音,如游客的满意度。在未来的研究中,可以将游客满意度等指标纳入体系中,同时指标体系的构建可以加入如演艺区、体育公园、购物中心等更有时代特征的指标。

第二,本文的案例地选择存在局限性。本文在进行实证研究时,只选取了上海、纽约、伦敦、巴黎大区这四个案例地,这四个案例地不能涵盖所有类型的旅游城市。在未来的研究中,可以将其他类型的旅游城市纳入进来,如威尼斯、迪拜、首尔、苏州、桂林、张家界等旅游城市,选取不同类型的旅游城市作为案例地可以对世界旅游城市的建设路径有更好的理解。

第三,世界旅游城市的发展与可持续发展息息相关,世界旅游城市应是可持续发展和可持续旅游的实践者,旅游城市如何处理好旅游业发展与经济、社会、环境之间的关系,是旅游城市需要解决的难题。城市的可持续旅游发展计划和策略、旅游者碳足迹、旅游城市的智能交通系统等,这些关键指标对于建设可持续发展的世界旅游城市尤为重要,虽然在目前,这些指标涉及的数据存在衡量标准不统一,且较难采集与获取,但在未来,本研究将持续关注上述可持续性指标的测量和比较。

参考文献

[1] Maitland Robert, Newman Peter. World Tourism Cities: Developing Tourism Off the Beaten Track[M]. London: Routledge, 2014.

[2] Gregory Ashworth, Stephen J. Page. Urban Tourism Research: Recent Progress and Current Paradoxes[J]. Tourism Management, 2011, 32(1): 1 - 15.

[3] 宋金平,于萍,王永明. 世界旅游城市建设的理论与实践[M]. 南京:东南大学出版社,2015.

[4] 褚劲风,闫国东,江垚川. 世界著名旅游城市发展模式比较研究[J]. 中国城市研究,2015:187 - 210.

[5] Feng, X., Derudder, B., Wang, F. Geography and location selection of multinational tourism firms: Strategies for globalization[J]. Tourism Review, 2022, 7(1): 190 - 208.

[6] 宋金平,于萍,王永明. 世界旅游城市建设的理论与实践[M]. 南京:东南大学出版社,2015.

[7] 厉新建. 关于建设世界一流旅游城市的思考[J]. 商业研究,2012(09):160 - 164.

[8] 胡广林. 上海建设世界著名旅游城市的市民认知研究[D]. 上海:上海工程技术大学,2015.

[9] 鲁勇,周正宇,宋宇. 世界旅游城市报告[M]. 南京:东南大学出版社,2015.

[10] 张广瑞. 简谈国际旅游城市应具备的条件——兼谈北京作为国际旅游城市还缺什么[J]. 旅游学刊,1994(01):16 - 20.

[11] Joan Henderson. Transport and Tourism Destination Development: An Indonesian Perspective[J]. Tourism and Hospitality Research, 2017, 9 (3): 199 - 208.

［12］Robert Maitland，Peter Newman. World Tourism Cities Developing Tourism Off the Beaten Track［M］. London：Routledge，2009.

［13］林巧. 国际旅游城市功能体系研究［D］. 杭州：浙江大学，2002.

［14］李志刚，宾宁. 建设现代化国际旅游城市标准体系初探——以桂林市为例［J］. 社会科学家，2003(6)：121-123.

［15］朱梅，魏向东. 国际旅游城市评价指标体系的构建及应用研究［J］. 经济地理，2011,31(1)：170-176.

［16］于萍. 旅游城市世界性评价指标体系研究［J］. 特区经济，2017(9)：57-59.

［17］马莉娟，张松婷，蔡鲲鹏. 城市旅游目的地综合评价指标体系构建及实证研究［J］. 山西能源学院学报，2020,33(6)：64-67.

［18］张蕾. 都市演艺集聚区的文化生产力研究：基于百老汇、伦敦西区、上海演艺大世界的比较［J］. 戏剧艺术，2021(4)：148-160.

［19］Saaty，T. L. A Scaling Method for Priorities in Hierarchical Structures［J］. Journal of Mathematical Psychology，1977，15(3)：234-281.

［20］邓雪，李家铭，曾浩健，陈俊羊，赵俊峰. 层次分析法权重计算方法分析及其应用研究［J］. 数学的实践与认识，2012,42(7)：93-100.

［21］朱磊，胡静，李燕楠. 国际旅游示范区评价指标体系的构建及应用［J］. 安庆师范大学学报(社会科学版)，2021,40(5)：100-105.

［22］Shannon，C. A Mathematical Theory of Communication.［J］. Bell System Tech. Journal，1948(27)：379-423

［23］郭显光. 改进的熵值法及其在经济效益评价中的应用［J］. 系统工程理论与实践，1998(12)：99-103.

［24］曾丽，唐莉英. 基于层次-熵权法的川滇黔交汇地区盐文化古镇景观绩效评价研究［J］. 设计艺术研究，2021,11(4)：143-151.

［25］杨敏，李雅娟，王春生，蔡雯，赵晓林. 综合指标体系下基于 AHP-熵法的桥型选择研究［J］. 世界桥梁，2015,43(1)：48-54.

［26］苏术锋,潘坤友. 基于 AHP -熵权 TOPSIS 模型的企业技术创新能力评价［J］.
物流工程与管理,2021,43(11)：121 - 123.

［27］Miao F. Economic development evaluation model based on entropy AHP［J］.
Journal of Discrete Mathematical Sciences and Cryptography，2017，20(4)：
873 - 884.

［28］Aomar R . A combined ahp-entropy method for deriving subjective and objective
criteria weights［J］. The International Journal of Industrial Engineering：Theory,
Applications and Practice，2010，17(1)：12 - 24.

［29］沈雨婷,金洪飞. 中国地方政府债务风险预警体系研究——基于层次分析法与熵
值法分析［J］. 当代财经,2019(6)：34 - 46.